新版

政治と経済のしくみがわかるおとな事典

［監修］
池上 彰

講談社

まえがき

この本の題名には「おとな事典」という言葉が入っています。考えてみると不思議な名前です。「事典」とは、さまざまな事象を解説する書物。子ども向けもありますが、主に大人向けです。それなのに、わざわざ「おとな事典」と称している。ここには、「大人であれば、最低限これくらいは知っておいてほしい」という願いが込められています。

この世の中を支える大人であれば、政治のこと、経済のこと、そして国際情勢の基本を知っていなければならないからです。

私たちは働いて税金を納め、その税金の使い道を決めるのは、私たちが選んだ議員たちです。私たちの税金が無駄遣いされないためには、しっかりとした政治家を選ぶこと。その政治家たちが、役所で働く公務員を監督する仕組みになっているからです。

公務員は「全体の奉仕者」。つまり私たちが納めた税金を使って、私たちのために仕事をします。給料は、私たちの税金から支払われます。それだけに、一部の人のためだけに働くのは困ります。

とはいえ、「国民みんなのために」と思って仕事をしていても、その働きぶりには不満をもつ人もいるでしょう。「なんで私たちのことを考えてくれないんだ」という声が上がることがあります。私たちの社会には、さまざまな利益集団が存在していて、利害が対立することがあるからです。

例えば都会のタクシー台数で考えてみましょう。タクシーの台数が少ないと、利用者は不便です。なるべくたくさんのタクシーが走っていれば、捕まえやすいですし、競争原理が働いて、サービスも良くなるでしょう。料金の値下げ競争も起きるかもしれません。

でも、台数が増えすぎると、過当競争になり、経営状態が悪化するタクシー会社も出てくることでしょう。もし会社が次々に倒産してしまったら、一握りの会社だけが生き残ります。すると、残った会社は強気になり、独占的な地位を悪用して、運賃を値上げしたりして、サービスが悪くなる恐れがあります。

このため、利用者に便利なように台数は増やしつつ、過当競争にならない程度に台数を抑えておく必要があります。

では、「適度な台数」とは、どれくらいか。それを計算して割り出すためには経済学の知識が必要です。過当競争の結果、独占企業が現れないようにするためには、「独占禁止法」という法律も必要になります。法律を制定するのは政治家の仕事。つまり、経済学の知見によって計算された台数を実現するには、政治の力が必要になります。同時に、各タクシー会社と交渉するのは役所の仕事です。

政治や経済の知識があってこそ、私たちの暮らしは便利なものになります。「大人として最低限度の知識」が必要だという意味が、これでわかるでしょう。

私たちは、国民の意思を実現する能力のある政治家を、国民の意思を正確に反映させることのできる選挙制度によって選ばなければなりません。

国民の意思をより良く実現させるためには、それにふさわしい役所の構成も考えなければなりません。そのときに、この本で解説されている政治の知識が役に立つはずです。経済の流れについての知識も役立ちます。

一方、日本の経済は、世界との付き合いなしには立ちいかなくなります。さまざまな貿易を通じて、経済がなりたっているからです。「自分の国さえ良ければいい」という国ばかりになると、世界経済は混乱します。私たちの暮らしをより良いものにするには、世界との関わり方を知っていなければなりません。

世界はどのように動いているのか。世界の中で日本はどう生きていくべきか。それを考えるためにも、世界についての基本的な知識や情報が必要です。

私たちの暮らしをより良くし、日本をより良いものにするために、私たち大人の責任は重大です。この本に盛り込まれた「事典」としての知識が、そのために役立つことを願っています。

池上　彰

1 政治を知らなければおとなじゃない！

政治の基本

国会のしくみ

2
企業活動に必須！　経済の基礎知識

経済活動

金融

税金

年金・保険

国際経済

3 国際情勢を知れば、日本がみえてくる

世界をみる視点

資源と環境

日本と世界

世界の課題

1

政治を知らなければ おとなじゃない！

日本の政治の舞台となる国会議事堂。国の動きはここで決まる‼

政治なんて遠い世界のこと……と思っていませんか？
でも、本当は違います。政治とはなにか、
政治家はなにをする人なのかがみえてくると、
政治がぐっと身近なものに感じられるはず。
ニュースがわかり、楽しめるようにもなっていきます。

「みんなのお金」を集めて使うのが政治の役割

私たちの暮らしは、政治のあり方に大きな影響を受けています。政治とはなにか？　まずはそこからみていきましょう。

政治

集団のメンバーが安心して暮らしていくにはどうすればよいかを考え、それを実行すること

政治はみんなのための営み

私たちが社会のなかで安心して暮らしていくためには、個人の力だけではどうにもならないことがあります。そうした問題に対し、集団のメンバーの利益になるような取り組みをしていくこと。それが政治です。

集団
（国や、
市町村など）
こう
しましょう！
景気を
よくして！
人々の要望、要求は
さまざま。ときに対
立しあうこともある
教育の
充実を！
道路整備を
それぞれの利害を調整し
ながら、集団をまとめて
いくのが政治家の役割
高齢者にも
配慮を！
政治権力を
もつ者
＝政治家
犯罪のない
街に！

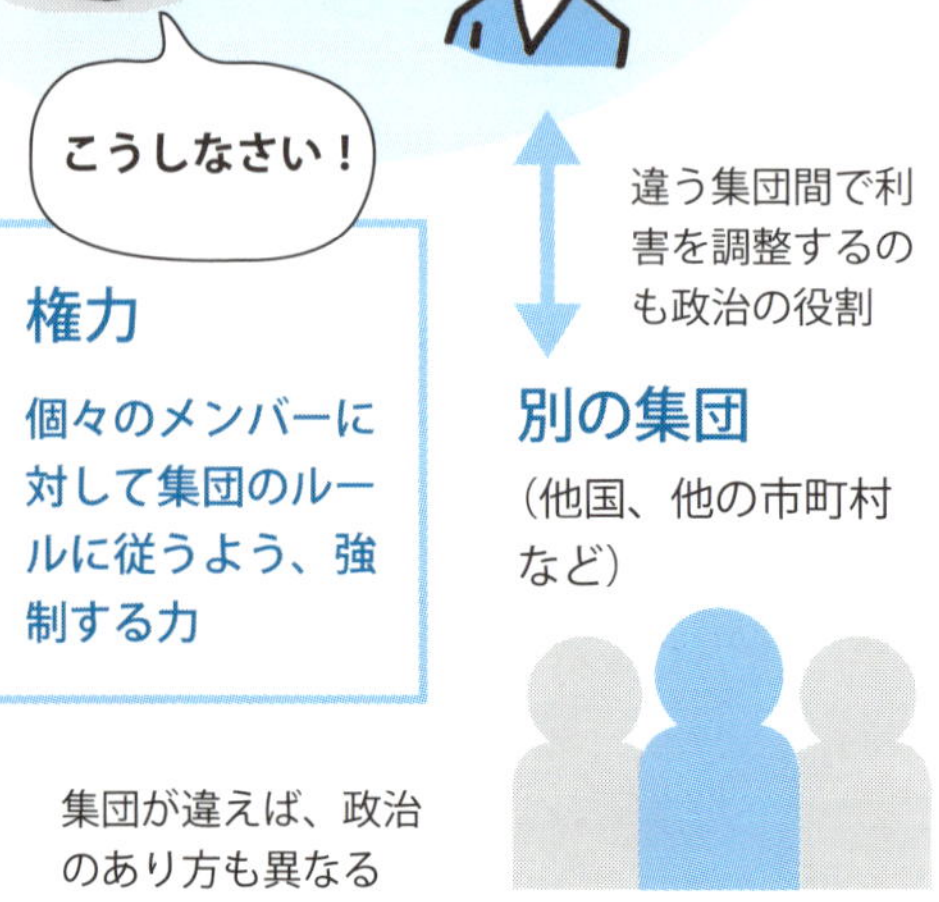

こうしなさい！
違う集団間で利
害を調整するの
も政治の役割
別の集団
（他国、他の市町村
など）
集団が違えば、政治
のあり方も異なる

権力

個々のメンバーに対して集団のルールに従うよう、強制する力

政治は「普通の人」がいるからなりたつ

政治など「普通の人」には縁のない世界の話のようですが、政治と無縁の暮らしはあり得ません。

たとえば、教育制度・教育環境を整えたり、労働条件の基本的な

政治的人間４タイプ

税金として集めてみんなのために使う

誰がどれだけ費用を出すか、ルールを決めて集めたお金が税金。集めたお金をなににどれだけ使うか判断し、実行するのが政治の役割

みんなで少しずつ負担するしかない

多額の費用をまかなうために、集団のメンバーがお金を出しあう

なにをするにもお金がいる

さまざまな要望を実現させようとしたら、多額の費用がかかる

決まりを定めたりすること。福祉制度を設けたり、防犯・防災対策、交通基盤の整備などを進めたりすること。これらはみな政治と深くかかわる問題です。人々が危険な食品・製品を手にすることがないように安全基準を設けたり、輸入品を規制したりしているのも、政治の営みによるものです。

こうした取り組みは、人々が支払う税金が元手になります。つまり、政治は普通のみんなのためのもの。同時に、みんなの支払うお金なしにはなりたたないのです。

日本は国民の声が反映される民主主義の国

国を支配する権利は国民にあるとするのが民主主義の考え方。民主主義の国には、国民が政治にかかわれるしくみがあります。

政治のスタイルは大別すれば２つ

国のあり方を決める権利をもつのは誰か。そこに注目すると、政治のスタイルが２つに分けられます。

実際に政治をおこなう為《い》政《せい》者《しゃ》が権力をもっている点は、どちらの体制も同じ

専制君主制（独裁制）

王族など、生まれつき国家権力をもつ人が独占的に政治をおこなう。支配する者、される者が完全に分かれている

民主制

国のあり方を決める権利は国民がもっている。国民は選挙を通じて代表者に自分の権利をゆだね、政治を任せる

専制君主制の下で支配者を替えようとしたら、クーデターや革命を起こすしかない

悪政が続く場合

違うのは「NO！」と言える手段の有無

政治権力をもつ為政者を選び直す手段が用意されているのが民主制。その手段がないのが専制君主制

選挙というしくみによって、為政者を合法的にチェンジできる

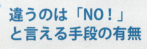

日本の民主制は敗戦後に始まった

国を支配する権利は、世襲《せしゅう》の君主や特定の個人や団体ではなく、国民がもつものであるというのが民主主義の考え方。民主主義に基づく政治体制が民主制です。

現代の民主制は歴史的にみれば新しい政治制度です。日本も貴族や武士が権力を独占した時代が長く続きました。明治時代に「大日本帝国憲法」が制定され、国民に政治参加の道が開かれたものの、その実態は、天皇を国家の最高権力者とする君主制。国民が構成する議会の役割は限定的でした。

やがて軍部が政治的な実権を握るようになり、世界大戦に突入。一九四五年に敗戦の日を迎えます。現代の日本の政治は、ここから始まります。国民主権と民主主義を柱とする「日本国憲法」が制定され、民主制が実現したのです。

いい質問ですね

国名に「民主」とつく国は民主制なの？

そうとはいえません。「朝鮮民主主義人民共和国（北朝鮮）」にしろ「コンゴ民主共和国」にしろ、民主主義とは程遠いのが現実。国名にあえて「民主主義」や「人民」などという文字を入れて、「うちは国民第一です！」とアピールしている国は、ほとんどが独裁国家です。

民主主義体制への道のり

そもそも「国」は、強者が徐々に支配範囲を広げてつくっていったもの。特権的な支配者がいる専制君主制からスタートした国がほとんどです。

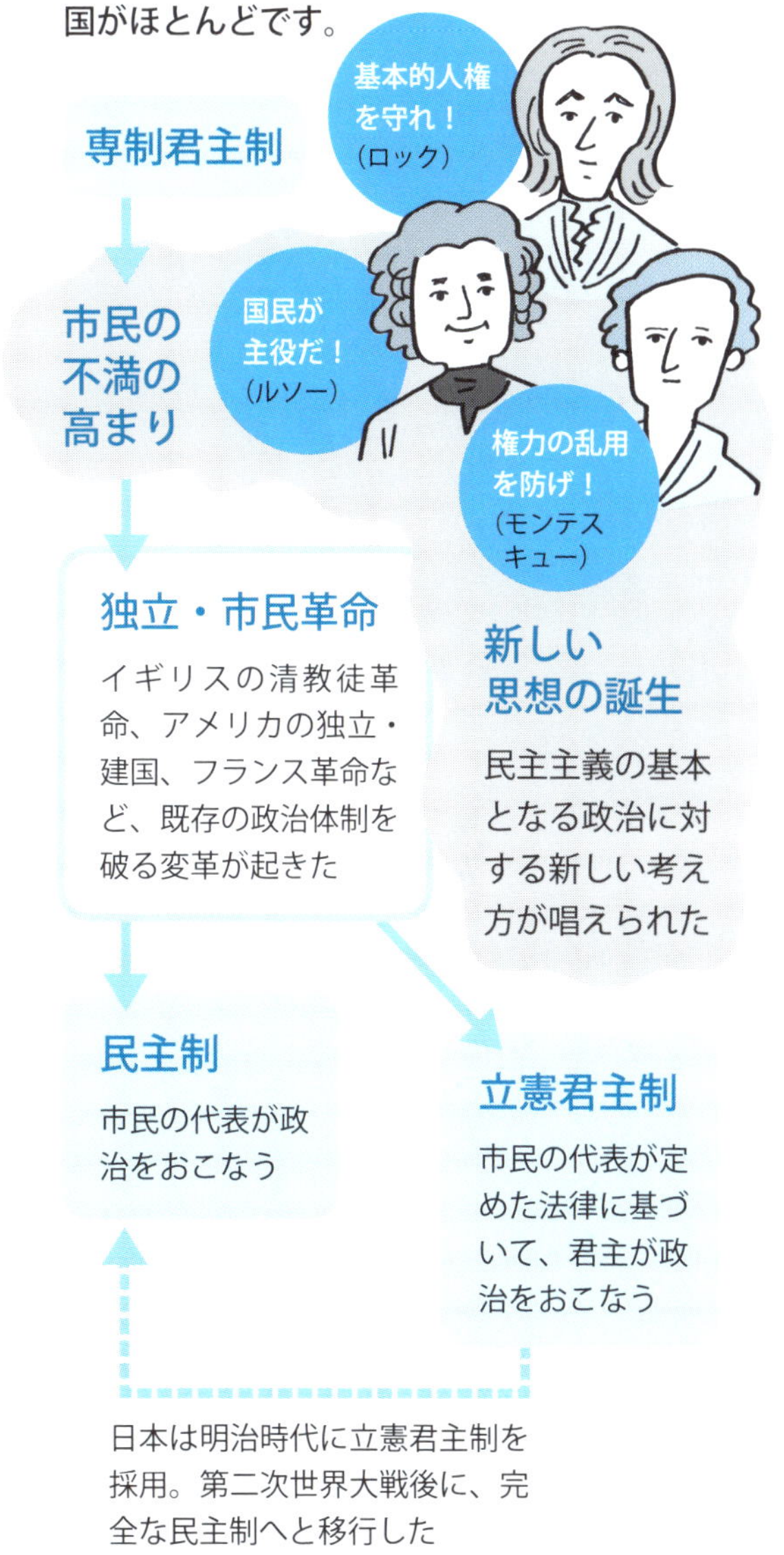
専制君主制
基本的人権を守れ！（ロック）
国民が主役だ！（ルソー）
権力の乱用を防げ！（モンテスキュー）
市民の不満の高まり
独立・市民革命
イギリスの清教徒革命、アメリカの独立・建国、フランス革命など、既存の政治体制を破る変革が起きた
新しい思想の誕生
民主主義の基本となる政治に対する新しい考え方が唱えられた
民主制
市民の代表が政治をおこなう
立憲君主制
市民の代表が定めた法律に基づいて、君主が政治をおこなう
日本は明治時代に立憲君主制を採用。第二次世界大戦後に、完全な民主制へと移行した

議会制民主主義だから「国会」がいちばんえらい

議会は、市民が選んだ代表者が集まって話し合い、集団としての意思決定をおこなう場。国政の場合は「国会」です。

民主制の2つのかたち

国のあり方を決める権利を主権といいます。主権をもつ国民、つまり有権者がどのように政治に参加するかによって、民主制は2つのかたちに分けられます。

代表者を選んで任せる
間接民主制

有権者が代表者を選び、自分の権利をゆだねる。有権者は代表者を通じて間接的に政治に参加する。現代の民主主義国家は、このスタイルが基本

国民

↓

選挙

日本では18歳以上の国民に選挙権が与えられる

↓

代表者が議会を構成（国会）

↓

議決

全員が論じあって決める
直接民主制

有権者がそれぞれ自分の意見を表明し、論じあって政治問題の解決をはかるスタイル。古代ギリシャの都市国家アテネで始まったといわれる

国民

集団の規模が大きくなると、有権者全員で話し合うことは難しい

↓

議決

多数決で決める（→P16）

国としての意思決定となる

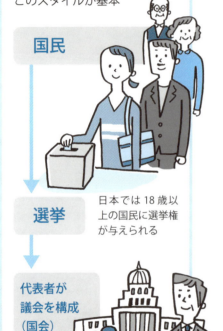

2つの原則が守られる

民主主義には2つの原則があります。原則を守るために、法というルールに従って政治がおこなわれます。

国民主権

国の支配者は国民であり、国家権力はもともとは国民自身のものである

基本的人権の尊重

人はみな、生命・自由・財産などについて、誰もおかすことのできない権利をもっており、その権利は尊重されなければならない

必ず守られなければならない原則は、国の基本法である「憲法」によって保障される

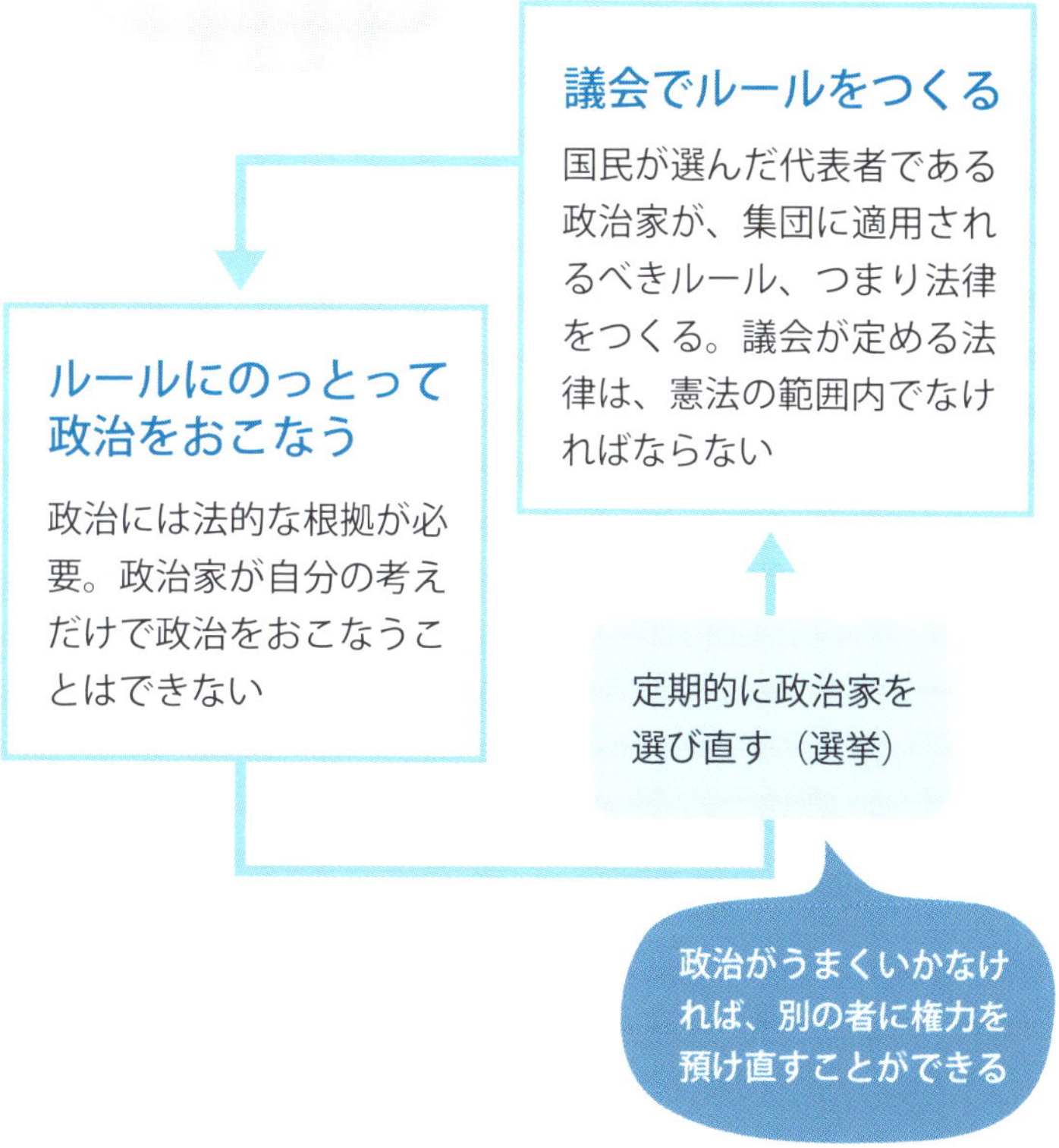
議会でルールをつくる
国民が選んだ代表者である政治家が、集団に適用されるべきルール、つまり法律をつくる。議会が定める法律は、憲法の範囲内でなければならない
ルールにのっとって政治をおこなう
政治には法的な根拠が必要。政治家が自分の考えだけで政治をおこなうことはできない
定期的に政治家を選び直す（選挙）
政治がうまくいかなければ、別の者に権力を預け直すことができる

国会は国としての意思決定をおこなう場

現在の日本は、議会制民主主義を採用しています。有権者が選んだ代表者が集まる議会で、集団としての意思決定をしていくスタイルで、議会政治ともいいます。

議会には市議会、県議会など、いろいろなものがありますが、国としての意思決定をおこなう議会は「国会」です。

国の政治（国政）は、国会が下す意思決定に基づいておこなわれます。つまり、国会がいちばんえらい機関、というわけです。

ただし、国会を構成するメンバーである国会議員は、選挙によって、定期的に選び直されます。国民が「このままではダメ」と判断すれば、やめさせられてしまいます。

つまり、国民がいちばんえらいのです。

多数決で決めるから政党が重要になる

一人の権力者の意見ではなく、みんなの意見を尊重するのが議会政治の大原則。意見が対立するときは多数決で決めます。

多数派になれば意見が通りやすい

人が集まれば、利害の対立や意見の相違を避けることはできません。全員が納得する結論を導き出そうとすると、なにも決まらないという事態に陥りがちです。

そこで議会では、多数決でものごとを決する方法がとられます。自分の意見が通るか通らないかは数しだい。ですから選挙で議席数を増やして多数派になることが、各政党の至上命題になるわけです。

ただし、多数派の意見が必ずしも最善とは限りません。慎重に論議を進めるためには、少数派の意見に耳を傾けることも必要です。

議会政治の原則

多数決でものごとを決める

意見が分かれた際には、多数の意見を尊重する。異なる意見をもつ人も、多数派の決定を受け入れなければならない

多数派政党が政権を握る

多数決が原則の議会政治では、もっとも多数の議席を占める多数派の政党が、政治をおこなう権力、つまりは政権を握ることになります。

自分の考えを実現するには多くの人の賛意が必要

「このような政治をおこないたい」という政策があっても、多くの賛同者がいなければ実現できない

似た考えの人が集まって政党をつくる

似た考えをもつ人どうしが集まって政党を結成。政策の実現に向けて協力しあう

「圧力団体」が応援することも

経営者や労働者、医師、農業従事者など、それぞれがつくる団体は、政治活動を目的に形成された政党とは異なるが、特定の政党の支持団体になることもある。選挙の際の票集めと引き換えに、自分たちに有利な政策の実現を迫るのが目的。こうした団体は「圧力団体」と呼ばれる

国会議員の所属政党

内閣
↓
P40

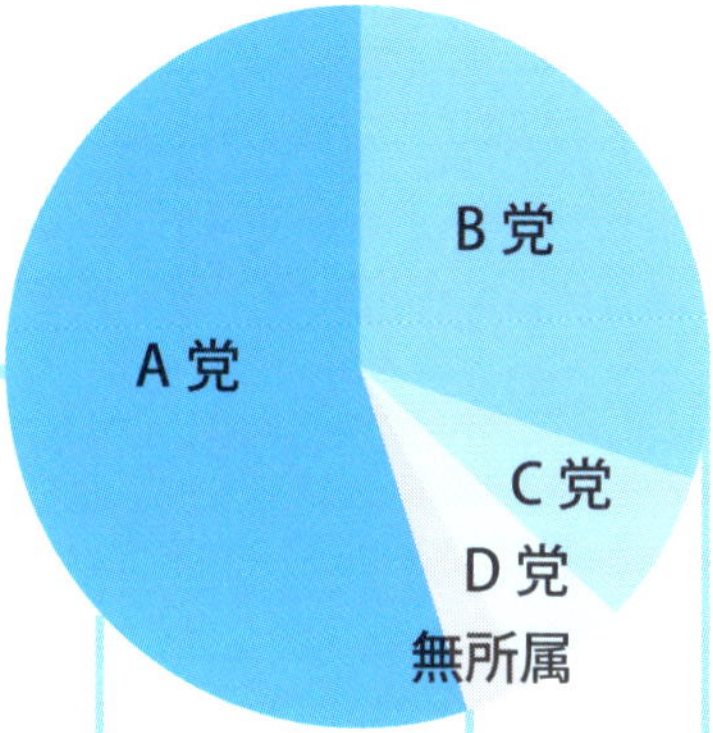

選挙

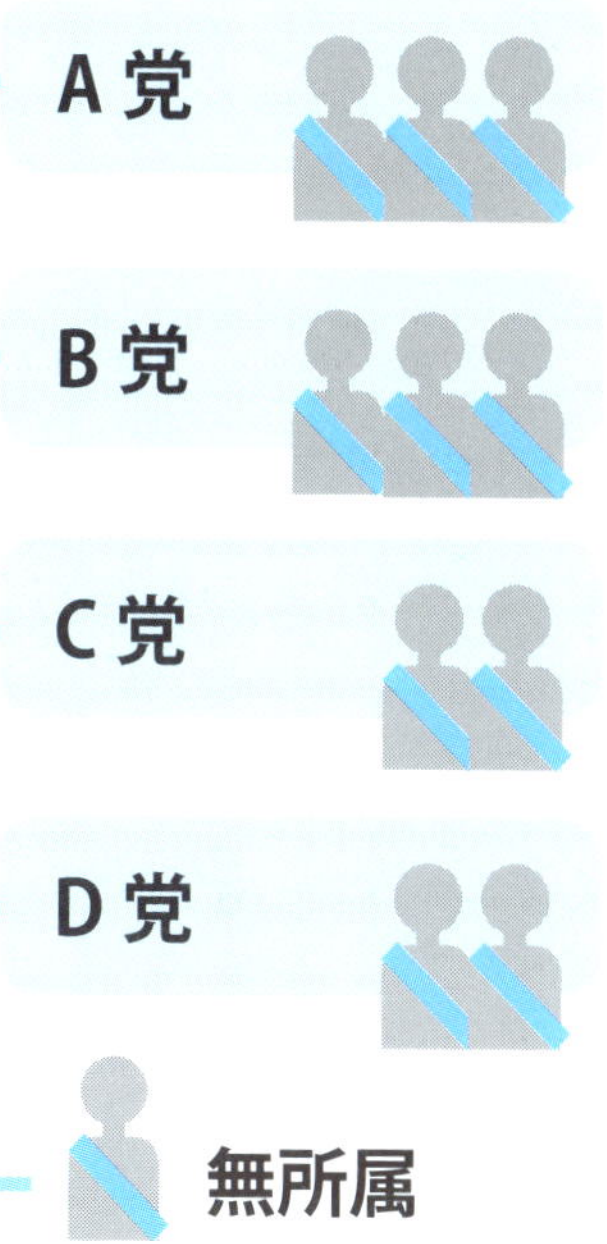

与党

もっとも多くの議席をもち、政権を握る党。複数の政党が協力し、連立政権を組むこともある

野党

与党以外で議席をもつ政党すべて

政権を握り政策を実現

内閣と議会が連携し、自分たちの考え（＝政策）の実現に向けて活動する

多数派政党が内閣をつくる

議会の最大勢力となった政党から内閣総理大臣が選ばれるのが通例。総理大臣がほかの大臣を任命し、政治の実行役となる内閣をつくる

↓
P50

多くの国民の支持を求める

自分たちがどんな考えをもち、なにを実現させたいのかを示し、1人でも多くの代表者を国会に送り込もうとする

2つの議会で多数派が異なることも

衆議院と参議院で、議席数がもっとも多い政党が異なる場合もある。「ねじれ国会」といい、政権運営に困難がつきまとう（→P22）

どれだけ多いかで政権運営は変わる

政権与党の議席が多ければ多いほど、政権運営は安定する。逆に過半数を上回る政党がない場合には、複数の政党が連立を組むなど、多数派工作が激化する

日本の有権者の多くは「支持政党」なし

近年の世論調査では、「支持する政党はない」という「無党派層」が過半数。各政党は、無党派層を取り込むために、人気取りの政策をアピールすることになりがち

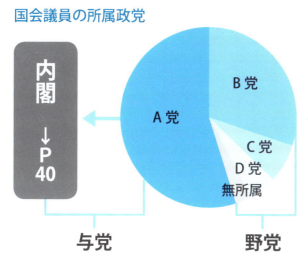

三権分立で政治権力の暴走を防いでいる

国会、内閣、裁判所。それぞれに政治的な権力を分散させるのが三権分立《さんけんぶんりつ》の制度。日本の政治制度もこれを取り入れています。

権力をもつ機関が監視しあう

国民が選挙で選んだ代表者に権力を預けるのが間接民主制。権力をひとつの機関に集中させてしまうと、なにが起こるかわかりません。そこで政治的な権力をもつ機関を分散させ、互いに行き過ぎがないか監視しあい、権力の乱用を防ごうというのが三権分立の制度です。

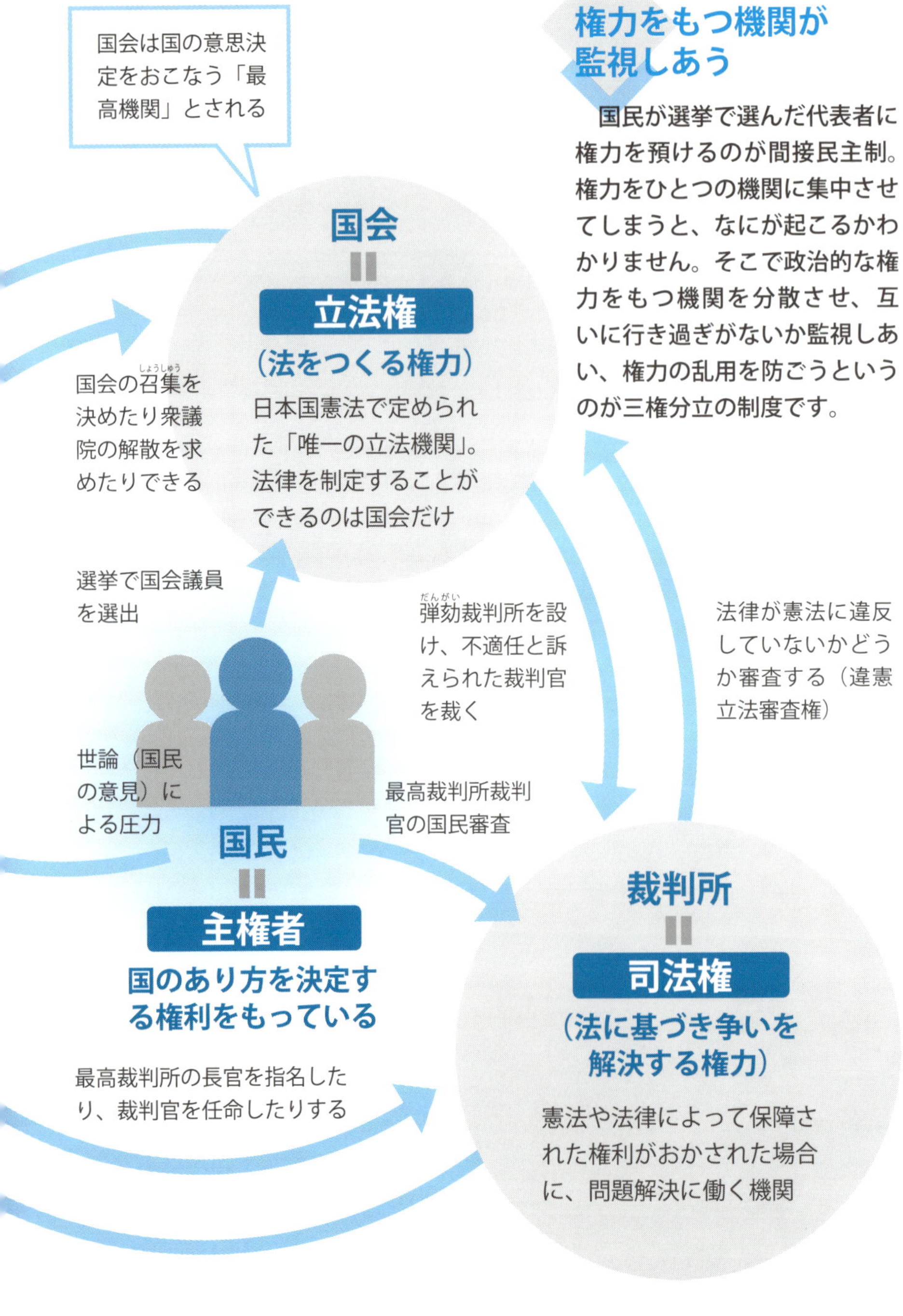

国会は国の意思決定をおこなう「最高機関」とされる
国会
立法権
（法をつくる権力）
日本国憲法で定められた「唯一の立法機関」。法律を制定することができるのは国会だけ
国会の召集《しょうしゅう》を決めたり衆議院の解散を求めたりできる
選挙で国会議員を選出
弾劾《だんがい》裁判所を設け、不適任と訴えられた裁判官を裁く
法律が憲法に違反していないかどうか審査する（違憲立法審査権）
世論（国民の意見）による圧力
最高裁判所裁判官の国民審査
国民
主権者
国のあり方を決定する権利をもっている
裁判所
司法権
（法に基づき争いを解決する権力）
憲法や法律によって保障された権利がおかされた場合に、問題解決に働く機関
最高裁判所の長官を指名したり、裁判官を任命したりする

4 つめの権力があった!?

根幹にあるのは「国民の目」

権力の暴走を防ぐために取り入れられている三権分立の制度ですが、その根幹にあるのは「国民主権」の原則です。たんに政治権力を分散させるだけでなく、国民が政治に目を向け、世論を伝えたり、投票行動に結びつけたりすることも、権力の乱用を防ぐ大きな力になります。

世論の多くは、新聞やテレビ、インターネットなどのメディアを通じて流される情報をもとに形成されるもの。その意味では、メディアにも政治を動かす力があるといえるでしょう。注意したいのは、情報は、特定の考えに誘導しようという意図をもって流される場合もあること。情報を読み解く力も、必要とされています。

内閣総理大臣の指名、内閣不信任案の決議などで行政を監視

内閣
＝
行政権
（法に基づいて政策を実行する権力）

国会で定められた法律や予算に基づいて、政治をおこなう機関

内閣などが定める命令・規則・処分などが憲法に違反していないか審査する

衆議院と参議院、二つの視点でチェックする

国として意思決定する場合に、拙速な判断は避けたいもの。そのために取り入れられたしくみが国会の二院制です。

日本の国会は二院制

日本の国会は、衆議院と参議院の二院制をとっています。慎重な話し合いを進め、よりよい結論を導き出すのが2つの議会を置く目的。二院の議員が異なる方式で選出されるのも、さまざまな視点から議案をチェックできるようにするためです。

衆議院

任期が短く解散の可能性もある。直近の民意を反映しやすい大衆の代弁者

参議院

30歳未満の議員はいない大人の議会。じっくり政治問題に取り組む良識の府

国会議事堂の正面右側に参議院、左側に衆議院の本会議場がある

衆議院と参議院の比較

衆議院		参議院
465人	議員の定数	245人
4年（任期途中で解散があれば、その時点で終了）	任期	6年（3年ごとに半数が選挙で入れ替わる）
25歳以上	被選挙権	30歳以上
小選挙区制と比例代表制の並立	選挙制度	都道府県ごとの選挙区制と比例代表制の並立
ある	解散の可能性	ない

（令和2年9月現在）

いろいろある国会の仕事

国会は「立法府」といわれますが、法律の制定だけをおこなっているわけではありません。そのほかにも、さまざまな仕事を任されています。

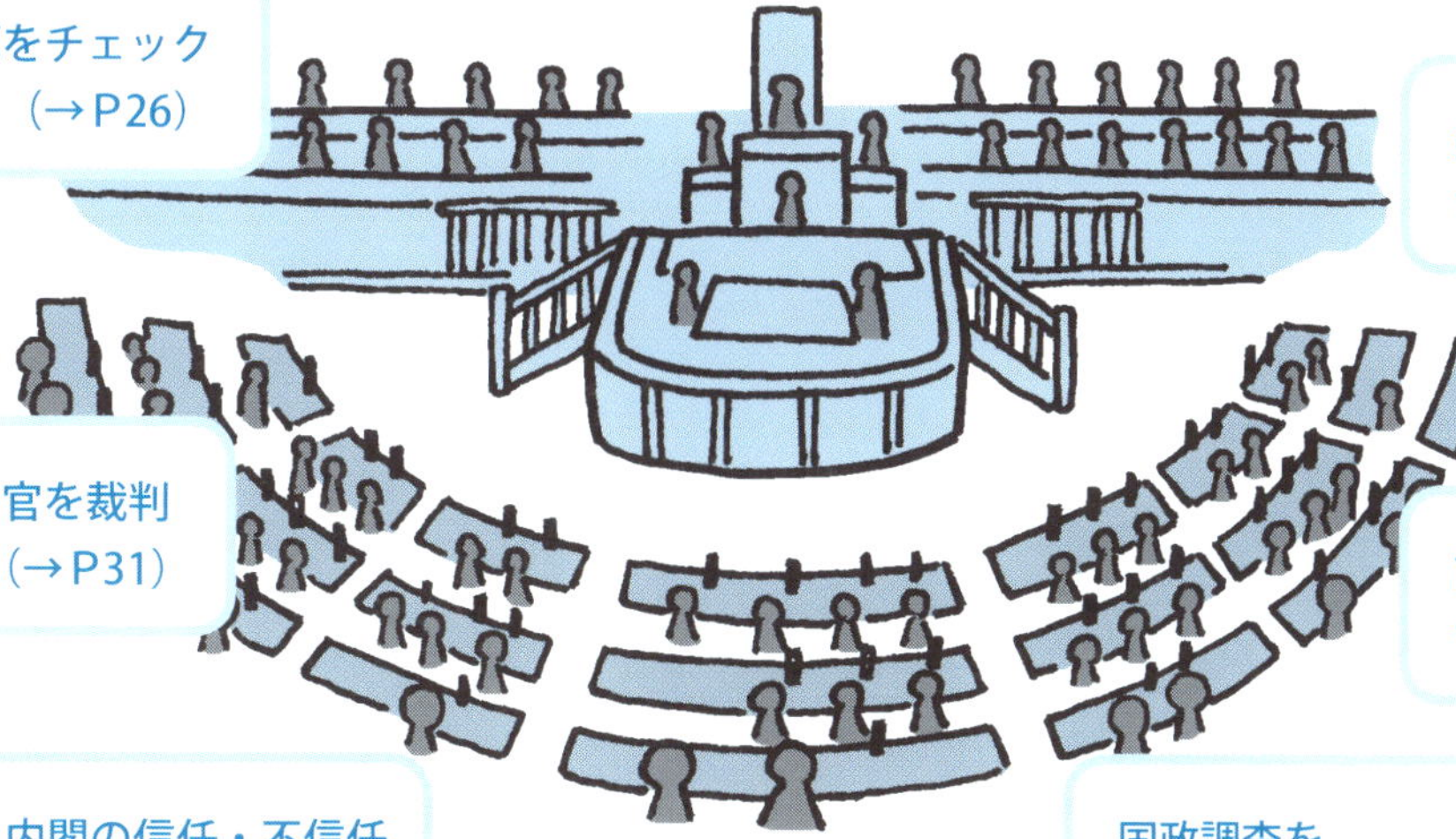

衆議院の判断が優先される

国会にかけられる議案は、両院がともに可決して成立するのが原則。しかし、議案によっては、参議院が反対しても衆議院がよいといえば成立します（→P23）。

参議院の前身は貴族院。対して衆議院は戦前から一般大衆の代表者が議論する場でした。衆議院議員を代議士と呼ぶのはその名残《なごり》。今も民意を反映しやすい議会として「衆議院の優越」が認められているのです。

「お言葉」は参議院で!!

国会を開くときには、国会議員全員が参議院の議場に集まって、天皇の「お言葉」を待ちます。これも戦前の名残のひとつ。かつて貴族院だった参議院には、もともと天皇の座席が用意されているのです。

「ねじれ」があると話がまとまりにくい

衆議院と参議院で多数派政党が異なる「ねじれ国会」では、両院の意見に食い違いが起こりがち。調整に手間取ります。

議決のしくみ

衆議院と参議院で一致した見解を国の意思とするのが原則ですが、両院で意見が割れることも。その場合、「衆議院の優越」が認められている議案と、認められていない議案では、決着のつけ方が異なります。

両院一致の議決を目指すのが原則

衆議院で可決 ⇄ 参議院で可決

法案などはどちらの院に提出してもよいが、予算だけは衆議院に提出しなければならない

↓

議案の成立

意見が合わない

衆議院と参議院で、可決・否決に分かれて意見が一致しない。あるいは衆議院で可決された議案について参議院が採決しない

衆議院の可決から60日経った段階で「参議院は否決したものとみなす」と宣言し、衆議院で再可決することも可能

人事が決まらない

もめるっ!!

日本銀行総裁、国家公安委員会の委員、各種審議会《しんぎかい》の委員などを任命する際は、衆参両院の同意が必要。「衆議院の優越」が認められていないので、人事の任命ができなくなる

議決が一致しにくい「ねじれ国会」

「ねじれ国会」とは、衆議院で過半数を超える議席数をもち、政権与党となっている政党が、参議院では過半数に満たない状態のこと。両院で異なる議決が出されるケースが増え、混乱が生じやすい

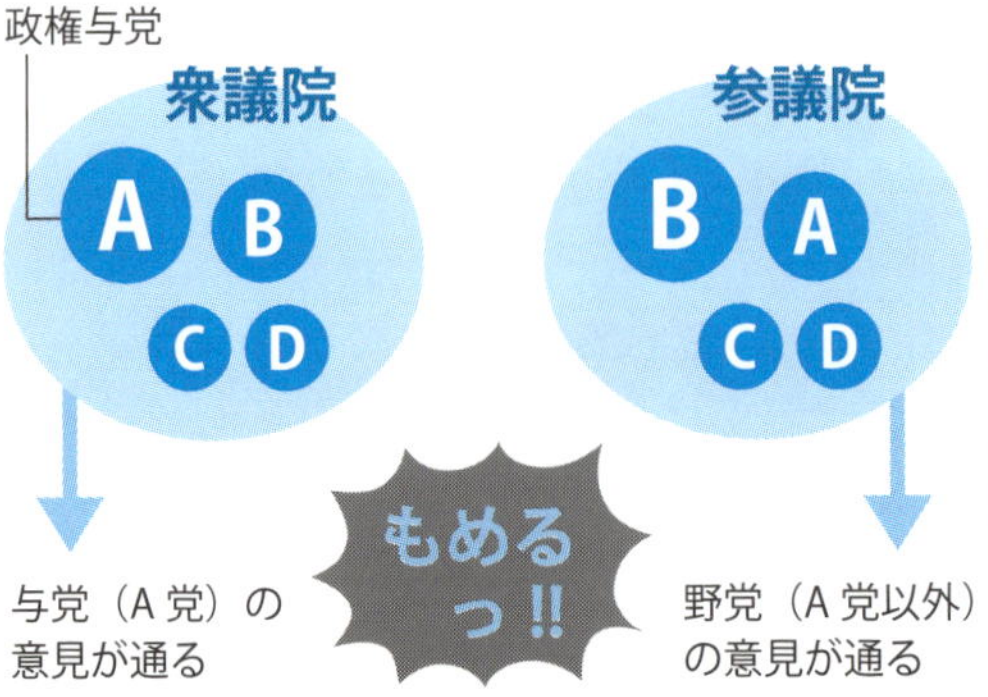

国会議員のワザッ！ パート1

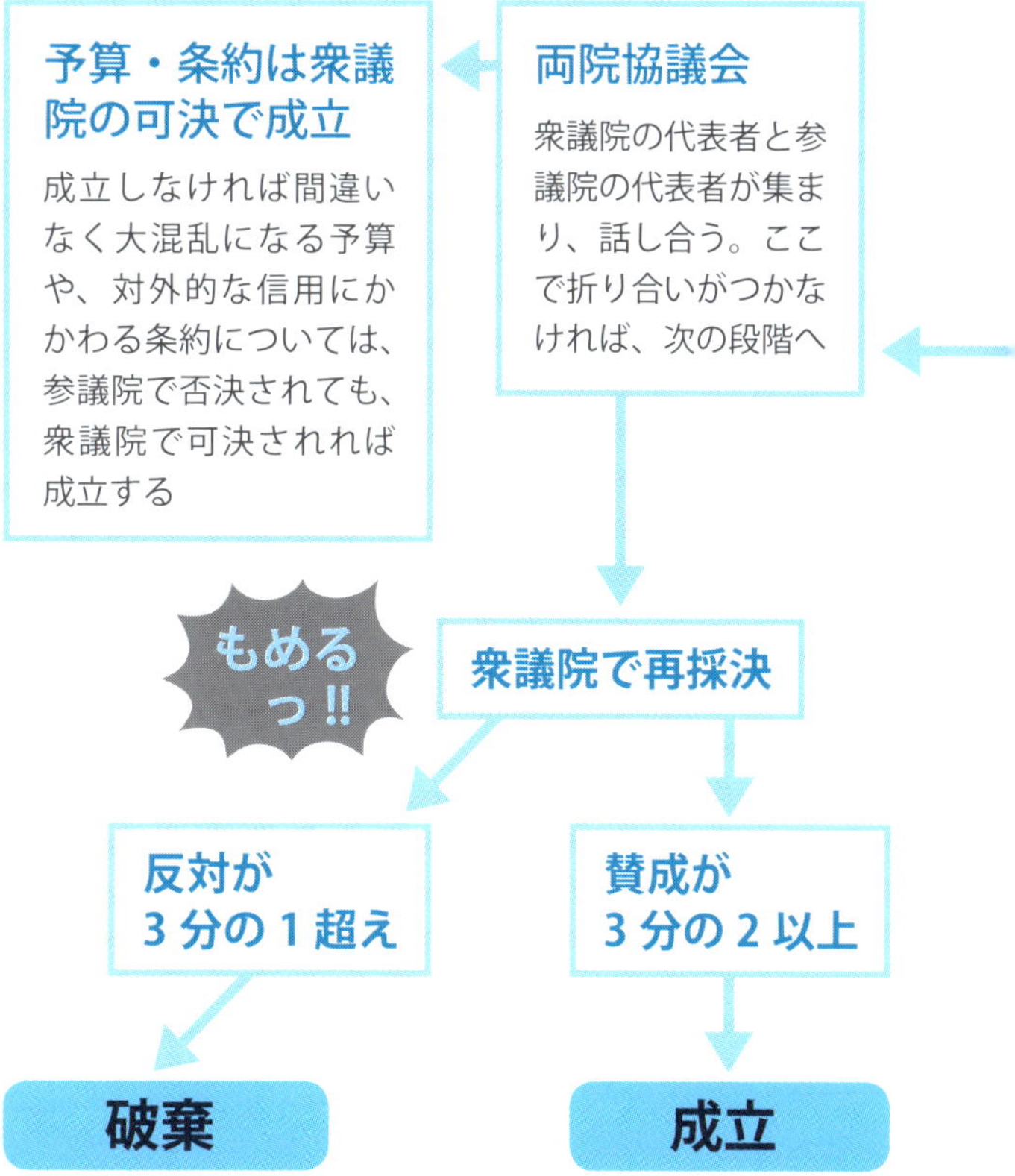

素早い政治対応が難しくなる

両院の意見が異なる場合、とくに重要な議案については衆議院の判断を優先する「衆議院の優越」が認められています。とはいえ、手続きには時間がかかり、議案がなかなか決まりません。

一方で、両院とも与党が過半数では、十分な議論がないまま多数決に進むことも。国民の声が反映されず、与党にとって都合のいい政治になりかねません。

法律の多くはじつは官僚がつくったもの

国会は立法府。内閣や議員が提出した法律案（法案）を審議《しんぎ》し、新たな法律として成立させるかどうかを決めます。

法律ができるまでの流れ

政治をおこなうためには、根拠となる法律が必要です。国会は、新たに作成したり、修正したりする必要がある法案を審議する場。国会で「これでよし」と認められて、初めて法律が成立します。成立に至るまでには、2つの流れがあります。

国民の声

各種調査、統計、世論、陳情《ちんじょう》・請願《せいがん》など

内閣提出法案

内閣が、衆議院または参議院に提出する法案。関係省庁の官僚主導で作成される法案。

→ **関係省庁の官僚が法案を作成**

→ **各省の担当や、内閣法制局（→P42）のチェックを受ける**

関係者に「根回し」して、反対意見も考慮したうえで法案が作成される

議員提出法案

国会議員が独自に提出する法案。提出には、その法案に賛同する一定数以上の議員の署名が必要

→ **議員が内容を決める**

→ **国会の法制局に法律案の作成を依頼**

法律は独特の書き方があるので、議員提出法案の多くは、国会図書館や両院の調査室（局）などの「プロ」の助けを借りる

議員は「政策秘書」を雇うこともできる

法案づくりには専門的な知識と時間が必要とされる。そこで、国会議員が希望すれば、法案づくりを助ける専門のスタッフとして「政策秘書」を1人、国費で雇えることになっている

閣議《かくぎ》（→P41）で合意・決定された法案を提出

国会でも可決・成立する見込みが高い

内閣が出す法案は官僚が準備する

法治国家の日本では、すべての政治的行為は法律に基づいておこなわれています。そこで新たな政策を実行する際は、そのために必要な法案を作成し、国会に提出します。国会の審議を受けて「これでよい」となって、初めて政策の実行が可能になるわけです。

成立に至る法案の多くは、内閣が提出したもの。内閣といっても、実際に法案の作成にあたっているのは官僚（→P43）です。「官僚主導の政治」という批判が出るのも不思議ではありません。

衆議院

議長

委員会で検討

本会議

否決されれば廃案

可決

参議院

議長

委員会で検討

本会議

否決の場合の手続きはP22

可決

成立

内閣の署名

公布（官報に掲載される）

施行（実際に法の効力が発生する）

新たな予算が不要なら、衆議院で20名以上、参議院で10名以上。予算が必要なら、衆議院で50名以上、参議院で20名以上の署名が必要

国会議員の署名を集める

国会で可決されるかどうかは不透明。廃案になるケースも多い

法案提出件数と成立件数

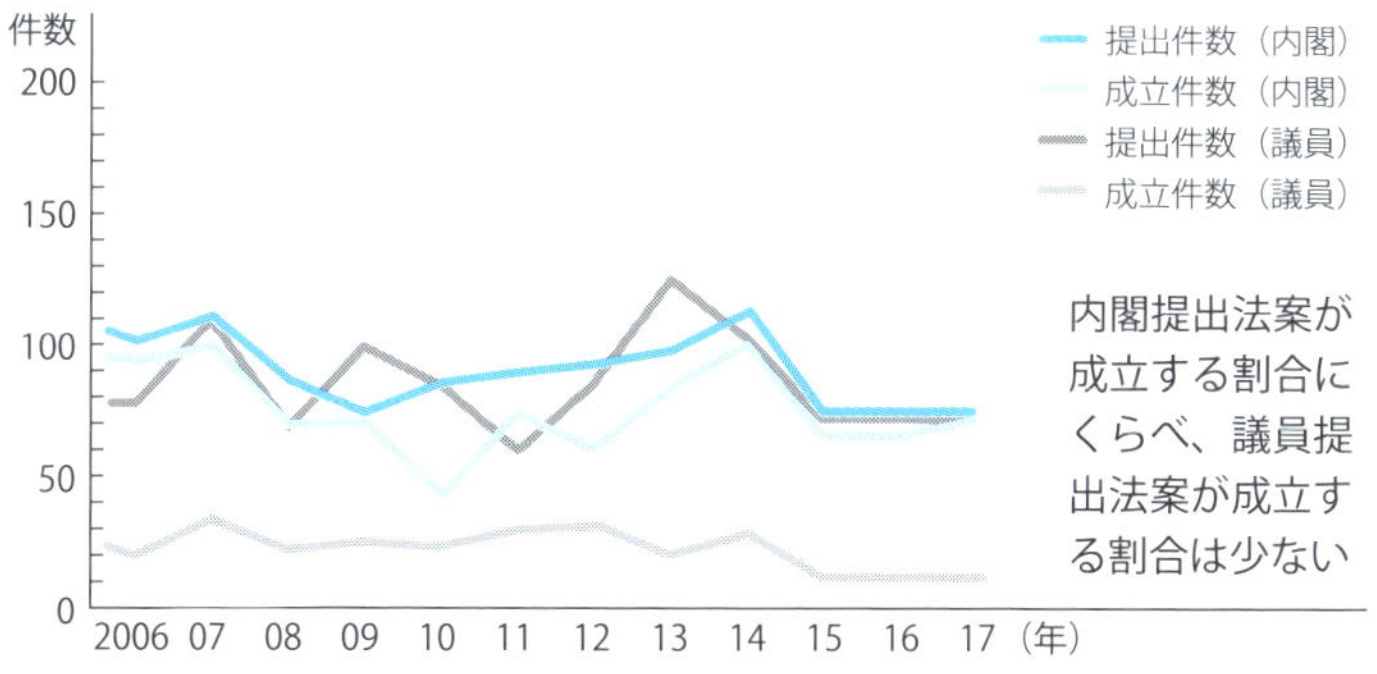

内閣法制局、国立国会図書館「レファレンス No.718」・「レファレンス 2015.9」

年がら年中「お金の話」をしている

国のお金をどう使うかという計画書が予算。当初の計画を変更し、予算を組み直すときは、そのつど国会の議決が必要です。

各種予算の審議と議決がおこなわれる

国会では、1年の間に、3年分の「お金の話」が進められます。次年度のお金の話が当初予算（本予算）、今年度のお金の使い方を変更する話が補正予算、すでに確定した前年度のお金の収支を確認するのが決算です。

年度スタート

7月　6月　5月　4月　3月　2月　1月

前年度

当初予算（本予算）の審議・議決

年明けの通常国会で、内閣が提出した次年度（4月〜翌年3月）1年間の予算を審議。以下の場合に当初予算として成立する

- 両院で可決される
- 衆院で可決、参院が議決しない→30日後に成立
- 衆院で可決、参院で否決→両院協議会でも一致しなければ、衆院の判断を優先し、成立

暫定《ざんてい》予算

国会審議が紛糾《ふんきゅう》し、新年度が始まる4月1日までに当初予算の成立が間に合わない場合には、最低限の予算を暫定的に組み、行政の混乱を避ける。当初予算が成立するまでのつなぎの手段

内閣：とりあえずこれでいきます

国会：NO！　OK！

内閣が出す予算案にGOサインを出すか検討

政治の実行役である内閣は、一年間にどれだけの収入が見込めるか、なににどれだけ支出するかを見積もり、四月から翌年三月までの収支計画を立てます。これが国の予算です。内閣が用意した予算の原案は、国会に提出されます。国会の審議・議決を受け、「これでよい」となったら予算が成立。成立した予算にそって、さまざまな国の事業が進められます。

計画は、ともすれば変更を余儀なくされるもの。計画の変更が必要な場合には、そのつど、予算を組み直し、審議・議決します。前年度の決算も含め、国会では年中「お金の話」をしているのです。

前年度決算の承認

前年度１年間の国の収支のまとめが決算。内閣が提出し、国会で承認する

新年度スタート

4月　3月　2月　1月　12月　11月　10月　9月　8月

次年度　今年度

補正予算の審議・議決

景気の悪化や大災害の発生など、突発事態への対応が必要になった場合には、年度途中で当初の計画を見直さなければならない。変更する予算が補正予算。増やす支出は国債《こくさい》でまかなうことになる

国会：また借金か……しかたあるまい

内閣：足りないので支出を増やしていいですね

次年度の当初予算の審議が始まる

内閣主導で予算編成を進める
→P47

同時に法律の制定が必要なことも

政策の実行には、その根拠となる法律が必要です。ある政策の実行を見越して組んだ予算は成立したものの、政策そのものの根拠となる法律が成立しないために実行できない、という事態も起こりえます。予算と法案の審議は、密接に関連しているのです。

予算 → 衆議院の可決で成立

予算関連法案
各種手当を支給するための法案や、税収を上げるための税制改正の法案など
→ 両院で意見が異なる場合は廃案になる可能性がある

お金はあっても使えない

本会議前の「委員会」でほぼ決まる

国会での詳しい審議は、分野別に分かれた委員会でおこなわれています。ただし、最終的な判断は本会議で下されます。

詳しい話し合いは委員会ですんでいる

国会で取り上げる問題は、国会議員全員が集まる本会議にかける前に、専門分野別に設けられている委員会で詳しい検討が重ねられます。

法案A　法案B　法案C

議長

法案は衆参どちらかの議長に提出される

各種の委員会で検討

予算・条約・法律案などの議案を、本会議にかける前に詳しく検討する予備的な審査機関が委員会。それぞれ専門があり、専門的かつ詳細な審議をおこなう

公聴会《こうちょうかい》

必要に応じて、審議される議題に関して利害が対立する立場にある人や、専門的な知識をもつ学識経験者などを呼んで、意見を聞く公聴会を開く

委員会が採決

出席委員の過半数の賛成が得られれば可決。ただし、委員会で否決された議案も、本会議にかけられる

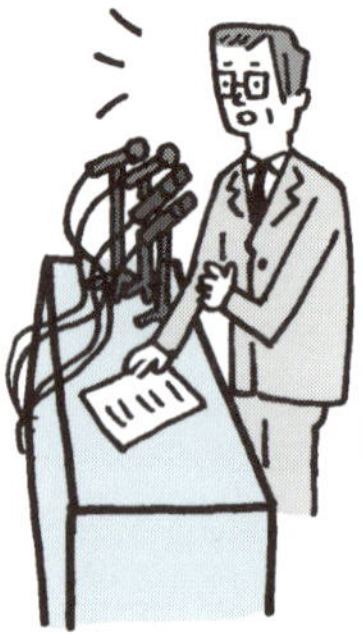

議案を提出した担当者が趣旨説明をしたり、質疑に答えたりする

採決の結果が一致しないこともある

委員会での可否が、そのまま本会議の議決となる見込みが高いが、委員会では否決された議案が本会議で可決されたり、委員会で可決されても本会議では否決となったりする場合もある

本会議へ

委員会での審議の経過や採決の結果が報告されたうえで、賛成・反対の討議をおこない、議決する

委員会の可否は最終判断ではない

国会で検討すべき問題は多岐《たき》にわたります。そのすべてを、議員全員で一から審議していては時間が足りません。

国会の委員会の種類

　衆議院と参議院それぞれに常任委員会、特別委員会が設置されています。国会議員は、少なくとも１つの常任委員会に所属しています。

　どの委員会に所属するかは議員本人の希望が考慮されますが、各委員会には定数があります。必ずしも、希望どおりの委員会のメンバーになれるわけではありません。

特定の委員会に長く所属していると、その業界との癒着《ゆちゃく》が起こりやすくなる

常任委員会

衆議院・参議院ともに 17 の委員会があり、分類もほぼ同様

衆議院の常任委員会

内閣委員会	国土交通委員会
総務委員会	環境委員会
法務委員会	安全保障委員会
外務委員会	国家基本政策委員会
財務金融委員会	予算委員会
文部科学委員会	決算行政監視委員会
厚生労働委員会	議院運営委員会
農林水産委員会	懲罰《ちょうばつ》委員会
経済産業委員会	

＋

特別委員会

常任委員会では審議しきれない問題を扱う。会期（→ P32）ごとに各議院で必要と認められれば、その院の議決で設置される

　そこで、議員が一堂に会する本会議の前にさまざまな委員会が開かれ、ここで専門的な話し合いをしておきます。

　委員会で審議された議案は、委員会での可否を問わず必ず本会議にかけられます。議案の最終的な可否は本会議の議決によって定まります。

委員会は「族議員」の温床!?

「族議員《ぞくぎいん》」とは専門の分野をもつ議員のこと。たとえば農林水産委員会に長く所属する議員は、農林問題を専門にする「農林族」、国土交通委員会なら「道路族」などと呼ばれます。

　もっとも、「族議員」という言葉は、あまりよい意味では使われません。特定の業界との結びつきが濃くなると、選挙の際の票集めを期待して、国益より業界の利益を優先しようとする議員も出てくるためです。

「党首討論」や「証人喚問」も国会ですること

国会は法案や予算を審議するだけではありません。党首どうしの議論の場になったり、裁判の舞台になったりもします。

党首討論は格好の見せ場

党首討論とは、その名のとおり、野党の党首が、内閣総理大臣である与党の党首と、政策などについて１対１で討議するもの。イギリス議会の党首討論を手本に、2000 年に導入されました。

「この人で大丈夫？」と思わせたい
うまく切り返して乗り切ろう
ねらい
与野党の垣根を越えてじっくり話し合おう
あらかじめ用意された質問に、官僚が用意した「回答文」を読み上げるだけでなく、党首どうしが直接話し合い、議論を深めていくさまを公開する
実際は？
？
●話がかみあわない
●議論が深まらない
●形式的な問答に終始
……ということになりがち

国会での活躍を有権者にみせたい

国会は討論の場です。法案や予算の審議以外にも、さまざまな論議が繰り広げられます。ただ、議論を深めあうというより、「相手をやり込めること」に重点が置かれがち。例えば「とにかく総理をやり込めてやろう」という姿勢でのぞんでいるとしか思えない党首討論もあります。野党の戦略のひとつでしょうが、本来の目的はそうではないはずです。

また、証人喚問《かんもん》や参考人招致《しょうち》は、重大事件の際におこなわれるので世の中の関心も高いもの。格好のアピールの場となるため、追及といいながら、自分が演説してばかり、という議員も出がちです。

国会議員のワザッ! パート2

国会で「裁判」をおこなうことも

不適任とされた裁判官を裁く「弾劾裁判《だんがいさいばん》」をおこなったり、大きな事件が起きた際に関係者を呼んで証言を求める「国政調査権」を行使したりするのも国会の仕事です。

証人は真実を述べなければならない。証言内容がウソだったことがわかれば、偽《ぎ》証罪《しょうざい》に問われることもある

弾劾裁判

三権分立の観点から、司法権を担う裁判官は身分が保障されている。裁判官としてふさわしくない行為があった場合には、国会で弾劾裁判をおこない、そこで「裁判官をやめるべきだ」となって初めて罷免《ひめん》される

証人喚問

重大な事件が起きたとき、なぜそのような事件が起きたのか、どうすれば防ぐことができるのかという観点から事件を調査し、再発防止をはかるために、関係者の証言を求めることができる。再発防止に必要な新たな法律の作成につながることも

参考人招致

関係者に「証人」ではなく「参考人」として出席してもらい、話を聞く。証人と扱いが異なり、真実を述べなかったからといって偽証罪に問われることはない

国会の開催期間は その時の情勢しだい

国会議員全員が参加する国会は、一年中開かれているわけではありません。国会の開会・閉会の時期は、その時々で異なります。

国会の種類は３つ

国会で開かれる会議の種類は、３つに分けられます。通常国会は毎年１回必ず開かれますが、その他の会議は必要に応じて召集されるもの。開催時期や期間はまちまちです。

参議院の緊急集会

衆議院解散中に緊急事態が発生し、国会の議決が必要になった場合に開かれる会議。緊急集会での決定は暫定的なもの。その後、衆議院の承認が得られなければ効力を失うとされている

特別国会

衆議院の解散による総選挙後30日以内に開かれる。延長は２回まで可能

臨時国会

補正予算を組む必要がある場合などに、内閣の求めで召集される。衆参どちらかの総議員の４分の１以上の要求がある場合にも開催される。延長は２回まで可能

通常国会

毎年１月にスタートするのが通例。本予算の審議・議決が最大の任務。期間は150日間だが、１回だけなら延長も可能

会期の延長

必要に応じて開催日数を延長する

国会論戦の舞台となる国会議事堂

複数の会期で検討する「継続審議」も可能

国会議員は一年中本会議場に集まって議論をしている、というわけではありません。国会の開催期間は会期と呼ばれ、通常国会は原則一五〇日間。その他の国会会期は、両院の話し合いで決められ、会期を過ぎたら閉会となります。

会期中に議決が定まらなかった議案は廃案にするのが原則ですが、一定の手続きを踏めば、次の国会でも引き続き議案として取り上げる「継続審議」も可能です。その場合は、各議院の議決に基づき、国会閉会中に委員会を開いたり、委員を各地に派遣したりして、審査または調査をおこない、検討を進めておきます。

「解散」になる2つのパターン

衆議院にのみある解散は、任期満了前に衆議院議員全員の資格を失わせ、新たに議員を選出し直すしくみ。解散に至る経緯は２つのパターンに分かれます。

解散のない参議院で、閣僚の責任を問う「問責《もんせき》決議案」が提出・可決されることもありますが、こちらはなんの法的拘束力もありません。

内閣が「解散権」を使う

国民の意思をはかるために、衆議院を解散させることもある。解散は「内閣の助言と承認による天皇の国事行為」だが、天皇が政治的な判断をすることはないので、解散権は内閣にある。実際には、解散に反対する大臣をやめさせる権利をもつ内閣総理大臣の判断で解散権を行使できる

衆議院を
解散します

議長が天皇の署名入りの文書を読み上げる

「解散」

↓

40日以内に選挙

↓

特別国会で総辞職

↓

新たな総理大臣が指名される

国会が内閣にNO!!という

「この内閣ではダメ」と判断した衆議院議員は、「内閣不信任決議案」を提出し、採決を求めることができる。たいていは野党から提出される。野党の動きを封じるために、与党が「内閣信任決議案」を提出することもある

不信任案も信任案も衆議院議長に提出する

不信任決議案
ですっ！

たいていは
不信任案の否決
（信任案の可決）

まれに不信任案
の可決
（信任案の否決）

与党内から造反する議員が出た場合

解散の場合

解散か内閣総辞職か

不信任決議案が可決、もしくは信任決議案が否決された場合、内閣は10日以内に衆議院を解散するか、内閣が総辞職しなければならない。内閣が総辞職すれば衆議院は解散されず、現行議員のなかから総理大臣が選び直される

国会議員は国会の外でも忙しい

国会議員の仕事は会議に出るだけではありません。本会議や委員会への出席以外にも、さまざまな活動をしています。

盛りだくさんなスケジュール

国会開催中はもちろん、閉会中でも国会議員のスケジュールは目白押し。朝から夜まで、フル活動の日が続きます。

各種会議・勉強会

所属政党が開催する会議や、超党派の政策勉強会、意見交換会などに出席

打ち合わせ

秘書らスタッフとのミーティング、メールチェックなど

委員会

所属する委員会が開催される日は、審議に参加

懇親会《こんしんかい》など

夕食を兼ねた会合や勉強会、支援者との懇親会などに参加する日もある

その他

会議・会合の前に必要な資料に目を通したり、質問の内容を考えたりする。法案作成のための調査・勉強も

秘書も大忙し
国会開催中は
とくに忙しい

本会議

国会の開催は年間 150 ～ 200 日間ほど。この間、週 3 回程度、本会議が開かれる。開催時間はいろいろ。話がまとまらないと深夜に及ぶことも

議員総会

本会議が開かれる前に、各党の所属議員が集まり、その日の議案について打ち合わせをおこなう。採決がある日は賛否を確認。衆議院の議員総会は「代議士会」ともいう

陳情《ちんじょう》・請願《せいがん》への対応

地元の自治体や各種団体などからの要望・要請を聞き、対応する

体力勝負のハードワーク

国会議員は、想像以上に忙しい生活を送っています。国会の本会議や委員会が開かれているときは国会議事堂内で、それ以外は議員会館内に設けられている自分の部屋で過ごすのが基本。来客の応対などは、ここでおこないます。

なかには国会審議を欠席したり、出席しても居眠りばかり、という議員もいますが、真面目に働こうとしたら、体力勝負のハードワークです。

国会議事堂周辺で過ごす

国会議事堂を中心とした施設が集まる千代田区永田町近辺が、政治活動の中心地。平日は、ここで過ごす時間が多い

議員会館の部屋とは別に、近くに個人事務所を構えている議員もいる

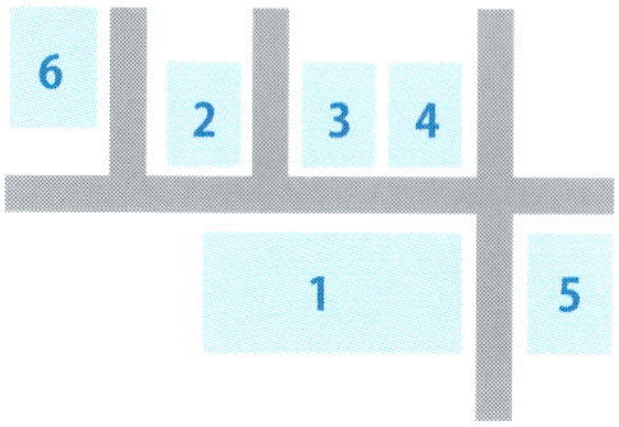

1 国会議事堂
2 衆議院第一議員会館
3 衆議院第二議員会館
4 参議院議員会館
5 国立国会図書館
6 首相官邸

「二重生活」が基本

国会議員は、自分を選んでくれた地元とのつきあいも大切にしています。平日は国政の仕事に励み、週末には地元での政治活動をおこなうという「二重生活」を送るのが基本です。

平日	週末
東京	地元

支持基盤を固めて次の選挙に備える

地元での会合やイベントに参加。顔と名前を売り込み、次の選挙に備える

各種行事　集会　演説会

金曜夜に移動

本会議や委員会がない週末は、毎週のように地元に戻るという議員が多い

いい質問ですね

「国会議員は逮捕されない」というのは本当ですか？

半分は本当です。国会開催中、国会議員を容疑者として逮捕することはできません。これは、政府がなんらかの理由をつけて反対派の議員を逮捕し、議案の採決に参加させない……などという事態を防ぐのが目的。逃げ切れるわけではなく、国会が閉会されれば逮捕されます。

ただし、逮捕状のいらない現行犯は別です。痴漢や窃盗《せっとう》など、一般の人と同様にその場で逮捕されます。

議員一人に使われる税金は一億円以上！

国会議員の活動は、多額の国費によって支えられています。納税者は、政治家のスポンサーでもあるわけです。

政治活動にはお金がかかる

国会議員は現職議員として仕事に励む一方で、自分を代表に選んでくれた地元とのつきあいもおろそかにできません。それも政治活動の一環です。

出るお金

演説会などの開催

有権者に自分の活動や考えを知らせたり、地元の意見を聞いたりするための会を開く

ポスター・パンフレットの作成

名前を売り込んだり、自分の活躍を知らせたりして、次の選挙に備える

地元との往復

地方選出の議員は、週末のたびに地元に戻り、行事や会合に積極的に参加する

私設秘書の給料

国費から給料の出る公設秘書とは別に私設の秘書を置く場合もある

勉強会などへの参加

政策を考えるうえで必要な勉強会に参加したり、現場を視察したりする

政治にかかるお金は国民が負担している

議員の政治活動を経済的に支えているのは国民の税金です。その額、国会議員一人につき一億円以上。議員総数を考えると巨額です。

もっと減らすべきだ、という意見が出るのも当然ですが、政治家が金策に血《ち》眼《まなこ》になっていては、政治活動に専念できません。汚職に走る危険性もあります。政治活動にかかるお金は国民が負担する。そのかわり、議員にはしっかり働いてもらう。そうしたしくみは理にかなっています。

むろん無駄遣いは困ります。国民の負担に見合った働きのない議員は選ばないという、選挙を通じた国民のチェックが不可欠です。

さまざまなかたちの国費で支えている

議員本人に直接支払われる歳費以外にも、政治活動を支えるために、たくさんの国費が使われています。

政党助成金（政党交付金）

政党としての活動に使う資金の一部を補助する制度。日本の人口に 250 円をかけた金額（年間 300 億円以上）が、各政党の規模に応じて分配されている。議員個人の懐《ふところ》に入るわけではないが、議員 1 人あたり数千万円分の政治資金が、国から支給されていることになる。日本共産党は、「国営の政党にはならない」と受け取りを拒否している

議員会館・議員宿舎の建設、維持費

議員会館内の事務所は無料で使用できるほか、安価な家賃で議員宿舎を利用することができる

給料（歳費）

一般の国会議員の給料は月額約 130 万円。これにボーナスにあたる期末手当がつき、年額 2100 万円程度

公設秘書の給料

公設秘書 2 人、政策秘書 1 人分の給料は国費負担。秘書の経験によって異なるが、合計で年額 2000 万円を超えるのが一般的

文書通信交通滞在費

月額 100 万円（年額 1200 万円）。政治活動に必要な経費をまかなう

立法事務費

議員提出法案作成のための調査、準備にかかる経費をまかなう。議員 1 人あたり月額 65 万円（年額 780 万円）。無所属の議員以外は、個人ではなく、所属する政党に支払われる

JR の無料パス、航空券クーポン

地元と東京を往復する負担を減らすために、航空券のクーポン（回数制限あり）や JR の無料パスが支給される

専用バスの運行

国会開催中は、国会と議員宿舎を結ぶ議員専用のバスが運行される

入るお金

海外視察

国会の閉会中、さまざまな名目で海外視察に出掛ける議員も多い。年間 1 人あたり 200 万円ほどの国費が支出される

国費以外の収入源

献金や政治資金パーティーなど（→P65）

いい質問ですね

都心の一等地に宿舎を置く必要があるの？無駄では？

議員宿舎は、地元と東京との二重生活を強《し》いられる地方選出議員の負担をやわらげるもの。緊急事態が起きたときのことを考えると、国会の近くの都心の一等地に宿舎を用意するのも無駄とはいえません。

一方で、自分は東京の自宅に住み、議員ではない身内が安い家賃で利用しているという例があるのも事実。そうした使い方は、批判されて当然です。

内閣総理大臣は国会議員のひとり

総理大臣は、政治の実行役である内閣のトップ。日本の内閣総理大臣は、国会議員が自分たち議員のなかから選んでいます。

日本は議院内閣制

議院内閣制とは、国会議員が議会のなかから内閣総理大臣を選ぶしくみのこと。普通は、国会のなかで議員数が一番多い政党から選ばれます。

国会で「首班指名選挙」がおこなわれる

国会議員のなかから誰を総理大臣（首班・首相）とするか、衆参両院で選挙をおこなう。もっとも得票数が多かった人が指名される

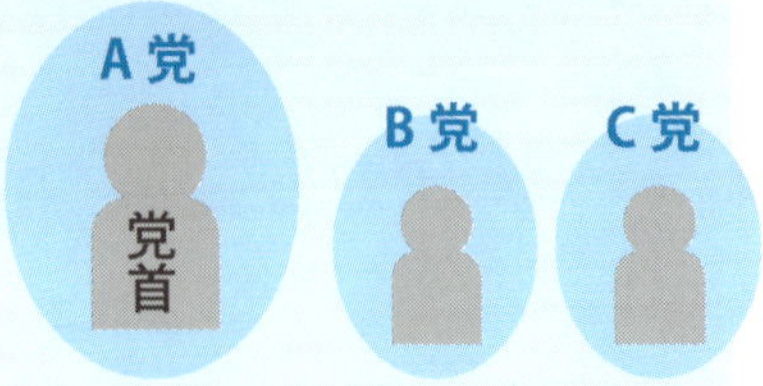

自分の所属する党の党首に票を投じるのが原則

第一党の党首が指名・任命される

普通は議員数が一番多い第一党の党首が指名され、天皇の任命を受ける。両院で異なる場合、両院協議会での話し合いでも決まらなければ、衆議院の指名を優先する

新内閣総理大臣誕生!!

総理大臣交代 3つのパターン

● 内閣総辞職

総理大臣をはじめとする閣僚《かくりょう》全員が辞任した場合

● 総選挙のあと

国会議員の任期が終了し、議員資格が失われた場合も、次の内閣が任命されるまでは内閣総理大臣のままだが、選挙後の指名選挙で別の人が選ばれたら交代する

● 党首としての任期切れ

総理大臣の所属政党で党首の任期に定めがある場合、党首としての任期が満了したら、総理大臣もやめて、新しい党首に交代する

大統領制とはここが違う！

大統領は国の代表者。首相は行政機関の長。両方いる国も、どちらか一方しかいない国もある。アメリカやフランス、ロシア、韓国など、大統領が強い権力をもつ国では、国民が直接、大統領を選ぶ

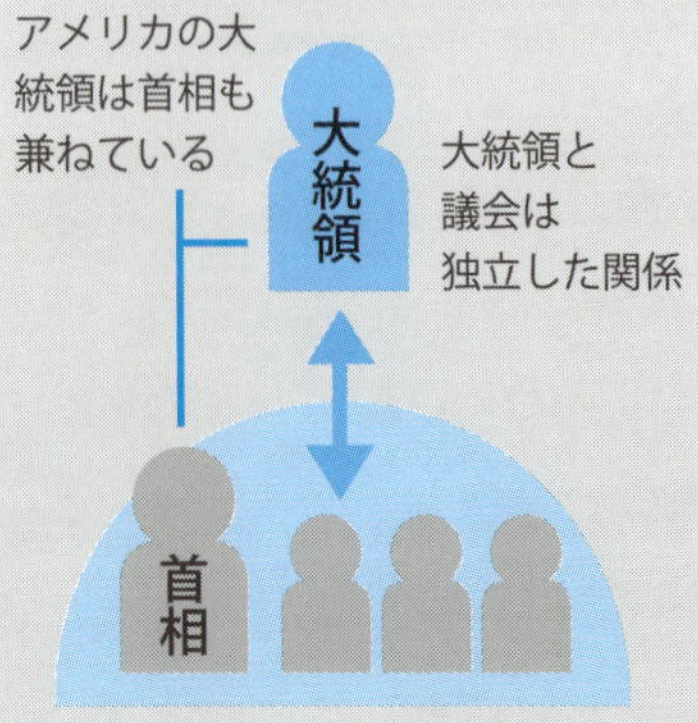

総理大臣のもつ３つの顔

総理大臣は首相とも呼ばれます。「大臣をまとめて従える」という意味で総理大臣、「相＝大臣」の長という意味で首相ですから、言葉の意味は同じです。

内閣のトップ

政策を実行していく行政権の最高機関が内閣。総理大臣は、内閣のトップとして、日本が進むべき方針を決め、中央官庁を動かし、政策を実現する

慣例的に、総理大臣といえば日本の首相を指し、外国の首相には総理大臣の呼称を使わないことが多い

日本のトップ

日本の国の象徴は天皇だが、実際に権力をもつ日本の代表は総理大臣。衆議院を解散させる力をもち、自衛隊の最高指揮官でもある

政党のトップ

普通は、議会で一番勢力のある政党の党首でもある。党のトップとしての仕事は、党内の幹部に任せている

皇室、王室のある国に大統領はいない

皇室のある日本だけでなく、イギリス、オランダ、スウェーデンなど、王室のある国では、国の代表者は国王や女王。国家元首としての役割もある大統領はいない

先進国の国王や女王に政治的な実権はないが、国民をまとめる象徴的存在として敬意を払われる

内閣と議会が協力しあう体制

議院内閣制の日本では、国会でもっとも勢力のある与党の党首が総理大臣の座につくのが一般的です。総理大臣をトップに置く内閣と国会は、いわば身内どうしの関係にあるわけで、協力してスムーズに仕事が進められると期待できます。

一方で、内閣が大胆な方針を打ち出しにくいという面もあります。議会の多数派と対決すれば、内閣不信任案を提出されるおそれがあるからです。

内閣は大臣の集まり。トップは総理大臣

「大臣」の肩書のつく人はたくさんいます。そのトップが内閣総理大臣。総理がほかの大臣を任命し、内閣を組織します。

組閣《そかく》は総理の初仕事

総理大臣にはさまざまな仕事がありますが、まず初めに、一緒に働く内閣のメンバーを決めなければなりません。

国務大臣を任命して内閣を組む

各省の大臣に誰を起用するか、内閣総理大臣が考えて任命し、内閣を組む。これを組閣という。内閣のメンバーである各大臣は、閣僚ともいわれる

組閣後は、新閣僚が首相官邸の階段に並び、記念撮影をするのが通例。大臣の並び順に特別の決まりはない

国会議員ではない人を選んでもよい

国務大臣の半数以上は国会議員のなかから選ばなければならないが、半数未満なら、国会議員ではない民間人を大臣に起用してもよい

広い意味では、総理大臣も国務大臣のひとり

閣僚の構成

内閣総理大臣

各省庁の大臣

財務省、総務省など、中央省庁の長である国務大臣。特命担当大臣を兼務することもある

内閣府特命担当大臣

解決が急がれる緊急課題を担当するリーダーとして、総理大臣が任命する。担当事務についてはカッコ書きで示される

- 副大臣（→P46）
- 政務官（→P46）

} 閣僚ではない

内閣の方針にそって国は動く

内閣は国会で定められた法に基づき、政策を実行していく行政組織の最高機関です。最終的な決定権をもつのは国会ですが、内閣には国の方向性を示す役割があります。国のお金の使い方にせよ、諸外国との関係にせよ、内閣が「こ

1

閣議で国の方針を決める

閣議は、内閣総理大臣や国務大臣などが集い、日本の政治の方針を決める会議です。原則として週２回開かれます。

事前の話し合い

内閣が方針を示すべき案件について、事前に与党内や各省庁間で話し合われたうえで、閣議にかけられる

閣議《かくぎ》で方針を決定

閣僚全員が合意した結論を「閣議決定」という。それが内閣の示す方針となる

内閣の仕事

- 法で定められたことの実行。そのために必要があれば、政令の制定
- 条約の締結《ていけつ》など、外交関係の処理
- 国会に提出する法律案や、予算の作成

国会の承認を得る

閣議決定した議案を、国会の審議にかける

閣議後の発言も重要

閣議のあとは、閣僚懇談会《こんだんかい》が開かれるのが通例。ここでの大臣の自由な発言が、内閣として、新しい方針を示すきっかけになることもある

のようにしたい」と方針を示し、国会で検討してもらうというのが大きな流れです。

内閣と国会が良好な関係であれば、国は基本的に内閣の方針どおりに動いていきます。内閣と、内閣を組織する総理大臣には、国を動かす大きな力があるのです。

「一府一二省庁」で国の仕事を分担している

国の政策実現に向けて働く国の行政機関は、内閣府と一二の省庁を合わせた「一府一二省庁」。中央省庁とも呼ばれます。

行政組織のしくみ

内閣は行政を担う最高機関。内閣の下には省庁が置かれ、政府の方針にそって国の仕事をおこなっています。11の省と国家公安委員会を合わせて12省庁と数えます。

内閣
総理大臣をトップに置く国務大臣の集まり

- **デジタル庁**
- **復興庁** ＊3
- **内閣府**
  - **内部部局等**
  - **重要政策に関する会議**
    経済《けいざい》財政《ざいせい》諮問《しもん》会議《かいぎ》、総合科学技術・イノベーション会議など、国の重要政策について論じ、提言する
  - **委員会、審議会など**
    食品安全委員会、原子力委員会、選挙制度審議会など、専門的な検討が必要な問題を担当
  - **特別の機関**
    北方領土、少子高齢化など、さまざまな問題に応じて対策を練る
  - **施設等**
  - **宮内庁**
  - **外局**
    - **国家公安委員会** 国の治安維持、警察の管理
      - **警察庁**
    - **公正取引委員会**
    - **金融庁**
    - **消費者庁**
    - **個人情報保護委員会**
    - **カジノ管理委員会**
- **人事院** ＊2
- **内閣法制局** ＊1
- **内閣官房**
  内閣の実務を担当する組織（→P44）
- **法務省**
  法律の維持・整備。人権擁護《ようご》、出入国管理など
  - **公安審査委員会**
  - **出入国在留管理庁**
  - **公安調査庁**
- **総務省**
  国と地方自治体の仕事の調整役。郵政事業、情報通信の管理など
  - **公害等調整委員会**
  - **消防庁**

＊1　閣議にかけられる法律案、政令案、条約案の審査や法令の解釈などをおこなう機関

＊2　国家公務員の採用、給与などを決める機関

＊3　東日本大震災からの復興を目的に設置された期間限定の省庁

「政府」とは？

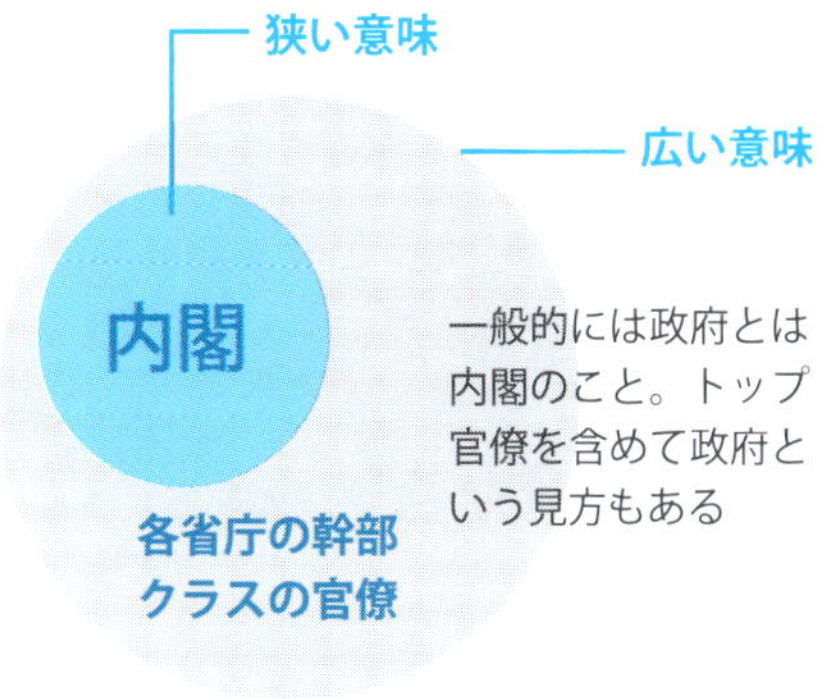
狭い意味
広い意味
内閣
各省庁の幹部クラスの官僚
一般的には政府とは内閣のこと。トップ官僚を含めて政府という見方もある

中央省庁は政府の方針にそって仕事をする

内閣は行政権の最高機関ですが、内閣を構成する大臣だけで実務は動かせません。そこで内閣は、その下に内閣府と一二の省庁を置き、国が担うべき仕事を分担しています。この一府一二省庁は、一般に中央省庁と呼ばれます。

各省庁の責任者は国務大臣ですが、中央省庁で働く人は国に雇われた国家公務員、いわゆる官僚です。政策の実現には、官僚の働きも不可欠です。

省	主な仕事	外局など
外務省	外国政府との交渉、条約に関する業務など外交政策全般を担当	
財務省	予算・決算・租税制度の立案、課税の実施など。国の財政を動かす	国税庁
文部科学省	教育、スポーツ、文化の振興をはかる	スポーツ庁、文化庁
厚生労働省	社会福祉、社会保障、雇用対策や労働条件の整備など	中央労働委員会
農林水産省	食料の安定供給、森林の保護・育成など	林野庁、水産庁
経済産業省	経済・産業・通商・貿易政策や、資源・エネルギーの確保など	中小企業庁、特許庁、資源エネルギー庁
国土交通省	国土の有効な開発・利用の立案、交通体系の整備など	観光庁、気象庁、運輸安全委員会、海上保安庁
環境省	自然環境の保護、廃棄物の抑制・処理など	原子力規制委員会
防衛省	国の安全を守る防衛政策、自衛隊の管理・運営	防衛装備庁

官房長官は内閣の要職、幹事長は党の重要な役職

大臣という名称はつきませんが、官房長官や与党の幹事長は内閣総理大臣を支える要職。それぞれが異なる役割をもっています。

総理大臣を支える内閣官房

内閣総理大臣を支える総理直属の組織として置かれているのが内閣官房。内閣官房長官を筆頭に、数百名にのぼる職員が働く組織です。

内閣総理大臣

内閣総理大臣補佐官（5人以内）
内閣総理大臣の直属の部下

内閣官房長官
内閣官房のトップで、閣僚のひとり。内閣の方針を国民に知らせるスポークスマンで、閣議の議長も務める

内閣人事局長
各省庁の幹部の評価・任命・管理をおこなう内閣人事局のトップ

内閣官房副長官（3人）
官房長官を補佐する

内閣危機管理監
災害対策、国の危機管理を担当

国家安全保障局長
国家安全保障に関する外交・防衛政策の立案・調整

内閣サイバーセキュリティセンター長
情報システムに関する不正を監視し、対策を講じる

内閣情報官
日本の情報機関である内閣情報調査室を率いる

内閣広報官
内閣の広報活動を担当する内閣広報室を率いる

内閣官房副長官補
（3人）重要政策などの企画立案・総合調整のほか、社会情勢に応じて会議を開いたり、対策本部を設けたりする

内閣総務官
内閣総務官室のリーダー。内閣の公文書の管理など庶務を担当

どっちがエライの⁉

党を率いる党役員

内閣総理大臣は与党の党首でもありますが、内閣の仕事が忙しく、党のとりまとめまでは手が回りません。そこで党の仕事は、幹事長など党の幹部に任せています。なお、役職名は党によって多少異なります。

与党の党首（党首、総裁、代表など）

幹事長

党首にかわって党の組織をまとめる役割をもつ。党内では党首に次ぐナンバー２の立場

政調会長

党の政策をつくる責任者。政務調査会長が正式名称

国会対策委員長

国会を円滑に進めるために各党が設けている国会対策委員会の長。党内の調整だけでなく、ほかの党と交渉し、事前の調整を図ったりする

重要ポストにはお金の裏付けがある

官房長官と幹事長の役割は異なりますが、巨額の資金を動かせる立場にある点は共通しています。官房長官は、内閣の交際費として認められている「官房機密費」、幹事長は、毎年国庫から支給される「政党助成金」の使い方を決める力があります。豊富な資金を背景にした重要ポストであり、これらの職の経験者が総理大臣になることも少なくありません。

官僚を使いこなすのが 真の「政治主導」

政治家が政治を動かす「政治主導」になってきた背景には、官僚が日本の政治を動かしてきたという現実があります。

政治家と官僚の関係

政治家が方向性を示し、それを官僚が組織的に実現していくのが基本。一方で、官僚が政治家を動かしているという面もあります。

大臣や副大臣は、必ずしも各省庁の担当する分野に明るい人ばかりではない。官僚に教えを請わなければならないことも

「政務三役」がリードする

各省庁に、大臣と、大臣の補佐役として代行役も務められる副大臣、政策通の政務官を送り込み、これら「政務三役」がリードして、省庁を動かす

なんでも政治家だけで決めようとするのは無理。官僚も「指示待ち」になり、アイデアが出にくくなる

行き過ぎると「官僚の言いなり」の官僚政治に

決められた方針にそって官僚が動く

政治判断に従って政策を実現させる。政策を実現させるなかで、新たな課題が浮かび上がり、政策を提言することも

なんでも政治家だけでできるわけではない

法案の作成も予算編成も中央省庁主導でおこなわれ、各省の事務次官が政府の方針を決める。本来、国民が選んだ議員がおこなうべき仕事まで、官僚が肩代わりする時代が長く続いていました。

これではいけないと「政治主導」を目指すようになったことで、官僚に悪者のようなイメージをもつ人もいるかもしれません。

しかし、各省庁に送り込まれる政治家は、長くても数年で交代します。特定分野のプロの力は活用していくのが得策です。本当の政治主導は、なんでも政治家が決めるということではなく、官僚をうまく使うということなのです。

いい質問ですね

国の予算を組むのは内閣？ それとも財務省？

予算を組むこと、つまり予算編成は政治の重要な仕事です。政策は予算にそって進められていきますから、予算編成は政治そのものともいえます。

予算編成を進めるうえで、内閣、財務省それぞれに重要な役割があります。ただ、旧民主党政権時代から、内閣の果たす役割が大きくなっています。

予算編成の流れ

各省庁が必要な額を財務省に要求する（概算要求）

↓

財務省が概算要求をまとめる

旧民主党政権
予算の規模ではなく、予算の効率化を競いあう

↓

事業仕分けで無駄がないかチェック
公開の場で予算に無駄がないかを検討

↓

内閣主導で調整
仕分けの評価などを受けて組み直した予算を政府案としてまとめる

自民党政権
各省がどれだけ予算を獲得できるかを競いあう

↓

財務省が原案をまとめ各省へ
財務省が査定、少しずつ減額して原案をつくる

↓

復活折衝
各省の大臣が財務省にかけあい、予算を「復活」させて政治主導を演出

↓

政府予算案の閣議決定・国会へ

中央省庁のなりたち

省庁を率いる政務三役は、原則として国会議員のなかから選ばれます。内閣が替われば、多くの場合、政務三役の顔ぶれも替わります。

事務次官をトップとする官僚は、資格試験に合格し、国家に雇われている国家公務員です。

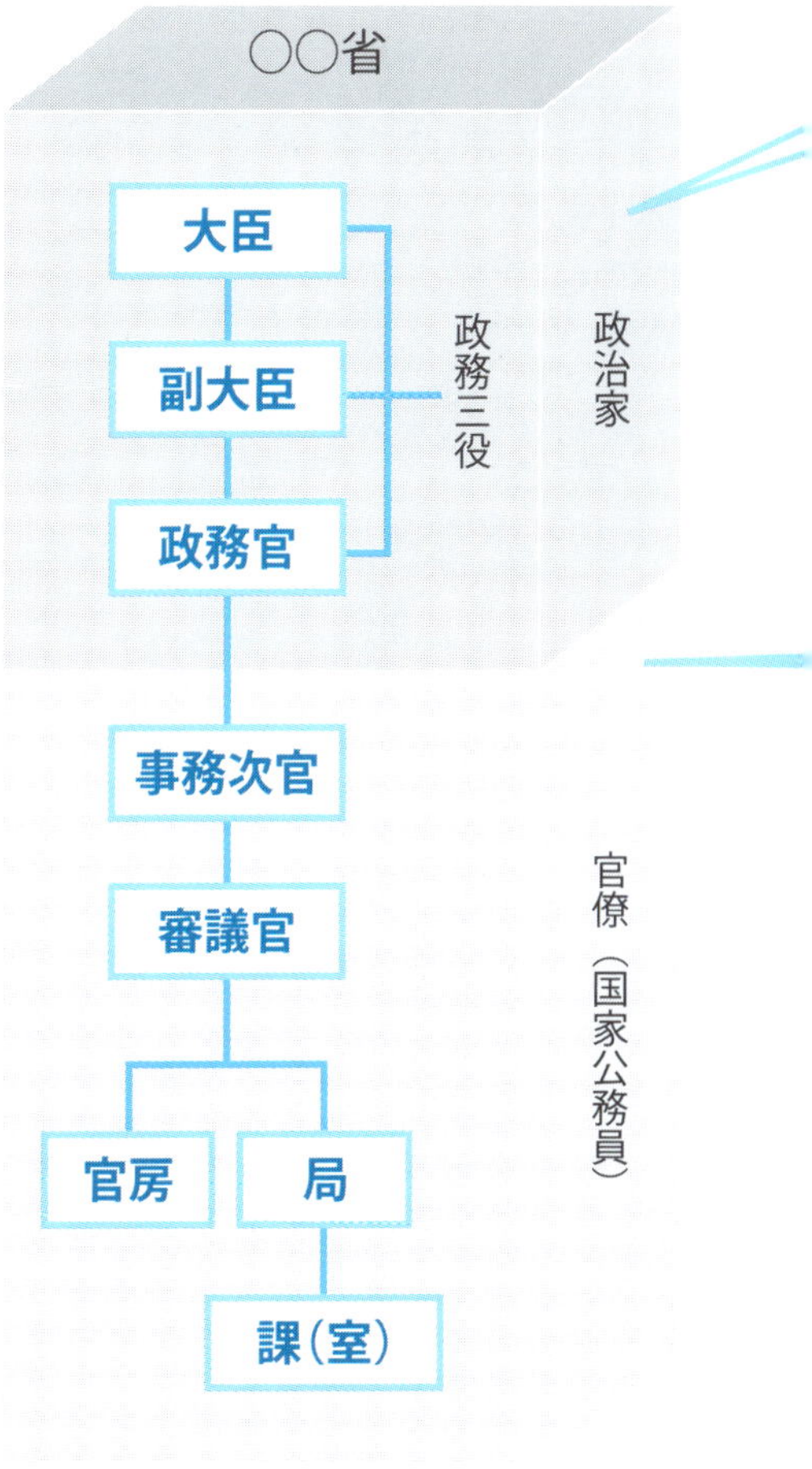

「天下り」を生んだピラミッド型の官僚組織

中央省庁を退いた元キャリアが、組織を転々として多額の報酬と退職金を得る「天下《あまくだ》り」。なぜそんな慣習があったのでしょう?

天下りを前提にしたシステムだった

中央省庁の官僚が、定年前に民間の組織や特殊法人など別組織に移ることを、一般に「天下り」といいます。悪者扱いされがちですが、現行の官僚組織の形態は、天下りする職員がいることが前提になりたってきました。

キャリア組
国家公務員採用総合職試験に合格して採用された人。課長補佐、課長のポストまでの昇級はほぼ確約されている
採用時から分かれている
国家公務員採用一般職試験などに合格して採用された人。入省後、どんなに働きぶりがよくても、課長以上に昇級することはない

天下りのシステムは廃止された

中央省庁の官僚の「天下り」は、繰り返し「廃止」の声が上がってきました。

これまでのシステムは、組織内で仕事を進めやすくするためのものでした。実働部隊となる若手はたくさん採用し、ポストが高くなるにつれて人数を減らす。減らした人員を引き受けてもらうのが「天下り先」でした。

二〇〇七年に各省庁が天下りを進めることは廃止。「官民人材交流センター」ができ、この機関が国家公務員の退職後の再就職をあっせんすることになりました。

しかし、機能しているとはいえません。

民間
企業

見返りを期待する

元キャリアを好待遇で受け入れる見返りとして、省庁から優遇されることを期待する

どうぞ
こちらへ！

各種
法人

組織の安定化が期待できる

元の省庁から業務を委託されるので、組織は安泰。受け入れた元キャリアの給料もそこから支払えばよい

官民の癒《ゆ》着《ちゃく》

私企業の監督役である省庁と、監督される側の企業との間に癒着が起き、特定の企業の利益を優先しがち

国も本気で規制できない

経済界とのつながりもあり、厳しく規制しにくい。天下りは、優秀な人材確保のための必要悪とみなされている面もある

莫大なコスト

公正な競争システムが働かず、不当に高い価格で業務の発注・委託をおこなう。コストがかさみ、結果として税金を無駄遣いすることになる

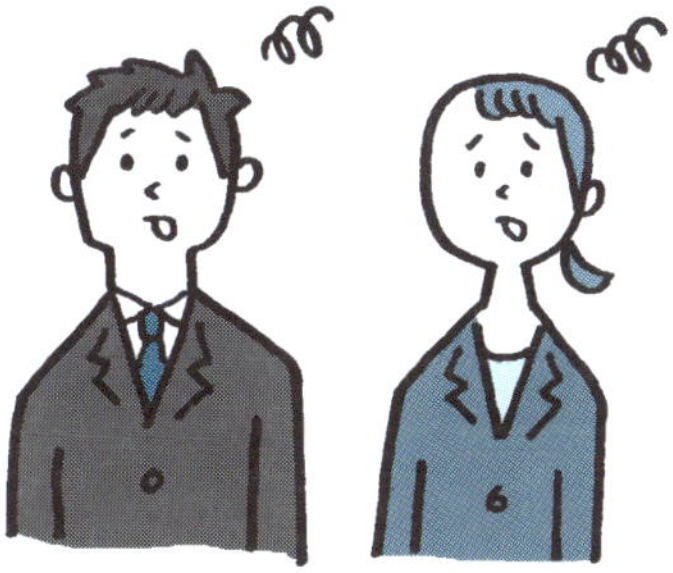

まわりまわって国民の負担が増えてしまう

改善するには？

各省庁で、定年まで雇用するシステムに変更すれば、天下り先に注ぎ込まれる公金が減らせる

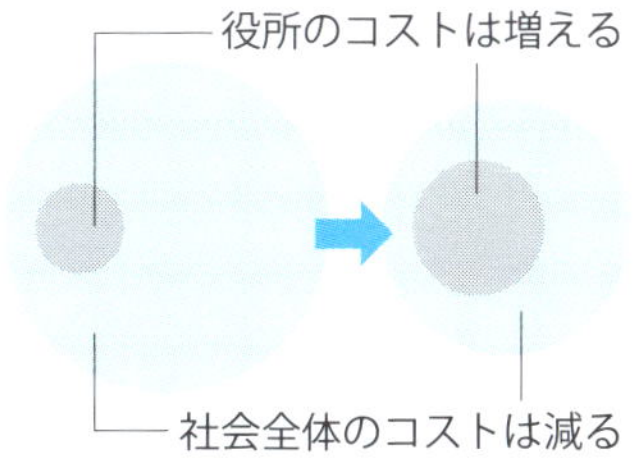
役所のコストは増える
社会全体のコストは減る

いい質問ですね

天下りをなくしても人材の確保はできるの？

現行システムのまま天下りを廃止するというのは、事務次官になる人以外は必ずリストラされるということ。国の仕事を敬遠し、より待遇のよい民間企業に流れる人が増えるかもしれません。しかし、それが悪いともいえません。民間で活躍し、日本の発展を促してくれるのなら、それもよいでしょう。ただ、人材が海外流出してしまうおそれはつきものです。

選挙は「国民の声」を政治に反映するしかけ

政治家を選ぶのは国民の仕事。「誰がなっても同じ」などと、投票しない人が増えれば、国民の声が政治に届かなくなります。

日本の選挙の大原則

日本で国民が初めて選挙に参加したのは 1890 年のこと。当時、選挙権を与えられていたのは一定額以上の税金を納めている男性だけでした。成人すれば誰でも選挙権を与えられるようになるまでには、50 年余りの時間がかかりました。

選ぶ側の原則

普通選挙

日本国籍をもつ人は、誰でも 18 歳以上になれば選挙権を与えられる

秘密選挙

投票用紙に自分の名前を記載しなくてよい。誰が誰に投じたか、調べられることはない

直接選挙

不正の発生を防ぐため、有権者本人が投票する。障害のために自分で名前を記載できない人の場合のみ、手続きをすれば代理人による記載が認められる

平等選挙

１人１票の投票権をもつ。誰が投じてもその価値は等しい

1946 年より、現在の「選挙の大原則」が実施されるようになった

選ばれる側の原則

一定の年齢になれば誰でも立候補できる

25 歳以上：衆議院議員や都道府県議会議員、市区町村長、市区町村議会議員
30 歳以上：参議院議員、都道府県知事に立候補可能

「落とされる緊張感」が政治姿勢に影響する

選挙は、国民が代表者の働きぶりをみて、次の代表者を選び直す制度です。政治家は、「次は落とされるかもしれない」という緊張感をかかえながら仕事をします。だからこそ、国民が納得する政策を考え、実行することが期待できるのです。

選挙制度の違いで結果も変わる

代表者を選ぶしくみはいろいろ。どれも一長一短があるため、実際には複数の選挙制度を組み合わせて実施しています。

大選挙区制（中選挙区制）

1つの選挙区から複数の当選者を出す方式。日本では、選挙区の規模が比較的狭い場合を、中選挙区制と呼ぶこともある

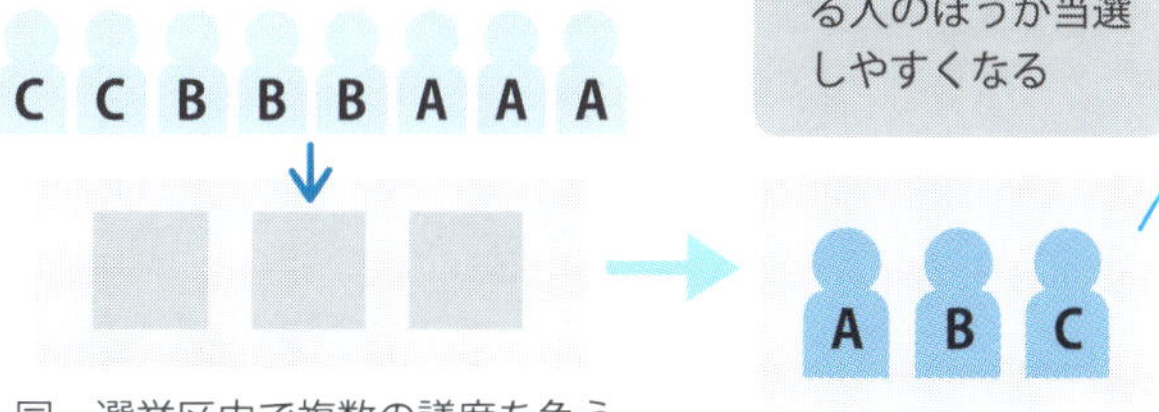

同一選挙区内で複数の議席を争う

人柄で選べる
同じ党の候補者が複数いるので選択肢が広い

利権が絡みやすい
地元の有権者に有利な政策を約束する人のほうが当選しやすくなる

少数政党も当選しやすい
当選しなかった候補者に投じられた票（死票《しひょう》）が少なく、有権者の意向が反映されやすい

安定しない
少数政党が乱立し政権運営がスムーズにいかなくなる

小選挙区制

1つの選挙区から1人の当選者を出す方式

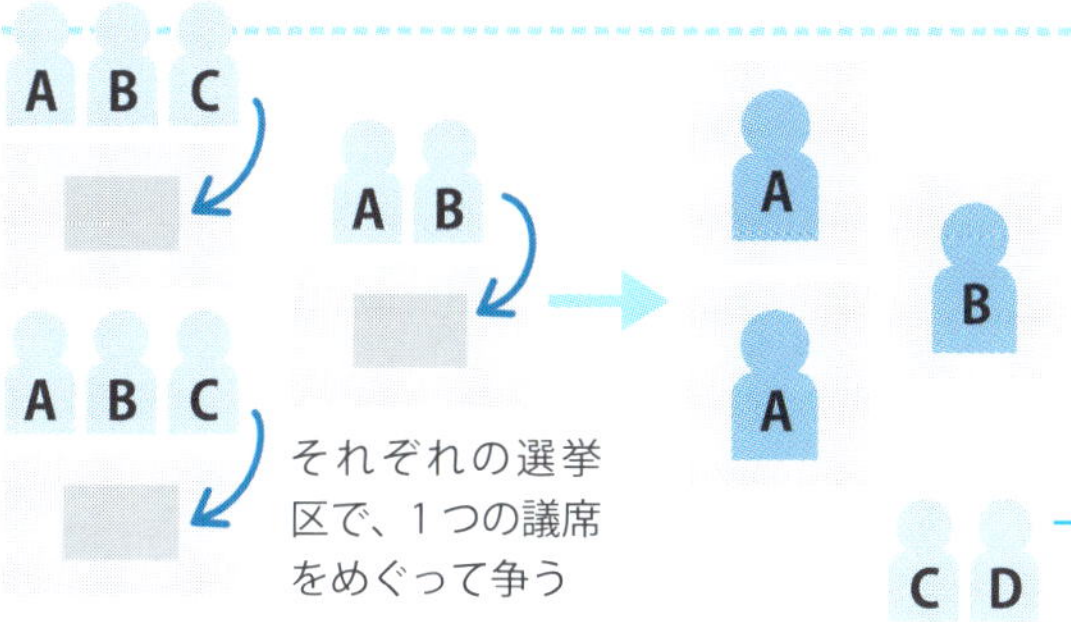

それぞれの選挙区で、1つの議席をめぐって争う

二大政党化
大きな党の候補者が通りやすく、有権者は各党の政策を比較して選べる

死票が多い
各選挙区で1人しか当選しないので、落選した人に投じられた票は死票となり、有権者の意向が無視されてしまう

比例代表制

各政党に投じられた総得票数に応じて議席が割り当てられ、その議席分だけ、候補者名簿に記載された者が当選する。政党が当選順位を決める拘束《こうそく》名簿式と、個人名での投票も認め、得票の多かった候補者から順に当選させる非拘束名簿式がある

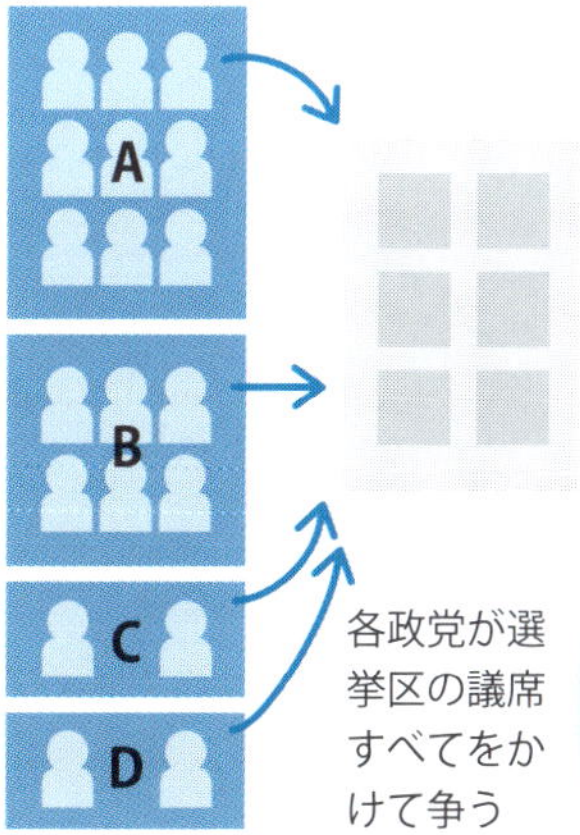

各政党が選挙区の議席すべてをかけて争う

各政党の得票数に応じて議席が配分される

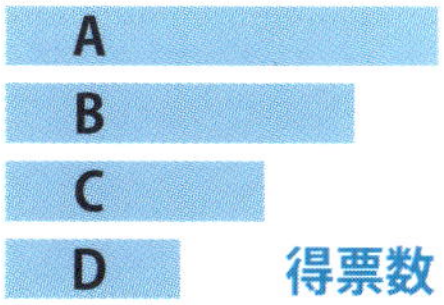

各政党が獲得した分の当選者が決まる

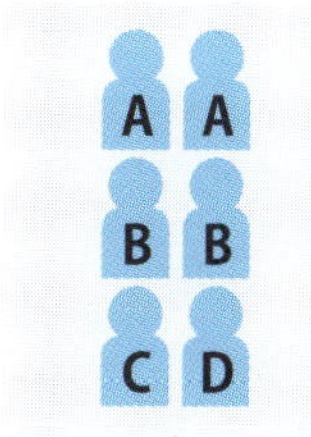

死票が少ない
支持者が比較的少ない政党でも、議席を獲得しやすいため、有権者の意向をそのまま反映しやすい

少数政党が乱立しやすい
政権が安定しにくい

選び方は衆議院議員と参議院議員で異なる

選挙制度が異なれば、選ばれる政治家のタイプも違います。多様な視点を取り入れるために、両院の選挙制度を変えています。

衆議院議員の場合

1994年以降、小選挙区比例代表並立制を採用しています。

1つの選挙区から1人を選ぶ小選挙区制

全国を289の選挙区に分け、有権者は候補者個人に投票。各選挙区1人の当選者を出す

＋

政党名を書く比例代表制

全国を11のブロックに分け、各政党がブロックごとに候補者名簿を作成。有権者は政党に投票する。得票数に応じて各政党の議席数が決まり、名簿の当選順位が上位の者から当選する（拘束名簿式）

候補者の当選順位は政党が決める

○○党候補者名簿
1 ○田○男
2 ○山○子
3 ○井○介
……

A選挙区：
有権者20万人
得票8万票で
当選

B選挙区：
有権者40万人
得票8万票でも、
1位と300票差で落選

得票数は同じでも選挙区により当落は分かれる

両方で立候補することも可能

小選挙区でも比例代表でも立候補する重複立候補者は、比例代表の候補者名簿で同順位とされることがある。その場合、小選挙区で「惜しい負け方」をした人から当選していく

小選挙区で落選しても、比例代表の順位しだいで復活当選を果たす人も

「一票の格差」を縮める効果もある

一票の格差とは、議員一人あたりの有権者数の違いのこと。一般に、有権者の多い選挙区ほど多くの票を得なければ当選できませんが、なかには比例区で復活当選を果たす人もいます。そうなれば、結果的に一つの選挙区から二人の代表者を送り込めるわけで、「格差」の縮小にもつながります。

選挙制度の見直しで大政党が数を伸ばす

かつての衆議院議員選挙は、一つの選挙区から三〜五人が当選する中選挙区制でおこなわれていました。それが小選挙区制に変わっ

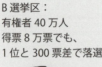

参議院議員の場合

参議院の選挙は２つの制度を組み合わせ、３年ごとに半数を改選します。

都道府県単位で２～12人を選ぶ選挙区制（中選挙区制）

各都道府県が、それぞれ１つの選挙区。* 定数は選挙区の有権者の数に応じて２～12人。ただし、半数ずつ改選されるため、選挙ごとの当選者は１～６人

＋

政党名を書いても個人名を書いてもよい比例代表制

全国が１つの選挙区。政党と立候補者個人の得票数を合計した数に応じて政党に議席を配分。得票の多かった候補者から順に当選が確定する（非拘束名簿式）

２つの方式を組み合わせている

衆議院と参議院では、それぞれ２つの選挙制度を組み合わせ、多様な立場の代表者が選ばれるように工夫されています。

選挙区の範囲（イメージ）

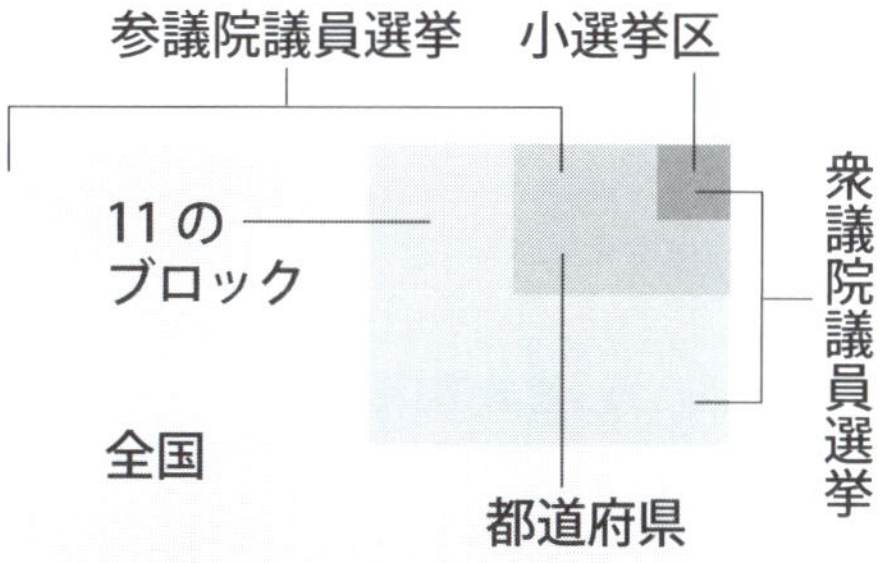

個人が獲得した票も所属政党への投票として計算されるため、各政党は知名度の高い有名人を、自分の党から立候補させたがる

投票のしかたはいろいろ

投票日に決められた投票所で投票するのが原則だが、それ以外の方法もある

期日前投票	自分が投票する市区町村に設けられている期日前投票所で投票できる
不在者投票	仕事や、病院・施設への入院・入所などの理由で、選挙期間中ずっと自分が投票すべき市区町村に帰れない場合は、滞在先の市区町村の選挙管理委員会での投票が可能
郵送による不在者投票	自分で歩けないなど、重い身体障害がある場合は、投票用紙を郵送してもよい
在外選挙制度の利用	外国に滞在している場合でも「在外選挙人名簿」に登録すれば投票できる

＊有権者数の少ない県を一緒にして「合区」とする制度になった（2016年）

たことで、政界に大きな変化が起こりました。少数政党が当選しにくくなった分、大政党の議席数が増加。自民党と旧民主党が同程度の議席数を得た時代もありましたが、二〇一二年から自民党が圧勝しています。

「普通の人」でも議員になれる!?

世襲議員ばかりでなく「政治家になりたい!」という熱い志がある人を国会に送り込むには、有権者の意識改革も必要です。

当選の可能性を高める「3つのバン」

選挙戦に勝ち抜くために必要なのは「ジバン・カンバン・カバン」がポイントといわれます。

地盤

すでに後援会があり、後援会員の応援が期待できるなど、選挙区の有権者の支持が厚いか

看板

候補者の名前がどれだけ知られているか

かばん

中身となる「選挙資金」がどれだけあるか

立候補できる人は限られているのが現実

普通のサラリーマンなどでは、なかなか「3つのバン」をそろえることは難しく、一族に政治家のいる世襲議員や有名人、会社経営者などが多くなる

当てはまらなければ政党の公募を利用する手もある

党外の優秀な人材を集めるために、立候補したい人を募集。候補者の多様化をはかる動きもある

政党の審査
↓
候補者に選ばれれば支援を受けられる
↓
当選が確約されたわけではない

「選ぶ側」が変わらないと「普通の人」の転身は困難

日本では、政治家を志すとなると、一大決心が必要です。サラリーマンが立候補しようとしたら、普通は会社をやめなければならないでしょう。「選挙に出た人」という見方をされ、落選したからといって元の職場にも戻りにくいの

が実情です。

「普通の人」でも政治への情熱があれば政界に進めるようにするには、選ぶ側の意識や行動の変化が必要です。自分たちで代表を担ぎ出し、応援する。思いが届かなかった場合には、元の生活にすぐ戻れる。そうした環境がなければ、誰でも気軽に立候補、というわけにはいきません。

選挙活動のルール

選挙運動のやり方や費用については、公職選挙法でルールを定めています。これに違反し、選挙運動の責任者などが逮捕されて有罪になった場合、候補者自身はまったく知らなくても、候補者の当選は無効とされます。

運動員の人数と報酬は上限あり

報酬を支払うことが認められている有償の運動員以外は、無償のボランティアでなければならない。制限額以上の報酬を渡したり、ボランティアにも謝礼を渡したりすると、買収したとみなされる

選挙カーで宣伝するいわゆるウグイス嬢、ポスター貼り、演説会場の設営、選挙事務所での事務作業など、選挙運動の中身はいろいろ

事前運動は禁止

選挙運動をおこなえるのは、候補者が立候補の届けを提出してから投票日の前日まで。選挙カーでの運動は時間帯の定めもある

選挙期間前に貼られるポスターは、演説会の告知など「通常の政治活動のお知らせ」のためのものというのが建前だが、本当のねらいは名前と顔を売り込むこと

飲食物の提供はダメ

選挙事務所で、食事や酒類をふるまうことは禁止。お茶や菓子程度ならよい

選挙費用は決められた額内で

参議院比例代表選出議員の選挙では 5200 万円、衆議院小選挙区選出議員の選挙では、選挙区の有権者数× 15 円＋固定額 1910 万円を合算した額が上限

選挙にかかるお金

供託金*	衆参の選挙区で立候補する場合は 300 万円、比例代表に出るなら 600 万円を選挙管理委員会に預ける

＋

選挙活動費	公費負担	事務所看板／ポスター印刷代／ビラ印刷代／選挙カーの賃貸料／ガソリン代／運転手の雇用料　など
	私費負担	事務所借り上げ料／人件費／飲料・茶菓子代／文具代／撮影代／新聞折込料／選挙カー拡声器代／個人演説会場代／交通費／通信費／宿泊費／雑費

＊得票率が低い場合は没収。売名目的や、他の候補者を妨害する目的での立候補を防ぐため。供託金が没収された候補者は公費負担を受けられず、全額私費で支払う

各政党の方針はマニフェストで示される

選挙前に各政党が政策目標を発表し、競いあう「マニフェスト選挙」が定着してきています。そのしくみをみてみましょう。

C 党の政策目標
B 党の政権公約

マニフェストは「政権をとったらこうする」という約束

選挙前に各政党が示す政策目標がマニフェスト。政権公約などともいいます。「我々の党が政権をとったら、こうします」と約束し、「だから、我々の党の候補者を増やして、政権をとらせてください」と、投票を働きかけているのです。

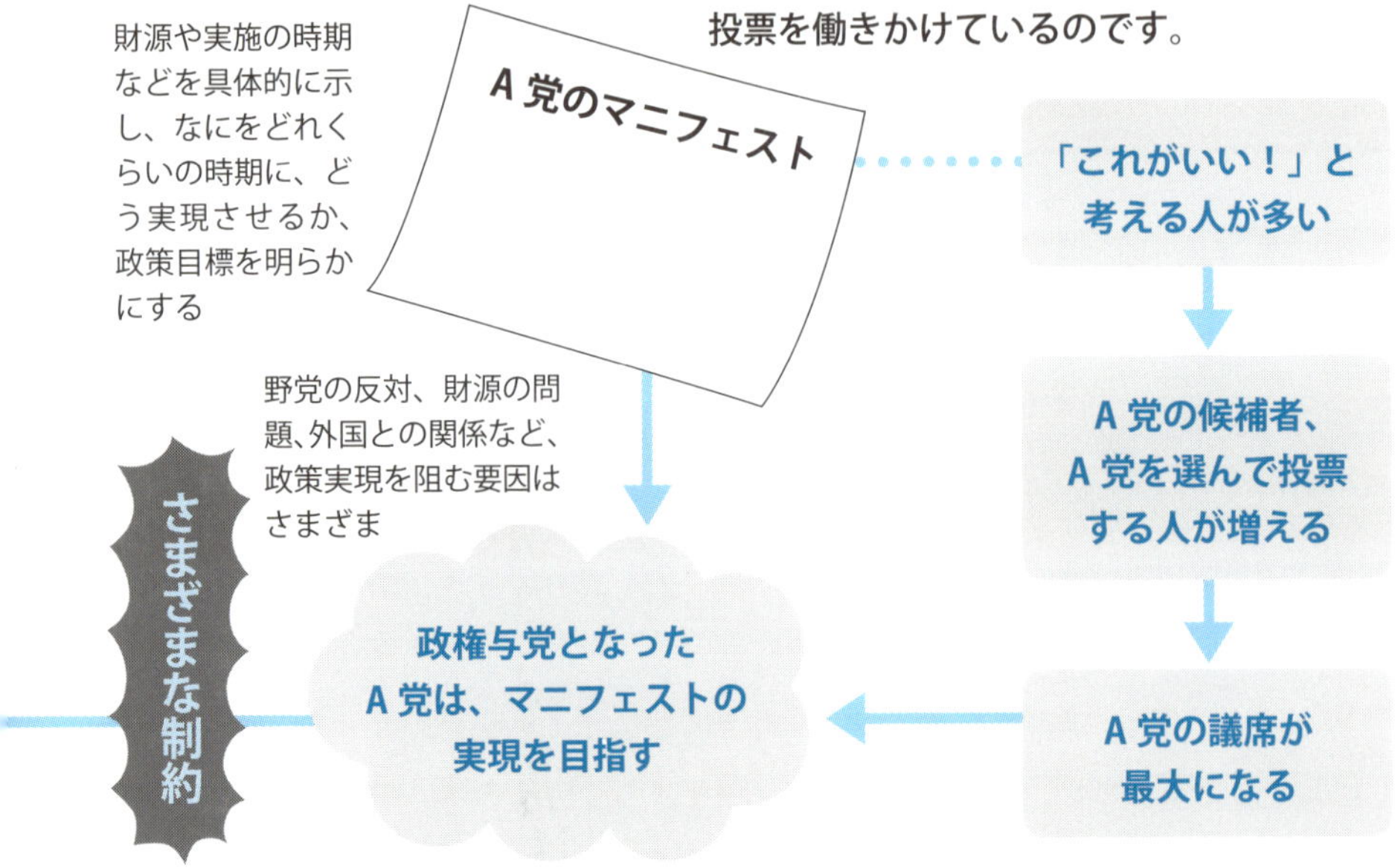
財源や実施の時期などを具体的に示し、なにをどれくらいの時期に、どう実現させるか、政策目標を明らかにする
A 党のマニフェスト
「これがいい！」と考える人が多い
A 党の候補者、A 党を選んで投票する人が増える
A 党の議席が最大になる
政権与党となったA 党は、マニフェストの実現を目指す
野党の反対、財源の問題、外国との関係など、政策実現を阻む要因はさまざま
さまざまな制約

「絵に描いた餅」になることも

以前から候補者は「公約」をかかげ、選挙戦を戦うのが一般的でした。しかし、議会政治のなかで、個人個人がかかげる公約を実現するのは至難のわざです。これに対し、マニフェストは、候補者個人の考えではなく、政党としての約束です。実現の可能性は、より高くなると期待できます。

ただし、実現するには「その政党が政権をとる」ことが大前提。野党の立場では難しいでしょう。与党になったとしても、さまざまな事情から政策を変更せざるをえないこともあります。従来の公約同様、「絵に描いた餅」になる危険性はつきものです。

夢 がふくらむマニフェスト

いい質問ですね

当選後の議員の移籍は認められる？

選挙区選出の議員が当選後に所属政党を離れ、別の党に移籍することは禁じられていません。「与党で活躍して！」という支援者の声が移籍を促す面もあります。

一方で「党」に対する得票の結果、当選が決まった比例代表選出の議員の移籍には、下記のような制限があります。

比例代表選出議員の移籍

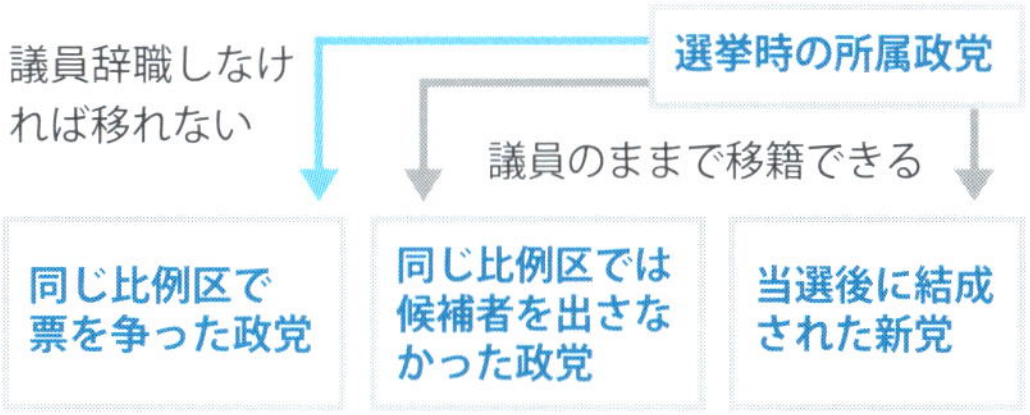

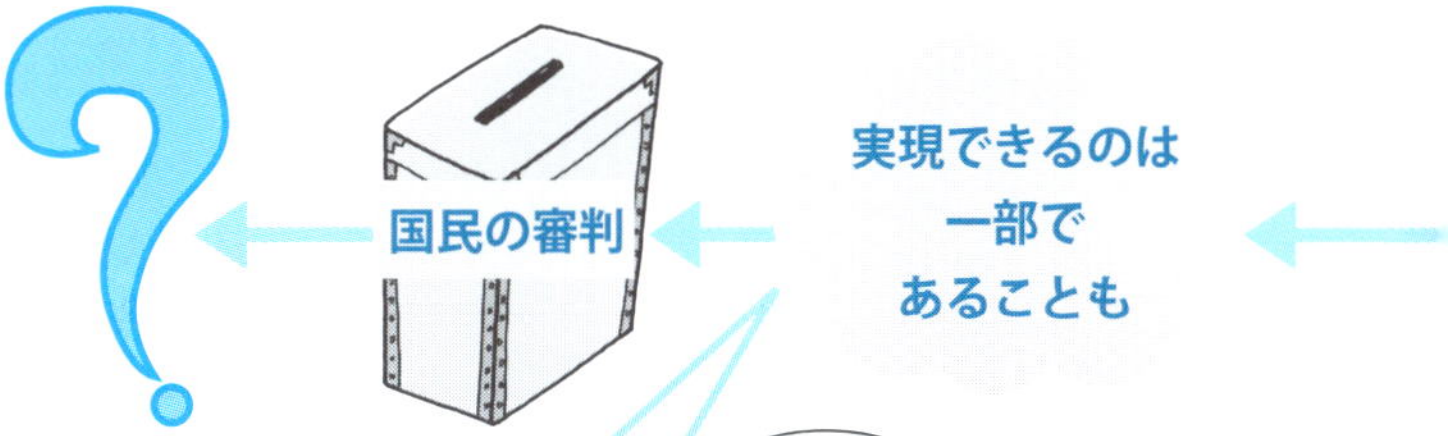

「約束違反」への罰は次の選挙で

マニフェストでかかげた政策を実現できなくても、罰則《ばっそく》は設けられていない。しかし、選挙を通じて国民の審判を受ける。有権者が「期待はずれ」「約束と違う」と判断すれば、次回の選挙後には政権の座を奪われる可能性がある

二〇〇九年に本格的な政権交代が起こったものの……

二〇〇九年、自由民主党に代わり、民主党政権が誕生。本格的な政権交代が起きましたが、わずか三年で、元に戻りました。

政党の歴史

戦後の日本の政界は、自由民主党（自民党）を軸に、日本社会党（現社会民主党〈社民党〉）がそれに対抗する構図が続きました。自民党に代わって政権を担うまでに成長した民主党も、その源流は自民党と日本社会党にあります。

一九九〇年代に政界は大きく変化した

二〇〇九年の衆議院選挙で、民主党は過半数を大きく上回る議席を獲得。政権は自民党から民主党へと移りました。つまり、内閣は民主党で構成されたということです。日本が初めて経験する本格的な政権交代でした。

しかし、二〇一二年におこなわれた衆議院選挙で民主党は大敗したのです。小選挙区の票を集めた自民党が圧勝し、政権与党に復活しました。

1950 〜 80 年代

自由民主党

日本社会党の結成に対抗し、保守勢力の日本民主党と日本自由党が合同。1955 年に自由民主党が結成された

公明党（旧公明党）

創価学会を母体とし、1964 年に結成される

55 年体制

第一党自民党、第二党社会党の保守・革新の体制。現実には自民党が政権を握り続けた。社会党の議席は 3 分の 1 程度。憲法改正を防ぐという目的を果たすのがやっとだった

日本社会党

1955 年、左右に分かれていた複数の社会主義政党が社会主義体制の実現を目指して合同し、結成

民主社会党（→民社党）

社会党右派が 1960 年に結成。1969 年に党名変更し、民社党となった

日本共産党

1922 年に結成された。資本主義の枠のなかでの改革を進め、ゆくゆくは社会主義の実現を目指すとする

1990 年代

55 年体制の崩壊

1993 年、衆議院の解散・総選挙で自民党が過半数割れ。反・自民党勢力が結集して連立政権をつくり、日本新党の細川護熙《ほそかわもりひろ》が総理大臣に

細川連立内閣に参加した党

日本新党、新党さきがけ、新生党、日本社会党、民社党、公明党など

自民党が返り咲く

細川政権発足の翌年、日本社会党（現社民党）が連立を離脱。自民党は、社会党の村山《むらやま》富市《とみいち》委員長を総理にすることを条件に連立をもちかけ、合意。自社さ連立政権が誕生

新進党

1994 年、新生党、旧公明党の一部、民社党、日本新党などが合流して誕生。のちに自由党、保守党などに分裂した

公明党

新進党に参加したグループと、参加せずに「公明」を結成したグループが、新進党の解体後に再合流。現在の公明党となった

社会民主党

村山内閣総辞職後に日本社会党から改称。間もなく約半数の議員が民主党に参加し、党の規模は縮小した

民主党

1996 年に社民党、新党さきがけの一部が合流して結成。98 年に新進党の大半が合流し、勢力を伸ばした。2012 年に政権与党となったが、3 年で野党に

2000 年代

自民党による連立政権

自社さ政権崩壊後、自民党は公明党や自由党、自由党から分裂した保守党などと連立政権を組んだ

民主党政権誕生

2009 年の衆議院選挙で民主党が政権与党に。参議院では過半数に達していないことから、社民党と国民新党と連立政権を組んだ（社民党はのちに離脱）

自民党の圧勝

2012 年の衆議院選挙で民主党は大敗。自民党はそれ以来、安定多数を保っている。野党はどこも議席数が少なく、ほかの野党との連合を模索

民進党

2016 年、分党した維新の党と民進党を結成したが、その後 3 分裂（立憲民主党、国民民主党、希望の党）

現在の政党：自民党、立憲民主党、国民民主党、公明党、日本共産党、日本維新の会、社会民主党、れいわ新選組、その他（2021 年 11 月現在）

連立政権の裏にある数合わせの論理

複数の政党が協力して政権を担うのが連立政権。仲間を増やして、安定した政権運営を進めるのが目的です。

政権の安定度

多数決で議案を決する議会政治では、政権の安定度は与党議員の数によって大きく左右されます。

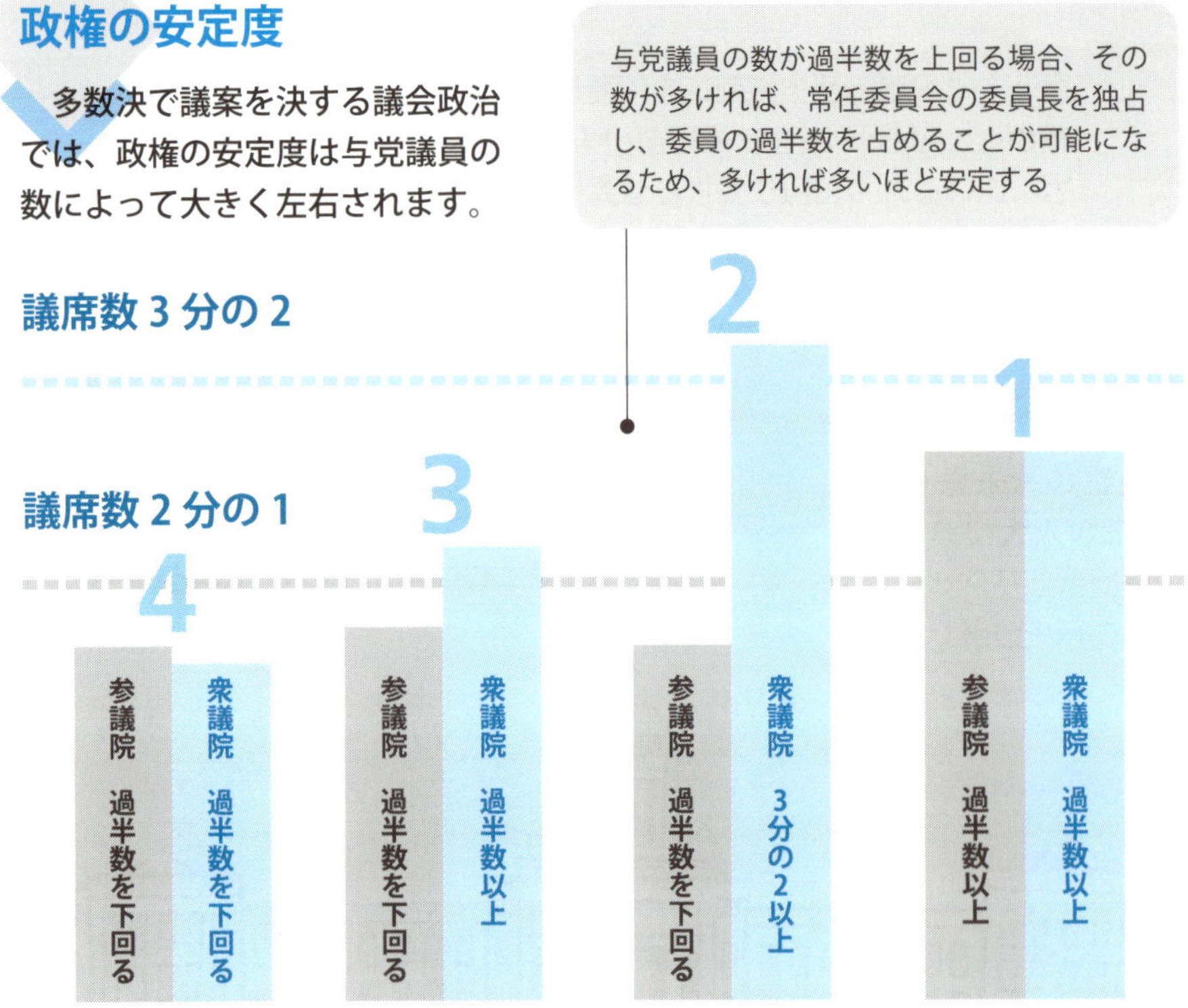

議案成立の見通し

4

?

少数政党が乱立している場合、政権与党が衆参両院とも過半数未満ということもあり得る。その場合、議案成立の見通しはまったく立たない

3

衆議院 可決 → 参議院 否決

成立または廃案

予算・条約は成立する（→ P23）が、その他の議案は廃案になる可能性が高い

2

衆議院 可決 → 参議院 否決 → 衆議院 再可決（3分の2以上）

成立

法案については参議院で否決されても衆議院で再可決されれば成立する

1

衆議院 可決 → 参議院 可決

成立

ほとんどすべての議案について、両院の判断が一致。滞りなく審議が進む

多数政党 vs. 少数政党の関係

連立の目的はいろいろ

連立の組み方はいろいろ。目的によって、連立を組む必要がどれだけあるかも違います。

政権をとる！

議席数は最大でも過半数に満たない政党が、過半数以上の議席を確保するために他の少数政党と連立を組む

国会運営をスムーズに！

国会に「ねじれ」が生じている場合、参議院での過半数、もしくは衆議院での3分の2以上の議席の確保を目指して、与党が少数政党に連立を働きかける

憲法改正を目指す！

国の基本法である憲法の改正は、総議員の3分の2以上の賛成がなければ、国民投票をおこなえない

憲法改正案の提出
▼
憲法審査会で審査
▼
両院の本会議で総議員の3分の2以上の賛成
▼
国民投票の実施
▼
改正案に賛成の票が投票数の過半数を超えた場合は、国民の承認があったとみなされ、憲法が改正される

党派を超えた動きも

憲法改正の一点だけで連立を組むのは難しい。党内でも意見が割れる問題。そこで、憲法改正を目指す議員は、所属政党にかかわらず協力しあおうとする動きもある

「数」の多さが政権の安定につながる

一九九〇年代以降、政権を複数の政党が担う連立政権の時代が続いています。かつての自民党のような圧倒的な力をもつ政党がなくなっていることが、その理由です。

もっとも、単独で両院とも過半数以上を占めていても、さらに与党議員が増えれば本会議前の委員会もスムーズに進められます。政権の安定を求めて「数」を増やそうとする動きはつねにあります。

「右寄り」「左寄り」の意味合いはいろいろ

政党や政治家の政治姿勢を表現する言葉はいろいろあります。どんな意味で使われるのか、ここでまとめておきましょう。

政治の「レッテル貼り」によく使われる言葉

「右翼」「左翼」などという言葉の定義はひとつではありません。使う人、使う状況によって、さまざまな意味をもつもの。政党や個人に「レッテル」を貼り、その政治姿勢を批判するために使われることも少なくありません。

小さな政府

政府の役割を最低限に抑え、民間でできることは民間に任せる。そのほうがうまくいくという考え方。税金など国民の負担は減るが、その分、自己責任が問われる

右寄り

保守的な傾向をもつ人を指す

資本主義

自由な経済活動を重んじる立場。利益の追求はよいことだとして、経済活動をおこなう元手となるお金や土地などの資本を、個人や企業が所有することを認める

自由主義・新自由主義

個人の自由を極力重んじる考え方が自由主義。小さな政府につながる。新自由主義は、自由主義の行き過ぎを是正する大きな政府への動きから、再び、自由主義的な政策を推し進める立場

右翼

昔ながらの伝統を重んじる保守的な立場をとる人を批判する際に使われることが多い

保守

昔ながらの伝統を守ろうという立場

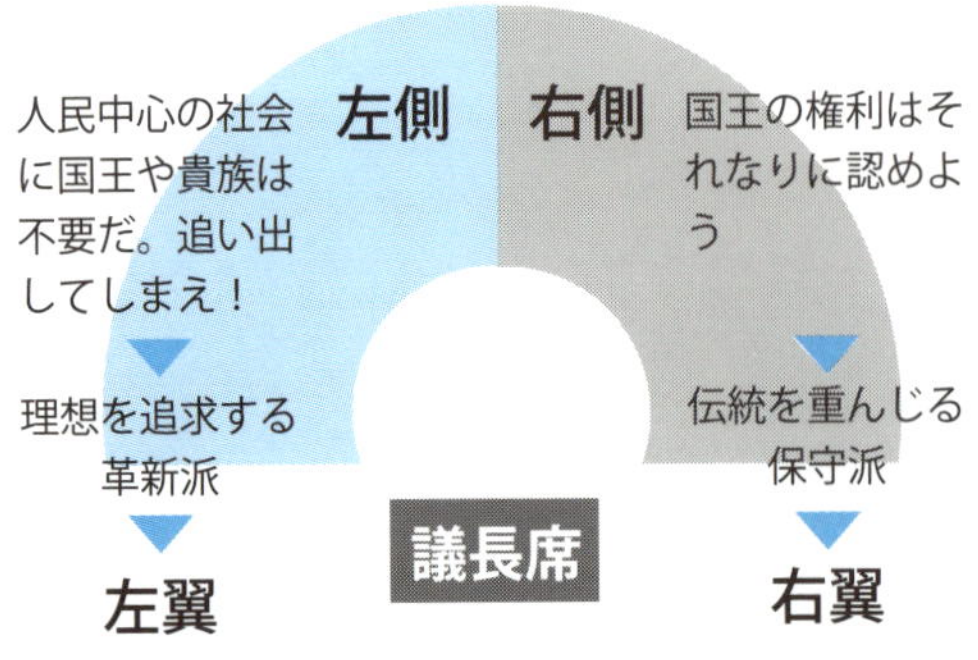

左側
人民中心の社会に国王や貴族は不要だ。追い出してしまえ！
理想を追求する革新派
左翼
右側
国王の権利はそれなりに認めよう
伝統を重んじる保守派
右翼
議長席

きっかけはフランス革命

18 世紀末に起きたフランス革命のさなか、国民議会では、国王や貴族をどう扱うかで意見が割れた。保守派と革新派が座った位置から、議席の広がりを鳥の翼に見立て、右翼、左翼という呼び方が始まった

実際の政治は単純に分類しにくい

日本は資本主義の国。しかし、日本は「もっとも成功した社会主義の国」などといわれることもあります。高額所得者には高い税金を負担してもらい、社会保障費に回すというスタイルは、たしかに社会主義的な側面もあります。

実際の政治は、左か右かはっきり分類できるようなものではありません。インターネット上の「ネトウヨ」も右翼とはいえず、さまざまな考え方の人がいます。

保守、革新という言葉や、リベラル（自由主義）という言葉の使い方もあいまいになっています。

大きな政府

国民の生活を安定させるために、政府が積極的に関与していこうという考え。国の財政支出が増え、税金、社会保障費などの国民負担も増える

社会主義／共産主義

「平等」を重んじる立場。みんなで財産を共有して分けあうことで、理想的な社会が実現すると考える。ある程度の私有財産はあってよいとするのが社会主義、すべて共有しあう社会を目指すのが共産主義

「理想的な社会をつくろう」という革新的な考えから起きたロシア革命をきっかけに、社会主義、共産主義を目指す立場を「左翼」と呼ぶようになった

左翼

革新的な立場をとる人を批判する際に使われることが多い

左寄り

社会主義的な考えに共感を示す人を指す

革新

伝統にとらわれず、理想を追求しようとする立場

中道

利益を重んじながらも、行き過ぎた格差は是正していこうとする立場

政治はつねにベストのバランスを模索しながら進められていく

政治家だけを責められぬ「政治とカネ」の問題

政治の世界では多額のお金が動いています。だからこそ不正の温床になる危険性もつきもの。それを防ぐしくみが必要です。

贈収賄《ぞうしゅうわい》の構図

「みんなのお金の配分」を決めるのは、政治の大事な役割。だからこそ、政治献金というかたちで政治家に資金を提供し、その見返りに「口利き」をしてもらおうという動きも出やすくなります。

なんとかしましょう
例の件、ひとつヨロシク……
贈賄
収賄
多額の献金
＝
賄賂にあたるかどうかが問われる

政治家

自分に資金を提供してくれたところに仕事が回るように、担当者に依頼する

企業など

政治家にお金を渡してでも公共事業を請けたい。仕事が回ってくれば利益も大きい。政治家に渡す金以上のものが返ってくる

両者はよくてもみんなは困る

自由な競争が阻害《そがい》され、事業費も高くかかりがち。結局は「みんなのお金」が無駄に使われてしまう

「みんなのお金」だから不正は許されない

政治活動に使う資金は、議員個人の資産だけではまかないきれません。ですから、政治家が資金提供を受けること自体は認められています。けれど、多額のお金がこっそり動けば、不正があっても見逃されてしまいます。そこで、資金の流れを公開し、不正な動きを取り締まろうという目的で「政治資金規正法」という法律が制定されています。

ただ、政治活動にお金がかかる現状を改善しないかぎり、お金をめぐる問題は尽きません。「カネがかからない政治」を実現するには、有権者自身の姿勢も問われます。

資金の流れをクリアにして不正を防ぐ

「政治資金規正法」は、「誰から、いくらもらったかを明らかにして、誰でもチェックできるようにしよう」という法律。不正なやりとりをなくすのが目的です。

政治家個人への政治資金の流れ

資金管理団体

政治家個人が資金提供を受ける場合には、資金管理団体をつくらなければならない。提供を受けた資金は、すべてここで管理し、会計責任者を通じて正しく報告することが定められている

提供された資金を政治活動に使う（→P36）

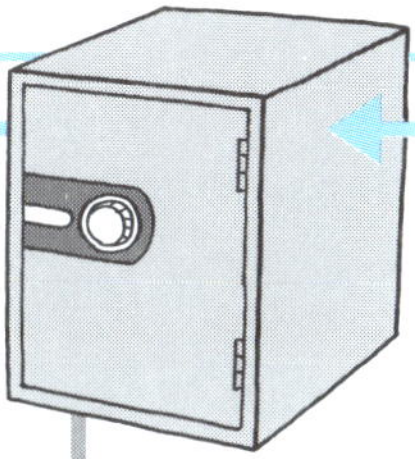

振込

はっきり証拠を残すため、金額1000円を超える資金提供は口座振込でおこなわなければならない

政党・政党支部

金額の制限はない

政党以外の政治団体

後援会や政治資金団体*など。金額の制限はない

＊政党への資金援助を目的に活動する、政党が指定した団体

個人献金

年間150万円以内。外国人は献金できない

報告書

1年間の収入、支出及び資産などを記載した収支報告書

総務大臣または都道府県の選挙管理委員会に提出

パーティーの収支も報告書に記載する

政治資金パーティー

特定の政治家に合法的に資金を提供し、支援するために開かれる。パーティー券の購入代金はパーティーに参加する対価であり、献金にはあたらないとされる

例）収入：パーティー券1枚2万円×1500枚の販売
＝3000万円
支出：開催費用1000万円
→差額の2000万円が政治資金となる

パーティー券の購入は合法

企業・組合

政党や、政治資金団体に献金することはできるが、政治家個人に献金することは禁止されている

投票だけではない政治参加の方法

選挙で代表者を選んだあとにも、政治に参加する方法はあります。世論は、政治を動かす原動力のひとつになっています。

「国民の声」の届け方

政治にかかわる権利は、国民すべてがもっているもの。「こうしてほしい」という要望の伝え方はいろいろあります。

請願《せいがん》・陳情《ちんじょう》をおこなう

政治に対して、直接議会に要望を届ける方法として用意されている制度。要望書をまとめ、署名・捺印《なついん》して提出する

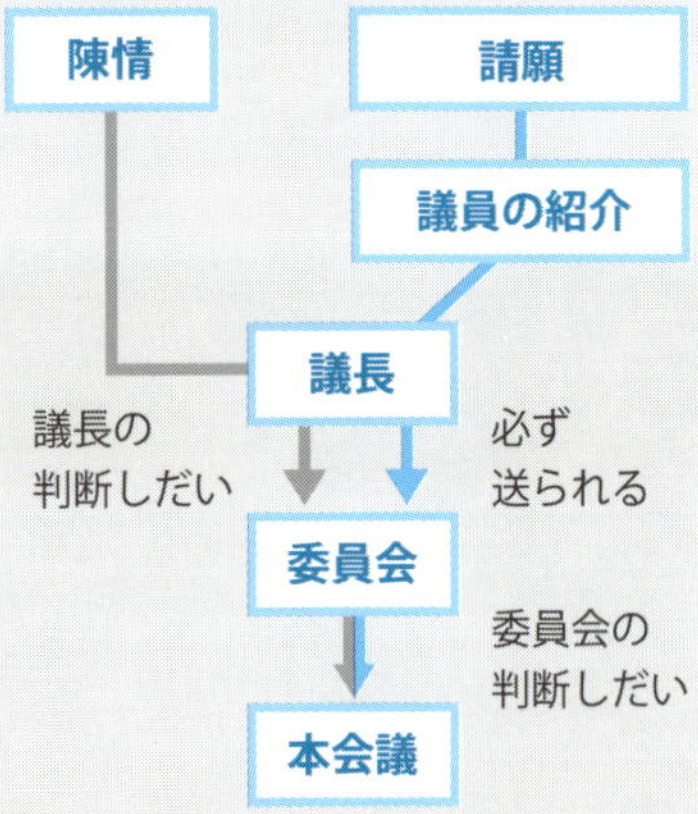

意見公募手続きの利用

国の行政機関が、政策を実行するうえで必要な政令や省令などを定める際には、あらかじめその案を公表して国民の意見・情報を募集し、寄せられた意見を参考にする制度（パブリックコメント制度）がある

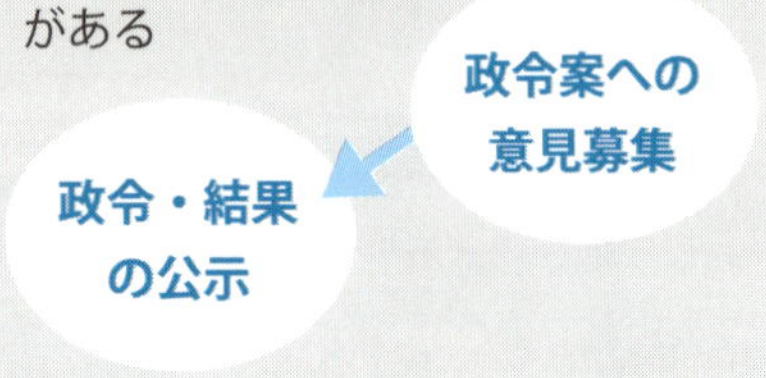

電子メールやファックスで寄せられた意見や、それをどう考慮したかなどがインターネットで公示される。電子政府の総合窓口（http://www.e-gov.go.jp/）をみてみよう

インターネットで「自分の考え」を発信する

SNS（ソーシャル・ネットワーキング・サービス）の普及により、ネット上で発した意見に賛同者が集まり、大きな流れになる例も増えている

「国民の声」は無視できない

政治家を選ぶ権利は国民にあります。「この人なら」という人物を見極めて、選挙を通じて代表として送り込む。つまり選挙に行って投票することが、国民として政治に参加する第一歩です。

選んだあとはなにも口出しできない、というわけでもありません。政策を決めていく過程で、できるかぎり「国民の声」は考慮されます。なにしろ政治家には選挙という「定期チェック」があるので、国民の意見に耳を傾けないわけにいかないのです。

ただし、政治には長期的な視野も必要です。すぐに要望が反映されないことも多いのです。

最強の戦略!?

与党の場合、党の代表が総理大臣（首相）になる可能性が高い。つまり党の代表を決める選挙に参加できれば、間接的に総理大臣の決定にもかかわれる

支持政党の党員になる

政党のほとんどは党員を募集している。これに応募し、党費を支払えば党員となれる。党の代表選に参加できる可能性もある

「これは！」と思う政治家を応援する

政党ではなく、特定の政治家個人を応援したい場合には、後援会に参加したり、選挙時にボランティアの運動員として活動したり、個人献金をして資金面で援助したりする方法もある

経団連、経済同友会、日本労働組合総連合会（連合）、農協、生協、日本医師会、日本歯科医師会、各種の業界団体、平和運動団体、環境保護団体、消費者団体など

「圧力団体」として活動する

「こうしてほしい」という要望を政策に反映してもらうためには、団体としての活動が有効

いい質問ですね

義理で入った後援会。なにかしなければならないの？

政治家の後援会は、候補者を応援するための組織です。その多くは、資金管理団体（→P65）として指定されています。ただ、一般の会員にとっては、趣味のサークルのようなもの。その活動にどこまでかかわるかは人それぞれ。自分の判断で行動すればよいでしょう。

地元の課題を地元で解くのが地方自治

公立学校やゴミの収集、福祉サービスなど、身近な「みんなの問題」を担当するのは、国ではなく、市町村や都道府県です。

若い人に残ってもらいたいねえ
地方では……

地方の課題はそれぞれ違う

たくさんの人が暮らす大きな都市と人口の少ない地方とでは、かかえている課題が違います。それぞれの地域で問題を解決していくのが、地方自治のしくみです。

住みやすい環境づくりを！
都市部では……

どの地域にも共通する課題

学校や図書館、公園の設置や管理、道路や川、上下水道の整備、消防、警察、ゴミの処理、保育所や介護施設の運営など

企業誘致で働く場所を！

保育所を増やしてほしいわ

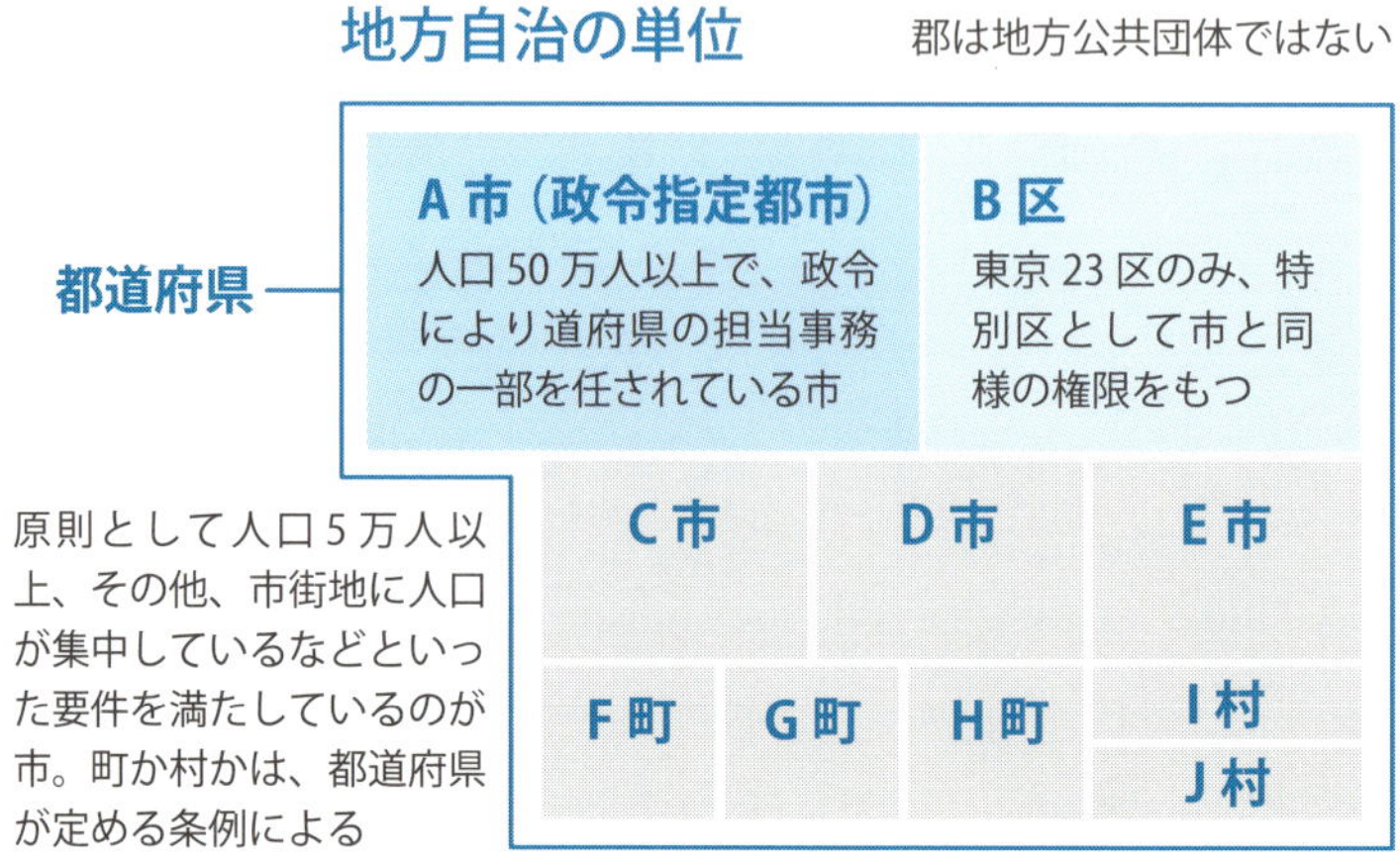
地方自治の単位
郡は地方公共団体ではない
都道府県
A 市（政令指定都市）
人口 50 万人以上で、政令により道府県の担当事務の一部を任されている市
B 区
東京 23 区のみ、特別区として市と同様の権限をもつ
原則として人口 5 万人以上、その他、市街地に人口が集中しているなどといった要件を満たしているのが市。町か村かは、都道府県が定める条例による
C 市
D 市
E 市
F 町
G 町
H 町
I 村
J 村

地方自治を担うのは市町村と都道府県

日々の暮らしのなかには、「みんなで解決すべきこと」がいろい

地方自治のしくみ

民主主義の原則に従い、住民が選んだ代表者が方針を定め、実行していくのが基本です。

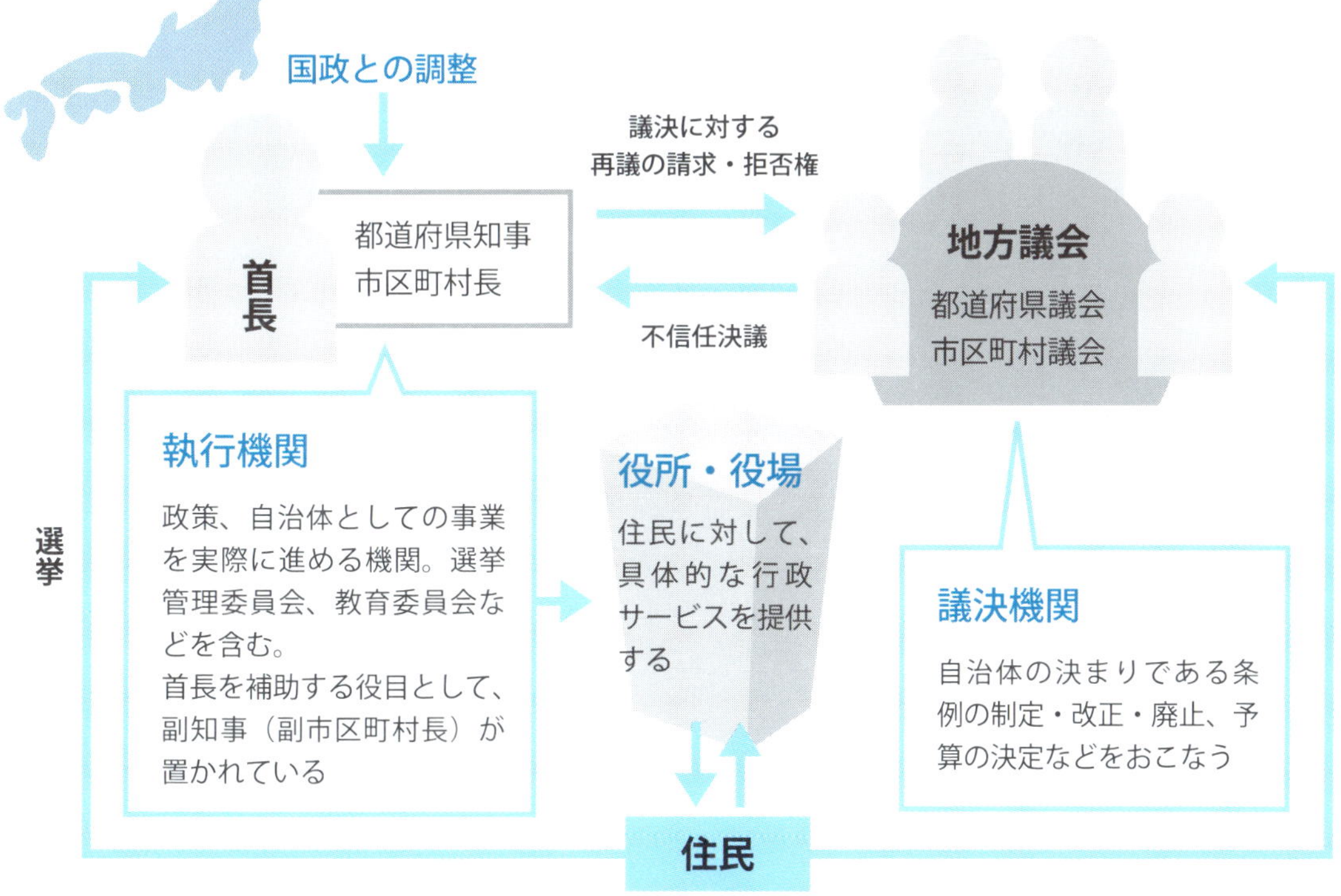
国
国政との調整
都道府県知事
市区町村長
首長
議決に対する
再議の請求・拒否権
不信任決議
地方議会
都道府県議会
市区町村議会
執行機関
政策、自治体としての事業を実際に進める機関。選挙管理委員会、教育委員会などを含む。
首長を補助する役目として、副知事（副市区町村長）が置かれている
役所・役場
住民に対して、具体的な行政サービスを提供する
議決機関
自治体の決まりである条例の制定・改正・廃止、予算の決定などをおこなう
選挙
選挙
住民

ろあります。身近な問題は、その地域に住む人たちで解決していく。そのためのしくみが地方自治です。

地方自治を進める単位は地方公共団体（地方自治体）。具体的には、市町村と東京二三区、そして都道府県です。身近な行政サービスをおこなうのが市町村。市町村をまとめ、国や関係団体などとの連絡調整をはかっているのが都道府県です。

いい質問ですね

なぜ市町村を合併するのですか？

平成一一年に三二三二あった市町村は合併が進み、平成二六年で一七一八に。ひとつにまとまると、役所の仕事の効率化、公共施設が共通、国の負担が減ります。一方、合併市町村特例交付金をハコモノ（美術館、体育館などの建物）に使うなどして、財政難に陥ったところがあるのも事実です。

地方分権には「自由に使えるお金」が要る

「うちの市はこうしよう!」と考えても、資金がなければ実現できません。地元に任せるなら財布ごと渡す必要があります。

地方の特色をいかすために

地方自治体が、それぞれの状況に合わせた独自の政策を実行できるように、国が地方に権限を分け与えること。それが地方分権です。地方分権を進めるには、地方自治体が「自分たちで自由に使えるお金」が必要です。

中央集権

国が地方にお金も口も出すしくみ

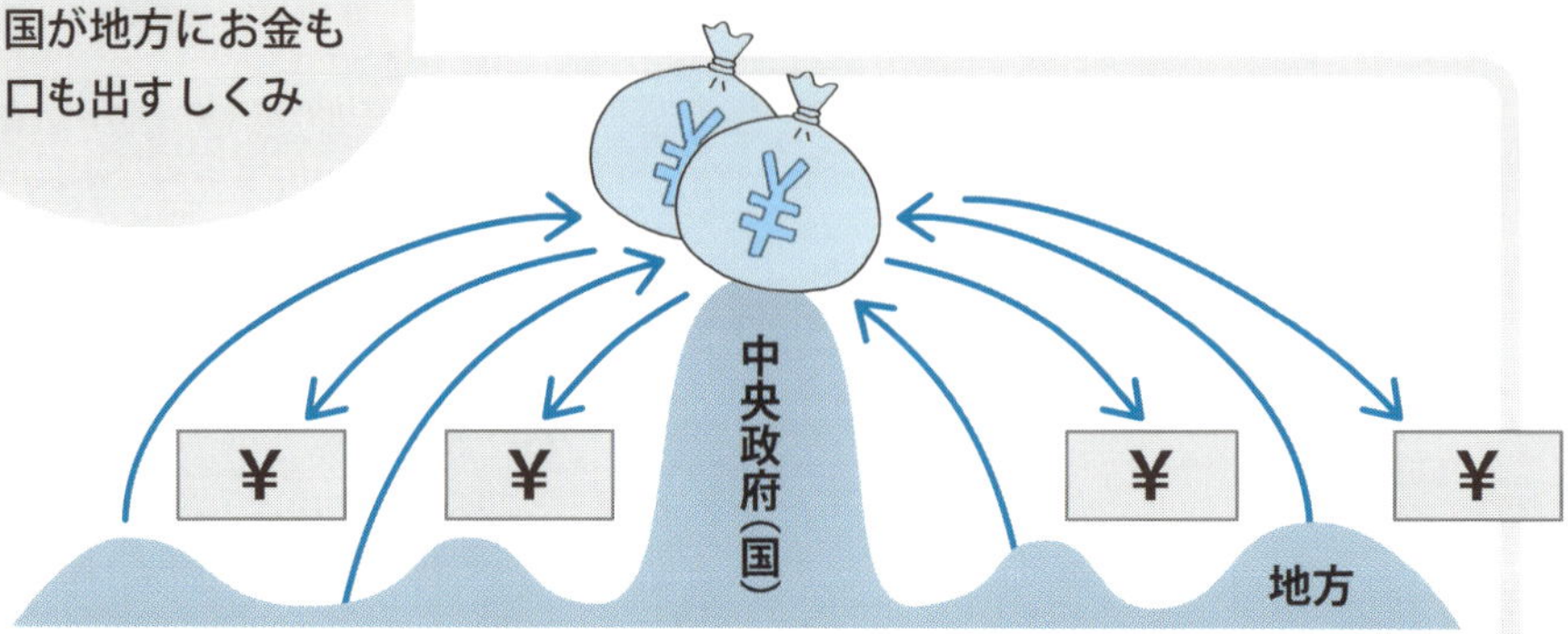

国民から集めたお金の大半は、一度「国の財布」に入れ、政府が使い道を考えたうえで、各地方自治体にお金を渡す

→ 自由に使える資金に限りがあるため、独自の政策を打ち出しにくい

地方分権

地方でお金を集めて自由に使うしくみ

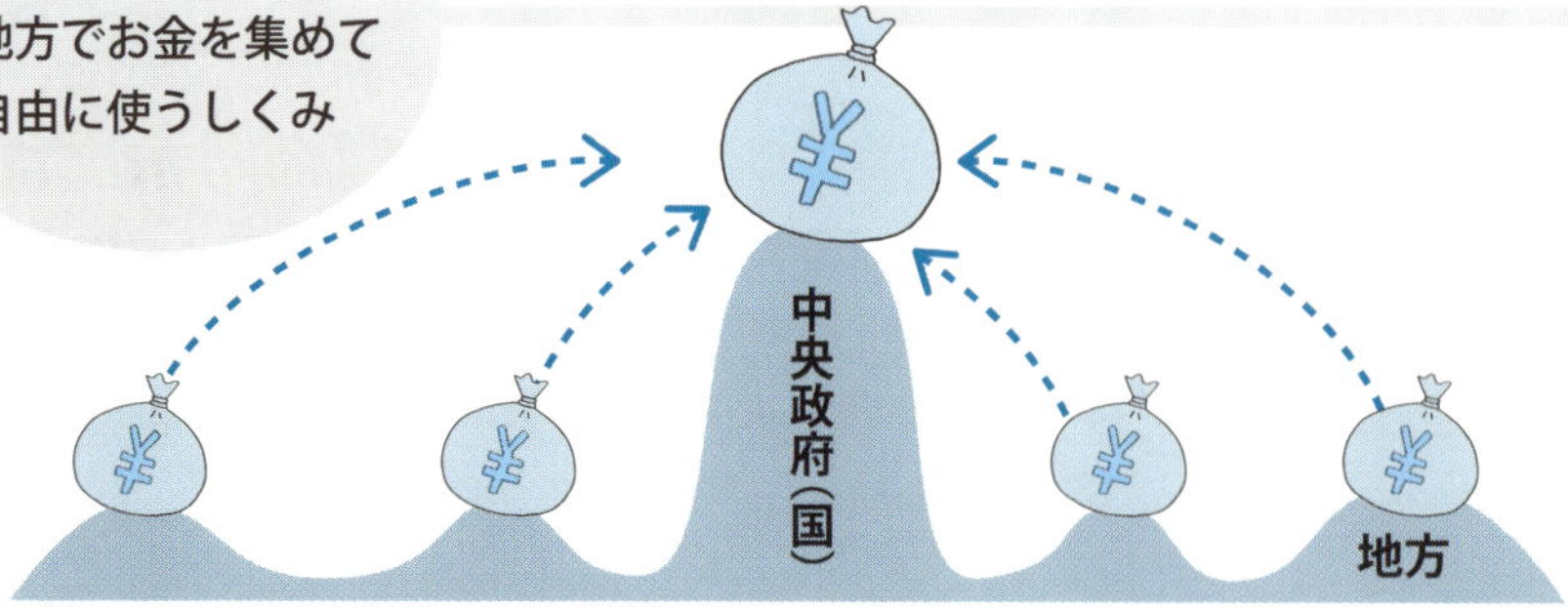

国民が支払う税のうち、国が集める分を減らし、地方自治体が集める分を増やす。地域住民から集めた税は、それぞれの地方自治体で自由に使う

→ 地域の状況に応じた政策を打ち出す資金が得られる

地方財政の実情

地方自治体の収入源は、地域住民から集める地方税や、国からもらう地方交付税や国庫支出金など。これだけでは足りずに地方債を発行し、借金を重ねています。

地方財政は厳しい状況にある

地方の問題は地方で解決してもらおう。だから、国が集めていた税金の一部を地方が集められるようにして、その分、国から提供するお金は減らそう。国の財政負担も減るので一挙両得だ――そのような考えのもとで改革が進められ、自治体の自由になるお金の割合は、少しずつ増えました。

ただ、国から財源を譲られても、不景気続きでみんなの収入が低くなれば、思うような税収は得られません。多くの自治体が財政難に陥っているのが現状です。

用途が決まっている特定財源

義務教育の実施や公共事業、税収が足りない分の補塡《ほてん》など、使い道が決まっている収入

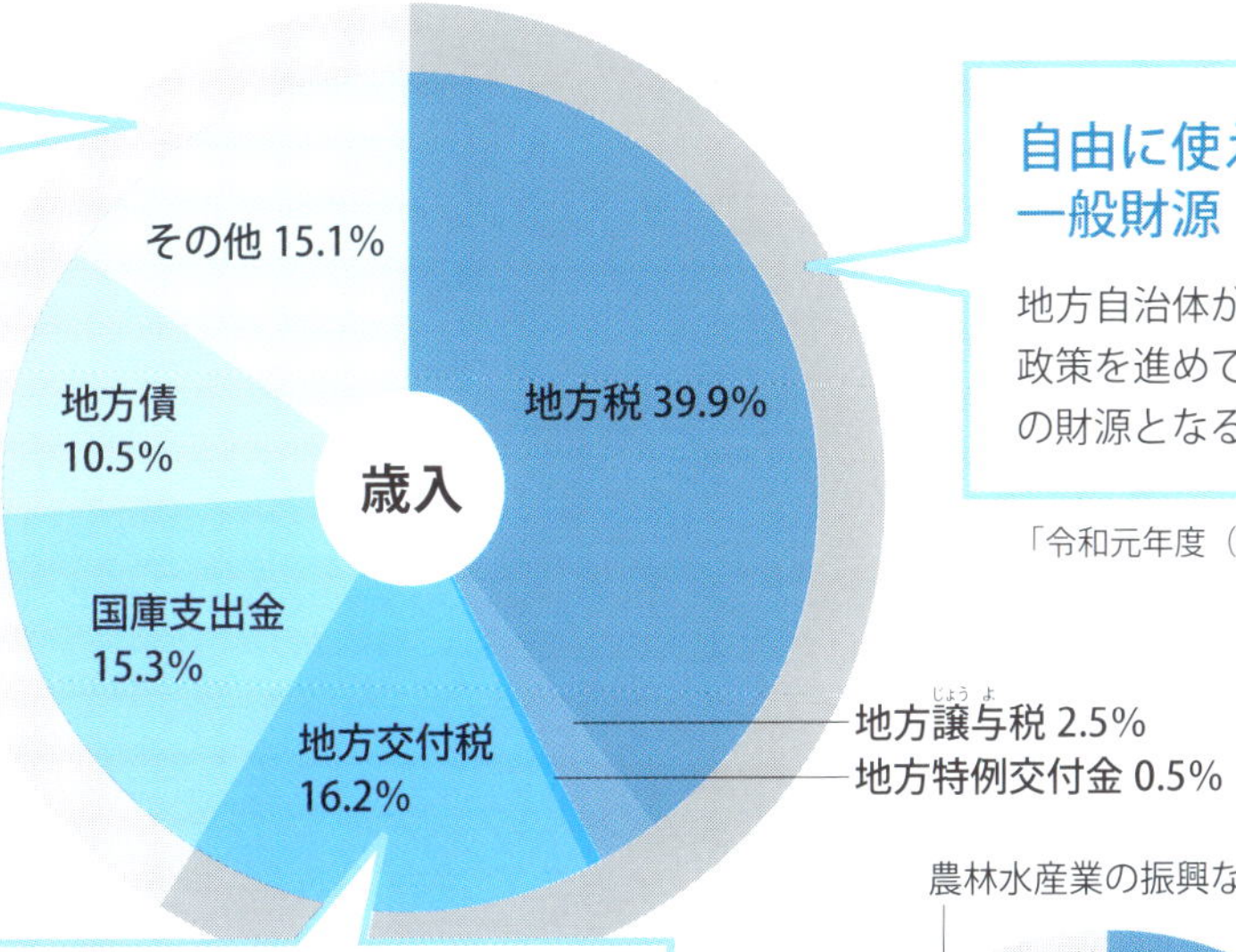

自由に使える一般財源

地方自治体が、独自の政策を進めていくための財源となる

「令和元年度（総務省）」改変

地域間の財政格差を調整する地方交付税

各自治体独自の税収は、各自治体の産業、人口の違いによって大きく変わる。税収が少ない自治体に対して、住民に一定の水準の行政サービスを提供できるように、足りない分を補っているのが地方交付税。東京都を除くほとんどの自治体に交付されている

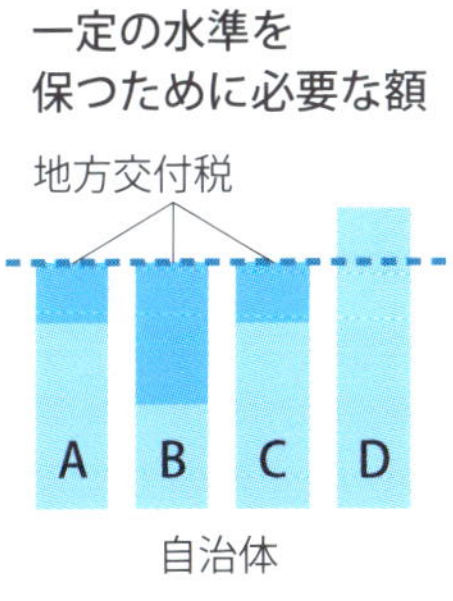

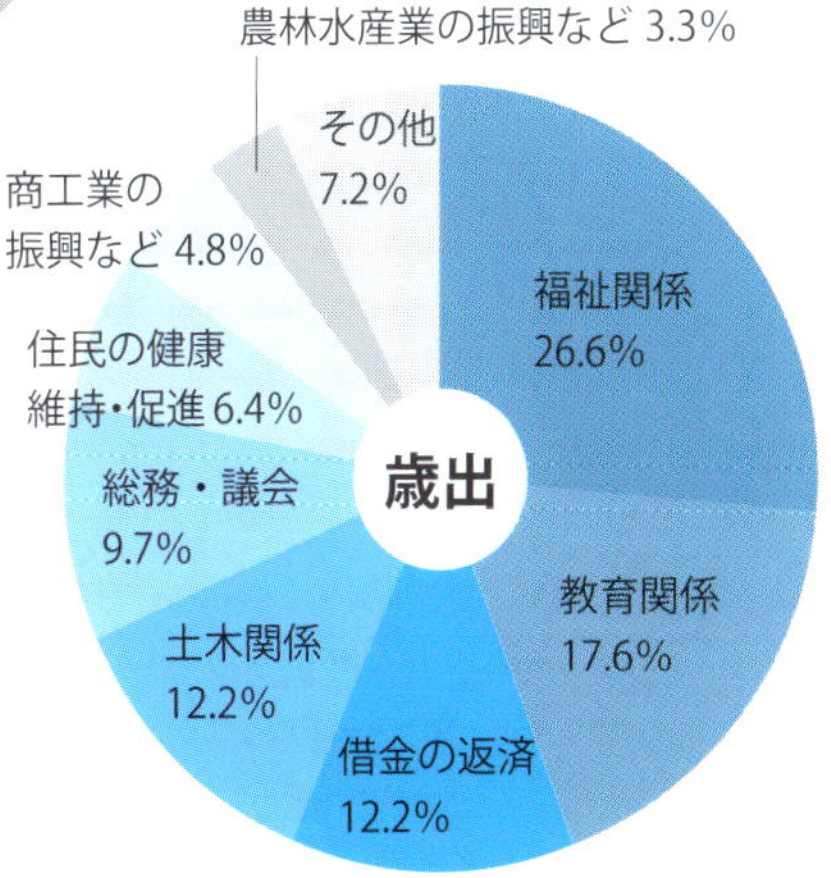

国のあり方を決め、国民を守るための法律

日本国憲法は、国民主権と平和主義を宣言しています。権力者が勝手なことをしないように、国民を守るための法律です。

憲法の問題はどこ？

条文の解釈しだいで、自衛隊の位置づけが変わることです。

1 自衛隊は軍隊？

戦力をもっているが軍隊ではなく、自国を防衛する部隊と解釈

2 集団的自衛権は？

憲法解釈から波及した問題。国民を守るためとして安全保障関連法を制定。2016年施行されたが違憲？

集団的自衛権　個別的自衛権

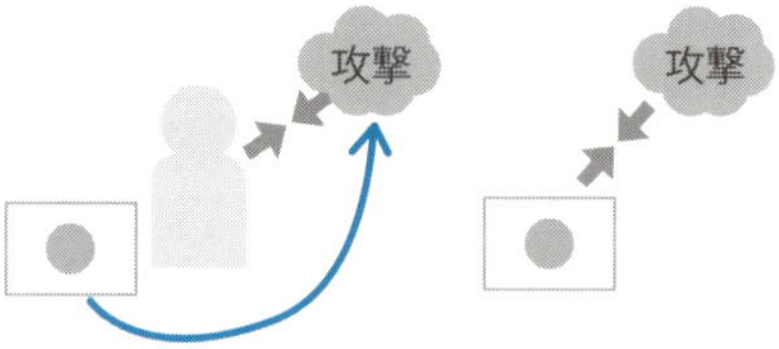

仲間の国が攻撃されたとき、日本も一緒に戦う

日本を防衛するために戦う

憲法を改正するかどうか国民全体で考えることに

憲法改正が議論されています。特に、戦争放棄と戦力をもたないと定めた第九条。自衛隊の位置づけを明記しようというのです。

改正には賛否両論あり、いずれ国民投票になるかもしれません。

乱暴者対策、君ならどれ？

2 企業活動に必須！経済の基礎知識

金融機関が立ち並ぶ東京・日本橋兜《かぶと》町。往来の信号と同じ、日本経済も黄色信号!?

今や経済は日本国内だけではなく、
世界とつながっています。
流れにとり残されないためにも、
一企業人として活躍するためにも、
経済の基本的なしくみをぜひ知っておきましょう。

モノの値段が安くなるデフレ。じつは困る

モノの値段が下がるとうれしいですね。でも社会全体でみると、経済活動が縮小していくという意味でもあります。

景気がいいと三者がUP

経済活動が活発になり、好景気になると、個人、企業、国の三者が潤います。

ほぼイコール

今の日本にとって、インフレになることと好景気は、ほぼ同じ意味

個人の収入UP

給料が増え、生活がぐっと楽になる

収入が上がった分、所得税も多く納めることに

懐《ふところ》に余裕ができ、モノを買おうという気が起きる

モノを買うときに、国や地方自治体に消費税を納めることになる

国の税収UP

個人や企業の所得税や消費税で国の税収も潤う

企業の収益UP

モノがたくさん売れると企業の利益が増える

気分が影響

デフレで景気が悪くなると「節約しないといけない気分」になる。周りの空気を読んで行動する日本人の国民性が、そうした景気の気分をつくっている面もある

天気が影響

猛暑だとエアコンやビール、清涼飲料、クールビズ商品が売れ、寒さが厳しいと暖房器具や防寒衣料、鍋物の食材などが売れる。景気の、もうひとつの"気"が「天気」

日本は近年ずっとデフレが続いている

高度成長期の日本では、物価が上がる「インフレ」が社会問題でした。それに対して、一九九〇年代後半からは、物価が継続して下がる「デフレ」が続いています。

モノの値段が安くなると、安くした分、生産者や販売者の利益が減ります。そこで、経費や原価を下げるために、取引先からの仕入れ価格も下げさせます。みんなの売上が減るので給料も減り、モノが買えなくなります。ぜいたく品だけでなく、節約しようとするので、生活必需品も売れません。

経済全体にマイナスが広がる悪循環に陥ってしまうのが「デフレ」の正体です。

インフレ vs. デフレ

モノの値段が上がりつづけるインフレと下がりつづけるデフレ。どちらも私たちの暮らしに大きな影響があります。

買わない、売れない、安くする、でも売れない……物価も給料も利益も、みんな下がりつづける状況を「デフレ・スパイラル」という

かなり安いけど、ボーナスがないから、買えない

デフレ ⟷ **インフレ**

デフレ
縮小を意味する「デフレーション」の略。物価が継続して下がり、モノが売れず企業活動も低下し、給料も減る

インフレ
膨張《ぼうちょう》を意味する「インフレーション」の略。物価が上昇を続け、買いだめでさらに物価が上がり生活が苦しくなる

デフレから脱する方法

じっとしていても景気はよくなりません。不景気だからこそ、本当に価値のあるモノをつくっているメーカーを「支持」して、買い物という「投票」をする。そのお金が、お店からメーカー、下請け会社へと回っていくことで、デフレからも脱却することにつながるのです。

よいモノをどんどん買う

企業への投票活動

景気は変動する

景気のいいときと悪いときは、一定の期間でくり返す

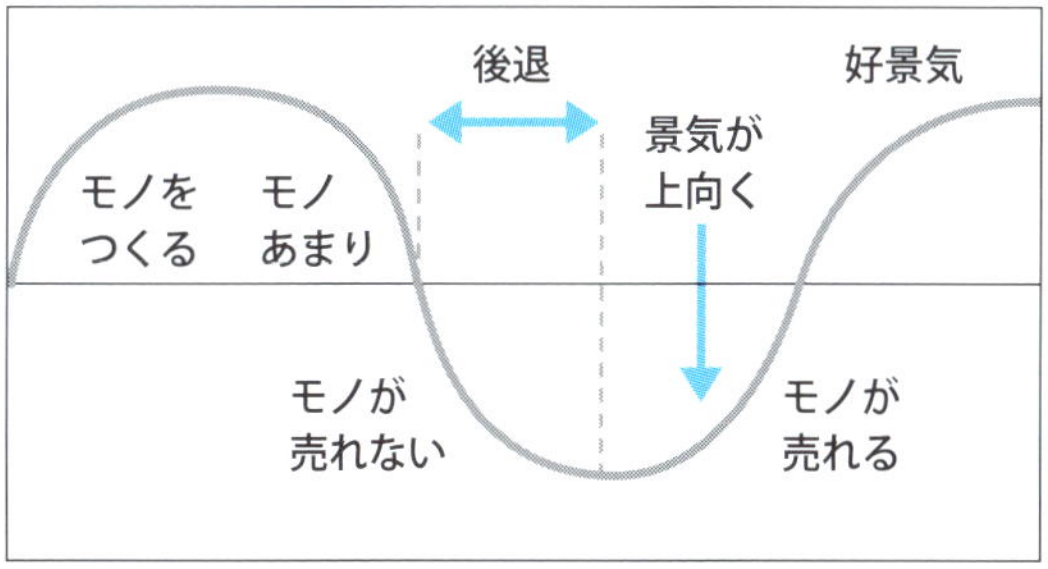

経済が成長していても不景気と感じることがある

景気と経済の成長は必ずしも一致しません。成長率がプラスでも、「景気がいい」とはいえないことがあります。

不景気でも豊か好景気でも困窮!?

景気はGDP（国内総生産）という数字の成長率が判断材料のひとつ。成長率がマイナスだから不景気、プラスだから好景気というわけではありません。本来の経済力（生産力）を発揮できず、期待より成長率が低い場合を不景気、高い場合を好景気と呼ぶのです。

その景気判断は、国民の実感とは一致していないこともあります。

GDPは、国が経済成長して、どのくらいの経済規模になったかを表す数字です。数字が大きいほど、豊かな国ということ。日本の場合、一九六〇年ごろは二〇兆円規模のGDPでしたが、現在は五〇〇兆円規模。経済規模が大きい、経済大国ではあります。

GDP成長率

各年度（４月～３月）の数字。実質ＧＤＰでみる。前年度よりマイナスになっている年が何度かある

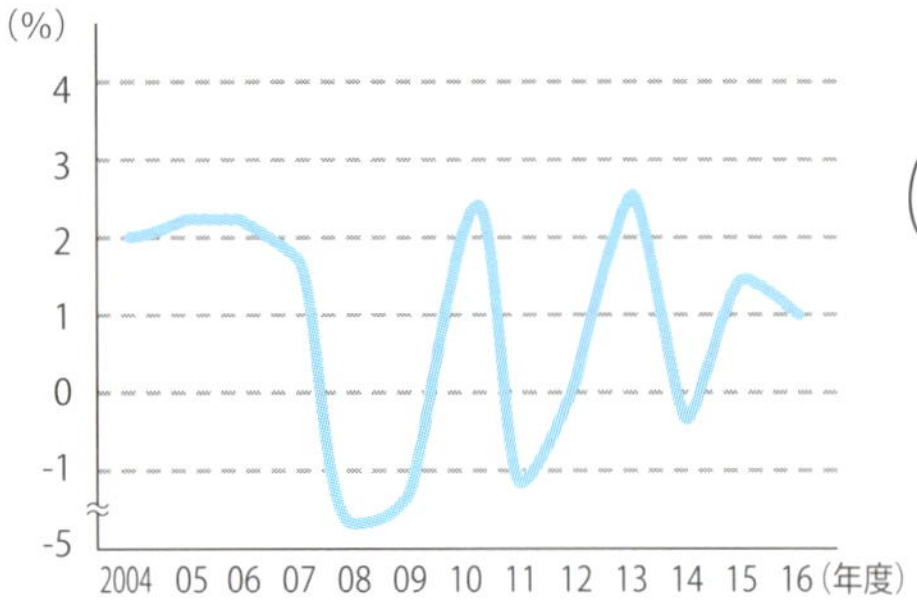

景気の実感は

政府の景気判断と国民の実感が一致しないこともあります。

格差が生まれている

相対的貧困率（国民の所得順で真ん中の人の半分未満の所得しかない層の比率）でみると、日本は単身の高齢者と、１人親世帯での貧困率が高い。特に17歳以下の子どもの７人に１人*が貧困に苦しんでいる

＊ 2018年のデータ

格差社会の実態

GDPでみる

国の経済規模は３ヵ月および１年ごとに発表されるＧＤＰの数字でみます。GDPはひとつではありません。

GDP

GDPとは、国内で生まれたモノやサービスの合計額。国の経済規模を示す重要な指標となる

- **名目ＧＤＰ**　１年間に日本国内で新たに生産された金額を単純に足したもの
- **実質ＧＤＰ**　名目GDPから物価上昇などの影響を除いた国内の生産金額
- **１人あたりＧＤＰ**　GDPを人口で割った数字。人口による経済規模の違いを調整する

その他の指標
GNP（国民総生産）：GDP から海外企業が国内で生産した分を差し引き、国内居住者が海外で得た所得を加えたもの。**GNI**（国民総所得）ともいう

日中の名目ＧＤＰの推移

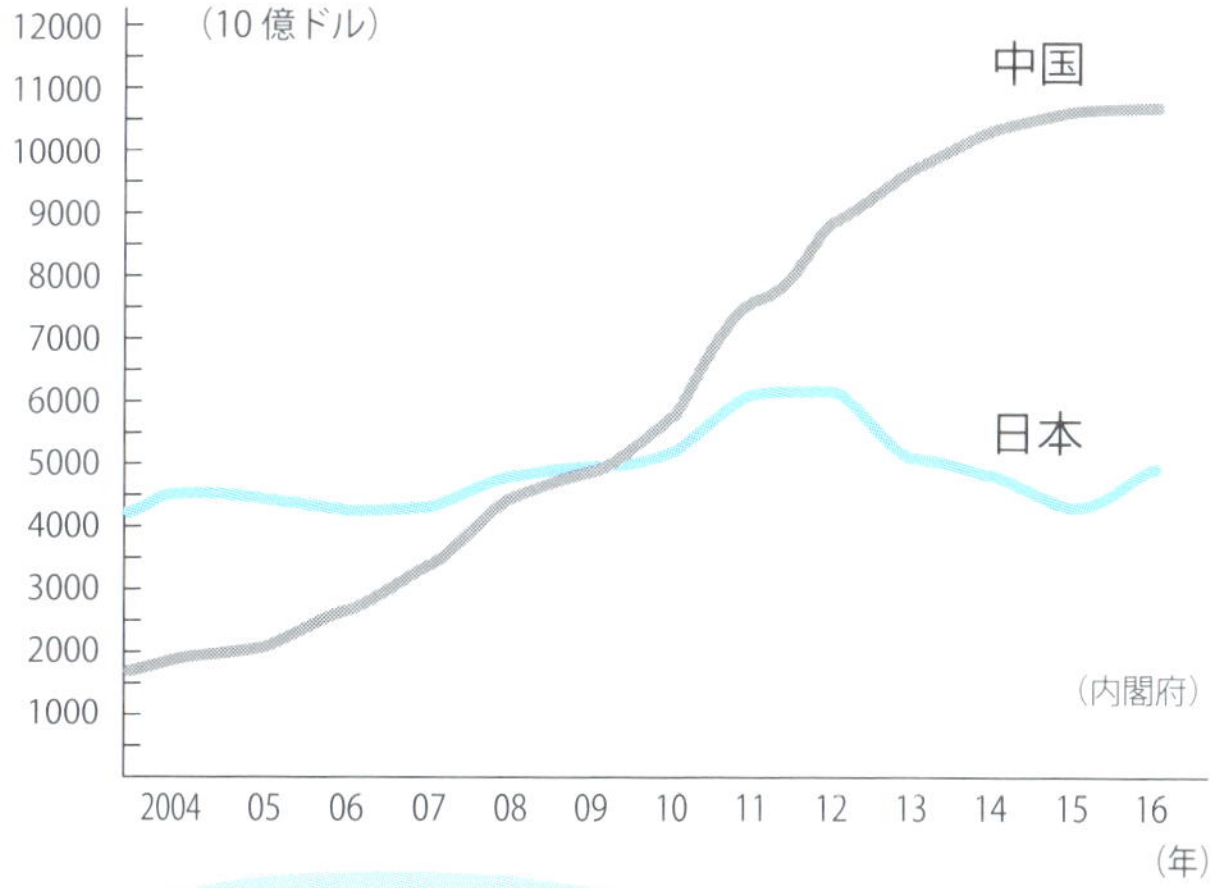

１人あたりＧＤＰでみると日本は中国の約 4.1 倍。まだ差がある（2018 年）

日本の GDP は 2010 年に中国に抜かれたが、中国も減速

日本経済はバブル後二〇年停滞していた

日本経済に大きな変化と後遺症をもたらした「バブル」。バブルは泡《あわ》という意味。泡が弾《はじ》けて、すでに二五年以上になります。

バブル崩壊後長い低迷期に

一九八〇年代終わりごろの「バブル景気」。株価や土地が値上がりを続け、高級自動車が飛ぶように売れました。しかし、九〇年代に入ると、日銀（日本銀行）や国が金融引き締めなどをおこない、株価や地価は急落します。バブル崩壊です。

融《ゆう》資《し》を受け、高値で株式や土地

バブルから現在まで

いまだに経済に後遺症を残すほどの影響を与えた「バブル」。発端はプラザ合意でした。

1985

プラザ合意

きっかけ

アメリカのつごう

日本を含む先進５ヵ国がニューヨークのプラザホテルに集まって決めた。貿易赤字に悩むアメリカのドルを引き下げ、日本の円を引き上げることになったのだ

1990

バブル

アメリカは、ドルを引き下げて「円高ドル安」になれば、アメリカ製品が値下がりして売れると考えた。日本も協力。しかし急激な円高で日本の輸出産業が打撃を受け、日本が不況に。そこで政府と日銀は 85 年から 87 年にかけて 5 回も公《こう》定《てい》歩《ぶ》合《あい》を引き下げ、企業は低い金利で資金調達が可能になり「カネ余り」に。株式や土地に多額の投資がされ、バブルが発生した

崩壊

ブラックマンデー

1987 年に起きた。ニューヨークの株価が史上最大の下げ幅を記録した。アメリカ経済の悪化に配慮して日本は金利引き上げを見送り、低金利「カネ余り」でバブルが拡大

不動産や株式の価値が急激に上がり、なにもせず財産が増えた人もいる

を買っていた企業や個人は、多額の保有資産の含《ふく》み損《ぞん》（買った額と現在の額の差）が発生します。借りたお金を返せず、融資をしていた金融機関はお金が回収できません。これが「不《ふ》良《りょう》債《さい》権《けん》」となり、銀行・証券会社などの大手金融機関がたちゆかなくなりました。

　ここから「失われた二〇年」と呼ばれる平成不況が始まり、リストラの嵐が吹き荒れていきました。

失われたのは20年？

バブル崩壊後の日本は、金融不安による設備投資の縮小、円高での輸出不振と世界的な景気悪化の影響なども重なり、企業倒産やリストラが加速した。2000年代はじめにＩＴ産業の好調や政策により一時的に景気回復したが、その後デフレが進み、リーマン・ショックが起きて再び悪化。20年以上も景気が低迷している

今の10～20代の若者は、お金のない時代に育っていることに

20年

10年

負の遺産、不良債権

建設・不動産関連企業に多額の融資がおこなわれていたが、ほとんどが不良債権になった。金融機関の経営も厳しくなり、日本経済全体のお金の流れが止まった

2000

リストラ、倒産、失業

平成不況で事業の再構築、コスト競争力強化を迫られた企業は、リストラや非正規雇用への置き換えを推進。失業率も急上昇し、５％前後に

2010

低成長

日本は、低成長が続いていたところに、リーマン・ショック（→ P80）。さらに2011年には東日本大震災、2020年からは新型コロナが

失業率の出し方

総務省が全国約４万世帯を対象に、すぐに働きたいのに仕事がない完全失業者の人数を労働力人口で割って100をかけて算出。職探しをあきらめた人や調査前月末までに１時間でも働いた人は失業者にならない

一〇〇年に一度の危機だった リーマン・ショック

アメリカの大手投資銀行＊「リーマン・ブラザーズ」の破綻《はたん》をきっかけに、世界中のお金の流れが止まり世界恐慌《きょうこう》になりました。

株価が大きく下がり、企業や個人に大打撃

リーマン・ショックとは、世界経済恐慌のこと

「リーマン・ブラザーズ」は負債総額約64兆円で史上最大の倒産をしました。その影響が世界中に広がり、経済は大混乱に。世界経済恐慌に陥ったのです。

サブプライムローン

本来はローンの審査には通らないような、低収入など信用度の低い人向けの「格下」のローン。その分、金利が高いのが特徴

きっかけ

そのままでは高リスクであるため、一般企業の社債《しゃさい》などとセットで販売。リスクを見えにくくした

格付け会社のおすすめ商品

債券の発行元企業の信用度や金融商品の安全度をランク付けする機関が「格付け会社」。この商品は「ＡＡＡ（最高の安全度）」の商品とされ、世界中で売れた

2008

リーマン・ショック

アメリカの住宅バブル崩壊でサブプライムローン関連証券を大量に購入していた「リーマン・ブラザーズ」も多額の損失を抱えて破産。影響が世界に拡大

世界恐慌

世界中の金融機関が手元の現金を確保しようとして株式などを売却。各地の株式市場で株価が一斉に暴落しパニックに

ビッグ3破綻

アメリカ自動車大手GM、フォード、クライスラーのビッグ3といわれる会社も経営危機に

派遣切り

日本では、製造業を中心に非正規雇用者が解雇される「派遣切り」が社会問題化した

＊日本にはないタイプの銀行。預金受付や貸し付けはせず、投資だけが業務

日本にも大きな影響を及ぼした

リーマン・ショック後、アメリカの金融機関が自動車ローンを制限したので、アメリカでは自動車が売れなくなりました。日本からの自動車輸出も打撃を受け、日本の自動車関連製造業も減産に追い込まれ、多くの非正規雇用者が解雇されてしまったのです。

世界経済はＶ字回復 INTERNATIONAL MONETARY FUND

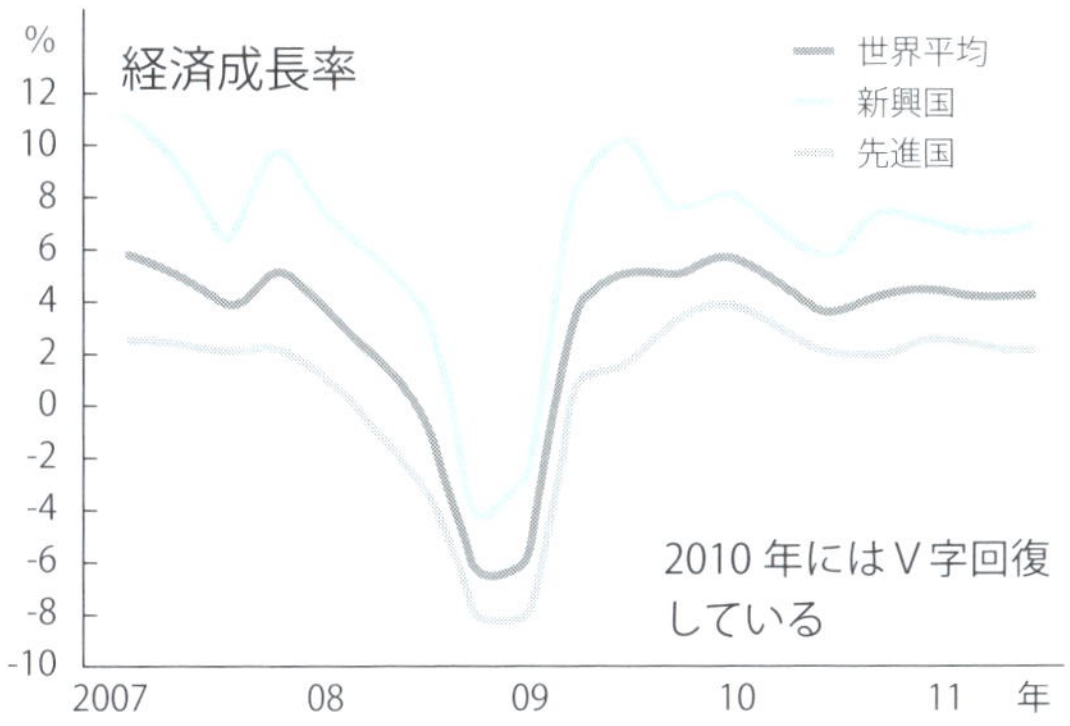

FRBのてこ入れ

FRB（連邦準備制度理事会）はアメリカの中央銀行にあたり、日本における日本銀行の役割と同じように、アメリカ経済のかじとりをしている。金融危機に対処して、いくつかの手をうち、実質的に大量のお金を市場に供給した

量的緩和
P91参照

金利を下げた

金融危機で止まっていたお金の流れが復活。アメリカのダウ平均株価（S＆Pダウ・ジョーンズ・インデックス社が発表する株価の平均。経済の指標となる）は、2010年にはリーマン・ショック以前の水準に回復した

立ち直りのきざし

世界は

ゆるやかに回復したが

新興国は、いちはやく回復。その後新型コロナで世界は大きな経済危機に直面

日本は

新興国への輸出が好転して景気回復しはじめたところに震災。借金でまかないながら、東京オリンピックで経済発展を期待

2011
東日本大震災

一〇〇年前にあったこと

リーマン・ショックは一〇〇年に一度の経済恐慌といわれます。それはなぜか。

一九二九年にアメリカのニューヨーク株式市場で起きた株の大暴落から、世界各国が恐慌に突入しました。各国は経済をたてなおす有効な政策がとれず、自分の国と友好国だけの経済を守ろうとしたのです。それがもとになって、第二次世界大戦に至ったとされます。

世界中が日本のお金を欲しがるから円高になる

円高・円安が重要ニュースになるのは、輸出や輸入で日本の経済活動への影響が大きく、景気を左右する要因になるためです。

ドル・ユーロより円の価値が高まる

金融危機の震源地であるドルやユーロが売られ、円が買われることになります。

まず「ドル売り」が進んだ

リーマン・ショックでドルに投資をしていた世界中の投資家が、資金を引き上げ、円やユーロに現金化。さらに景気対策のためにアメリカは国債《こくさい》を多発し、ドルは信用できないと、不安が拡大

ユーロの信用もガタ落ち

ユーロになだれこんだ資金も、今では信用なし。ユーロ圏の国が財政破綻すると、その国にお金を貸しているヨーロッパの国々も経済破綻《はたん》するのではと、ユーロを売り、円を買う動きに

円高は信頼の証。でも不景気のもと

円やドルなどの通貨は、その国の経済や政治の状況によって価値が上がったり下がったりします。日本では、近年ずっと「円高」が問題になっていますが、それはアメリカのドルに対して日本の円の価値が高くなった＝信頼されているということです。

それだけなら良いことですが、困ることもあります。急激な円高が進むとドルの価値が下がるので輸出した代金をドルから円に換えると大損。例えば一ドル一〇〇円のはずが八〇円しか受け取れなくなるからです。日本の自動車などの輸出産業は利益が吹き飛び、経済全般が不景気になります。

円　高狂騒曲

円高が続くと景気悪化

輸出先で日本製品が値上がりするので輸出不振になり、景気に悪影響を及ぼします。

	円高（80円）	円安（120円）
日本からみて	100円＝1ドル＋α	100円＝1ドル－α
米国からみて	1ドル＋α＝100円	1ドル－α＝100円

米国からみると

日本のモノは高い！

1ドル100円のとき、1万ドルで買えた新車が1万2500ドル出さないと買えない

日本からみると

輸出 ×

1ドル100円だったのが80円になると円高。その場合、100万円の日本車を輸出して1ドル100円のときアメリカで1万ドルで買えたものが、1ドル80円だと1万2500ドルに値上がりするので、高くて売れなくなる

輸入 ○

ドルで支払う原油価格や輸入食品などは、1ドル100円だったのが80円で買えることになり値下がりで好影響

しかし、日本は輸出立国（輸出で国の経済がなりたっている）だから

景気悪化

困る

対策は主に3つ

- 「円高への懸念」を表明する口先介入
- 日銀を経由して円売りドル買い介入
- 日銀による政策金利引き下げの追加緩和

→効果は不透明

借金で国を動かしている日本の予算の現状

一般家庭で収入にあたるお金を国では「歳入《さいにゅう》」といいます。ところが、支出には全然足りず、借金でまかなっています。

国の財政

国の運営のために集めた税収（入ってくる税金）などのお金は、2つの会計で管理されます。

一般会計

社会保障や公共事業、教育、防衛など国の基本的な活動をおこなうために必要なお金を管理する会計

特別会計

年金、財政投融資など、国がおこなう特定の事業や資金運用のために集められた税金を管理する会計。近年は、なにに使うかの見直しが進んでいる

特別会計の剰余金《じょうよきん》（埋蔵金）を一般会計の財源に繰入

借金頼みの一般会計

財務省

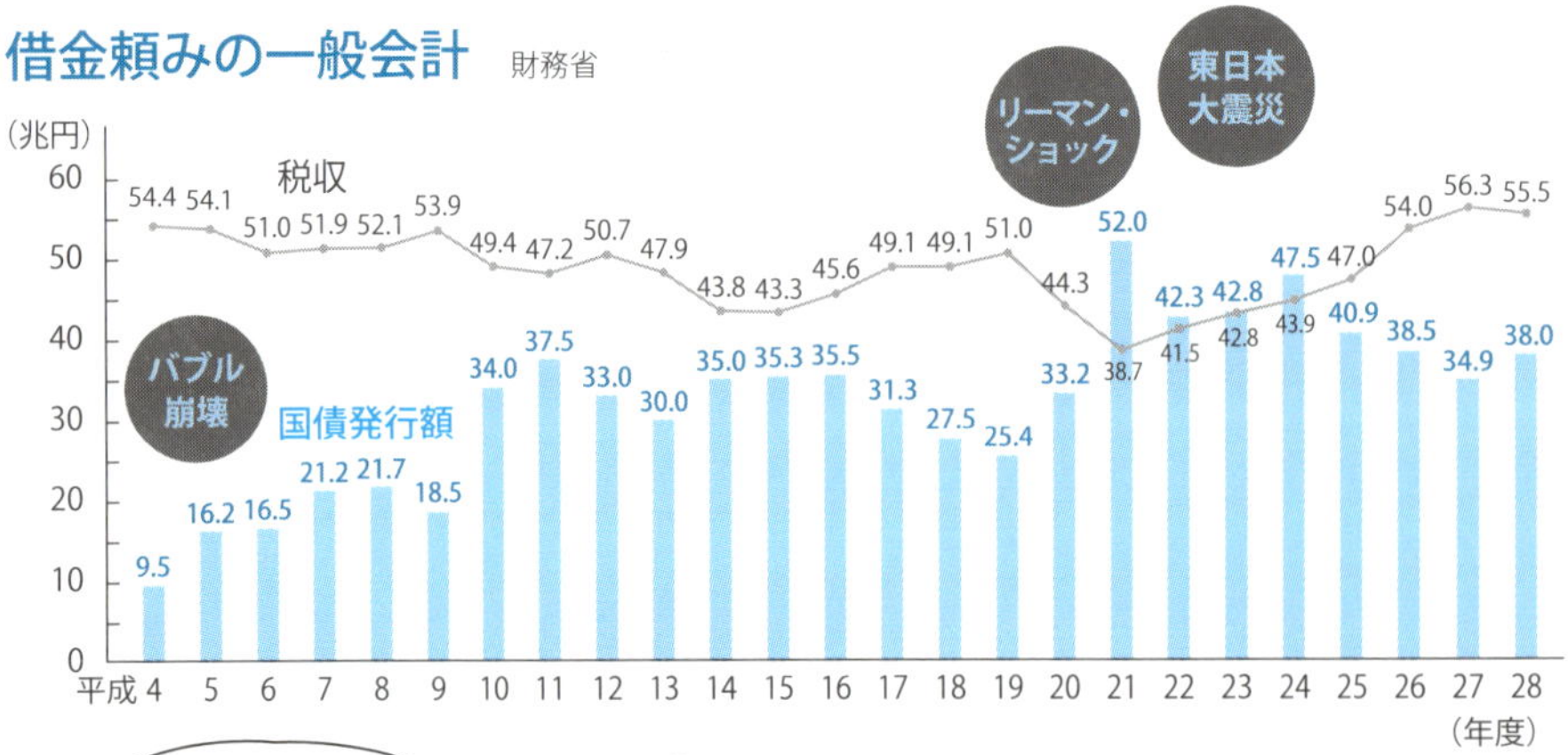

すでに借金
850万円

今の日本の現状。生まれてくる子はたまらない

4年連続で

歳入のうち、税収よりも国債などの公債金収入が上回る状態が4年連続で続いた。これは借金。返済するのは誰なんだろう

借りすぎで国際的な信用がダウン

アメリカの格付け会社は日本国債の格付けを「A＋」にしている（2021年7月）。つまり、国の借金がたくさんあって、国債が満期になっても全額が戻ってこない可能性が高いということ。先進国の中でも日本国債のランクは低い

ここを増やすしか方法はないの？

一時減少した税収は、ここ数年少し増えてきた。だが、支出額（歳出）が多すぎるせいか、まったく足りない。収入を増やすには、税収を増やすしかないのだろうか

公共事業をしても効果なし

かつての政府は、公共事業を増やせば設備投資や内需《ないじゅ》拡大につながるという考えで予算を回した。しかしインフラ整備が行き届いた現在では、道路や橋を新たに建設しても地域は活性化せず、利用者がいない無駄な投資も

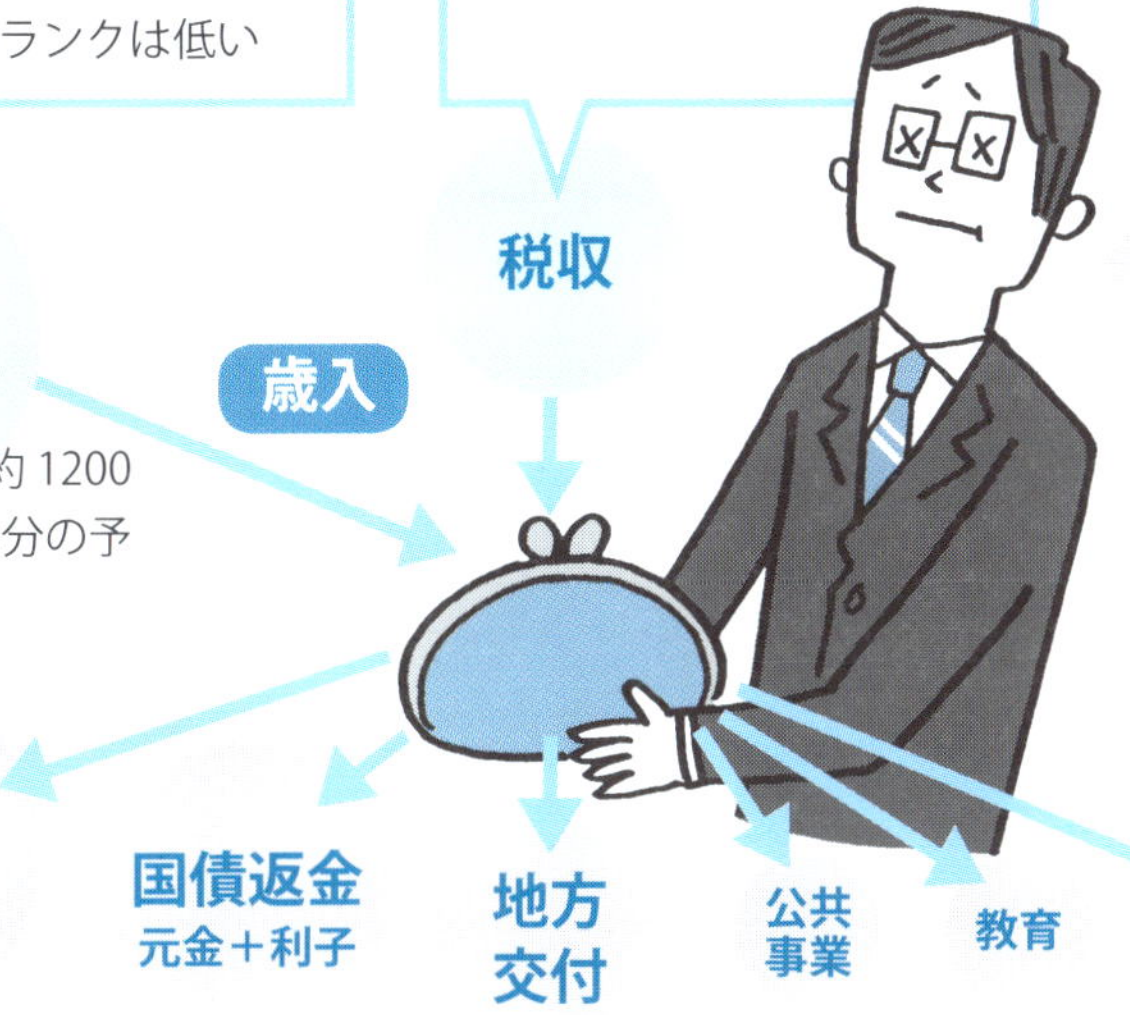

発行残高合計は約1200兆円。国の10年分の予算総額に等しい

苦しい財布

増えつづける一方の社会保障費や景気対策で、歳出《さいしゅつ》は減らしたくても減らせません。穴埋めの国債、つまり借金に頼らざるをえない状況が続いています。

歳出 → ここを減らすしかないが、どれを？

増える一方

先進国でもトップの超高齢化とデフレの長期化による失業者の増大で、医療、年金、福祉、介護、生活保護などに必要な社会保障費は増えつづけている。そのペースはGDPの伸びを上回る。制度改革が待ったなしの状況だ

子や孫に借金を返させようとしている

財政難の日本ですが、支出*を切り詰めると、余計に国の経済状態が悪化するので、足りない分を国の借金である「国債」に頼るしかありません。

ところが財政法では、本来、赤字国債の発行を禁止しています。そこで毎年「特例としての法律」をつくり、発行しているのです。

しかし、借金はいつか返済しなくてはなりません。現役世代が使ったお金を返すのは子や孫ということになります。彼らはそれを納得するでしょうか。

＊令和元年度の歳出は約101兆4000億円

「会社」は「企業」のひとつの種類

モノやサービスを生む経済生産単位が「企業」。公企業や私企業などがあり、「会社」は私人が資金を出す企業の一形態です。

産業の区分

自然を相手にした産業からモノづくりなどの工業生産、情報・サービス業など、３つに分類されます。

第三次産業

情報通信、運輸流通、小売、金融・保険、不動産、教育医療など多岐《たき》にわたる。日本でもっとも増えている産業分野。とくにコンピュータ関連の情報産業が伸びた

第二次産業

第一次産業で得られた原材料をもとにした製造業、建設業、工業。日本では自動車のエレクトロニクス化やエコカー開発など技術革新が進んでいる

第一次産業

農業、漁業、林業など、人が自然界に直接働きかけて収穫物などの富を得る産業。国の経済が成長すると従事者が減る。日本では 1950 年ごろをピークに減少

ゼネコン

建設業は事業所数で日本で上位にランクされる。その大元請負者《おおもとうけおいしゃ》として、各種の土木・建築工事を一式で発注者から直接請け負うのがゼネコン。近年は農業法人など異業種への参入も

ブルーカラー、ホワイトカラー

土木・建築、工場や運輸などの現業で働く人の制服や作業服の青い襟《えり》から、こうした職をブルーカラー、事務系の白いワイシャツ姿の職をホワイトカラーと呼んだ

日本に多いのは第三次産業の会社

企業には私企業と、国や地方自治体が出資運営する公企業があります。お金を印刷する国立印刷局などの独立行政法人や、地方自治体が経営する鉄道や公立病院なども公企業です。

日本では赤字続きの財政を健全化する対策として、公企業の整理を進めています。民営化、行政改革によって公社や公団などの公企業は減少しています。

私企業では、少子高齢化、情報社会に対応した新しいサービス業の誕生で、第三次産業の数が圧倒的に多くなっています。企業規模では日本企業のほとんどが資本金三億円以下の中小企業です。

企業の種類と違い

利益を追求し出資者に配当や分配をおこなう「営利企業」と、公共的な目的の活動維持を追求する「非営利企業」があります。

また、会社のことを「法人」と呼びます。個々の人間と同じように、法的な権利や義務をもつ団体という意味があります。

- **営利企業**
  - **私企業**
    - **個人**　自営業
    - **法人**
      - **組合**　農協、漁協
      - **会社**
        - **株式会社**　株主（→ P92）が資金を出す
        - **有限会社**　2006年から株式会社に統一
        - **その他**　合資会社、合同会社
- **非営利企業**
  - **公私どちらもあり**
    - **公益法人**　財団法人、社団法人
    - **非営利活動法人**　NPO、NGO
    - **その他**　学校法人、宗教法人など
  - **公企業**
    - **国営**　国有林野《りんや》
    - **地方自治体**　都市交通、公立学校など
    - **独立行政法人**　造幣《ぞうへい》局、国民生活センターなど
  - **公私混合**
    - **株式会社形態**　NTT、高速道路、郵政など
    - **特殊法人形態**　NHKなど

NPOとNGO

NPO　Non Profit Organization ＝民間非営利組織の略称。

NGO　Non Governmental Organization ＝非政府組織の略称。

どちらも非営利かつ非政府という点では同じ存在。日本では国際的な活動組織をNGOと呼ぶことが多い

第三セクター

国や地方自治体と民間企業が共同出資して設立した企業。半官半民《はんかんはんみん》の公企業と私企業の混合企業体。営利性は追求しにくいが公的目的が高い事業をおこなう

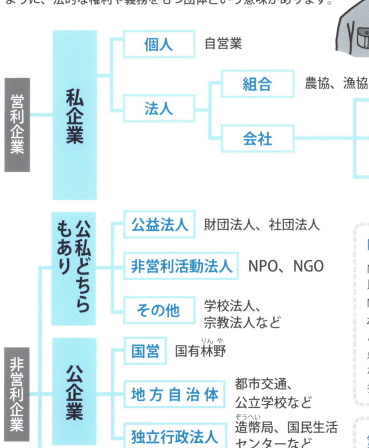

銀行を見極め、賢く貯める・借りる

金融機関の「金融」とは、お金を融通《ゆうずう》するという意味。社会の中でお金の余裕があるところと、必要なところをつなぐ機関です。

銀行の種類と違い

一般に「銀行」と呼ばれるのは、銀行法という法律に基づいた普通銀行のこと。銀行以外にも、それぞれの法に基づく公的・民間の金融機関があります。

公的　―　**日本銀行** （→P90）

- **政府系銀行**　「政府系金融機関」と呼ばれる。民間金融機関で融資が難しい分野に融資。日本政策金融公庫、国際協力銀行など
- **ゆうちょ銀行**　日本郵政公社から主に郵便貯金事業等を引き継いで誕生した

民間

- **農林漁業金融機関**　農協、漁協、森林組合の相互扶助《そうごふじょ》的金融機関＊。農林中央金庫が統括
- **中小企業向け金融機関**　営業地域を限定し地域の中小零細企業向けの預貯金、融資をおこなう
  - **信用金庫**　地域会員の出資による協同組織の地域金融機関で、融資も会員のみ
  - **信用組合**　地域、業種、職域の組合員出資による組合員の相互扶助的金融機関
  - **労働金庫**　労働組合や消費生活協同組合、地域労働者の相互扶助的金融機関
- **信託銀行**　お金だけでなく、顧客の土地、証券などの資産を預かり運用する
- **普通銀行**　いわゆる「銀行」。さらに下記のように区別される
  - **都市銀行**　大都市に本店をもち全国展開している総合金融サービスをする銀行
  - **地方銀行**　全国都道府県ごとの地域に地盤を置き地域経済を支える銀行
  - **第二地方銀行**　かつての相互銀行が普通銀行に転換して誕生した地域銀行
- 現金を扱わない　**ネット銀行**　実際の店舗がなく、インターネット専業で取引をおこなう新たな形態の銀行

銀行は金融機関のひとつ

預貯金、融資、投資運用など金融に関する業務をおこなう組織は、すべて金融機関である。公庫などの公的金融機関、保険会社、証券会社なども立派な金融機関。銀行はもっとも身近な存在だが数多くの金融機関のひとつ

＊会員や組合員が互いにお金を融通しあうシステム

銀行の仕事

顧客から預かった資金を信用のもとに貸し出したり、振込や送金などの決済をおこなったりして、経済の血液であるお金を循環させています。

1 お金を預かる・貸す仲介

お金を預けて増やしたい人と借りて活用したい人の「仲介」をする。企業を育て、経済を発展させる役割を担う

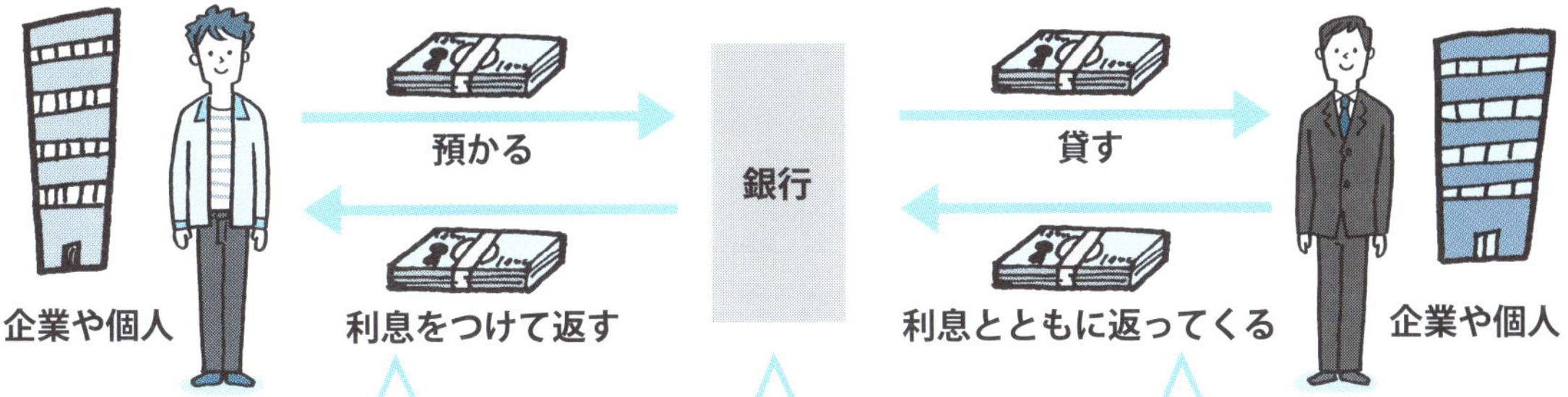

預金者はペイオフで守られている

金融機関が破綻処理されても、預金者の元本 1000 万円までとその利息は全額が預金保険法によって保護される。これをペイオフという。このセーフティネットのおかげで、預金者が安心して銀行にお金を預けられる

銀行が信用できるかは自己資本比率をみる

銀行の安全度を見極める基準のひとつが「自己資本比率」。銀行が預金者から預かった資産や貸付額に対して、純粋に銀行自身にストックされているお金の比率のこと。8%以上なら世界的にも健全とされている

貸し渋り、貸しはがしも

金融危機後、不良債権の穴埋めで減った自己資本比率を高めるために、企業への融資を極端に厳しくするのが「貸し渋り」。本来の返済期限前に無理に回収しようとするのが「貸しはがし」。どちらも社会問題になった

2 取引の支払いを仲介

振込や振替などで取引の決済を仲介する場合、振込手数料が発生。ネット振込などでは無料化の銀行も

為替《かわせ》とは

企業と私たちの間に入って、現金をやりとりすることなく決済をすます役割が銀行の為替業務。この機能がなければ、集金や支払いに大変な労力がかかる

メインバンクをもとう

人生には車や住宅購入など大金が必要になることがあります。そんなときに銀行から借りられるかどうかは、ふだんのつきあいがポイント。給与振込や公共料金の口座振替などで、メインバンクとしての取引の記録が多く残っている、つまり「通帳を汚していること」が、あなたの信用になります。

今のうちから、ひとつの銀行と長くつきあっておきましょう。

日本銀行が景気をコントロールしている⁉

二〇一二年から始まったアベノミクス。経済政策のうち、金融緩和（金利政策）と量的緩和は、日銀がおこなう仕事です。

日本銀行の仕事❶

日本銀行は国が特別に認めた認可法人で、公的な銀行とみなされる

政府の銀行

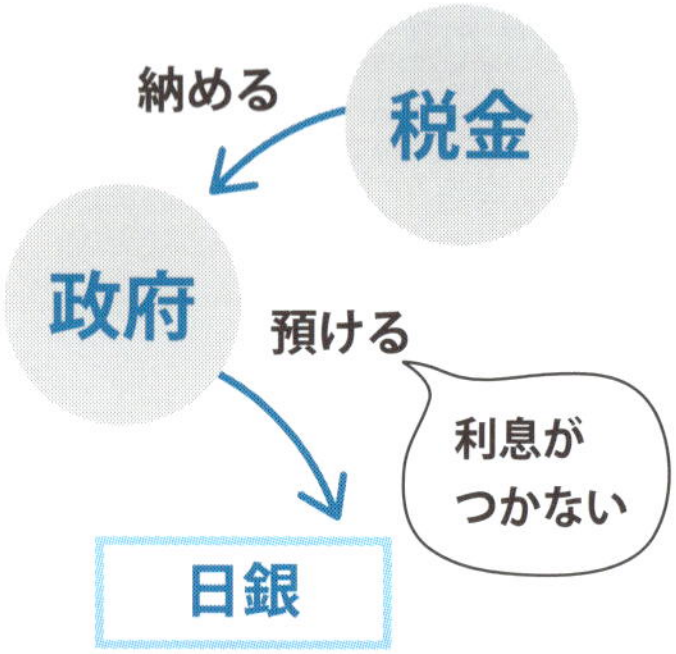

私たちから集められた税金を預かり管理する。政府は税金などの国のお金を「国庫」と呼ばれる日本銀行の口座に預け、必要なときに支払いを指示して引き出す。政府の口座には利息がつかない（一部例外あり）

個人の預金は受け付けない

日本銀行の仕事❷

金融機関との間で預金や必要な資金の貸し出しをおこなう

銀行の銀行

民間銀行などは日本銀行に「日銀当座預金」という口座をもつ。利息がつかず、預ける金額も日本銀行が決める。この口座を使って金融機関同士の決済をする。私たちが他の銀行に振込をすることも可能になっている

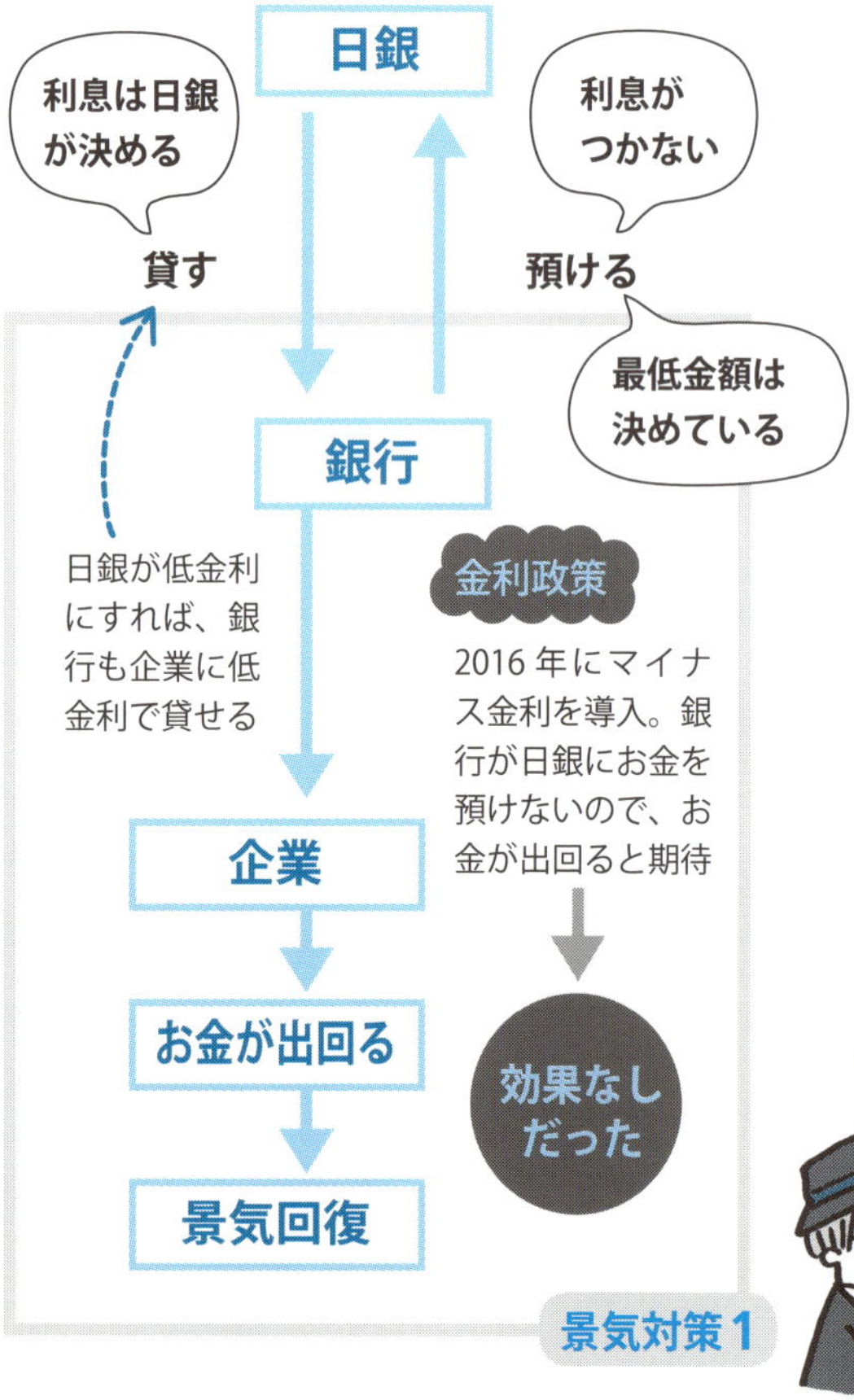

1
2
3

マイナス金利がうれしい業界

日本銀行の仕事❸

私たちが使う紙幣に「日本銀行券」と印刷されているように、日本で唯一、紙幣を発行できる銀行

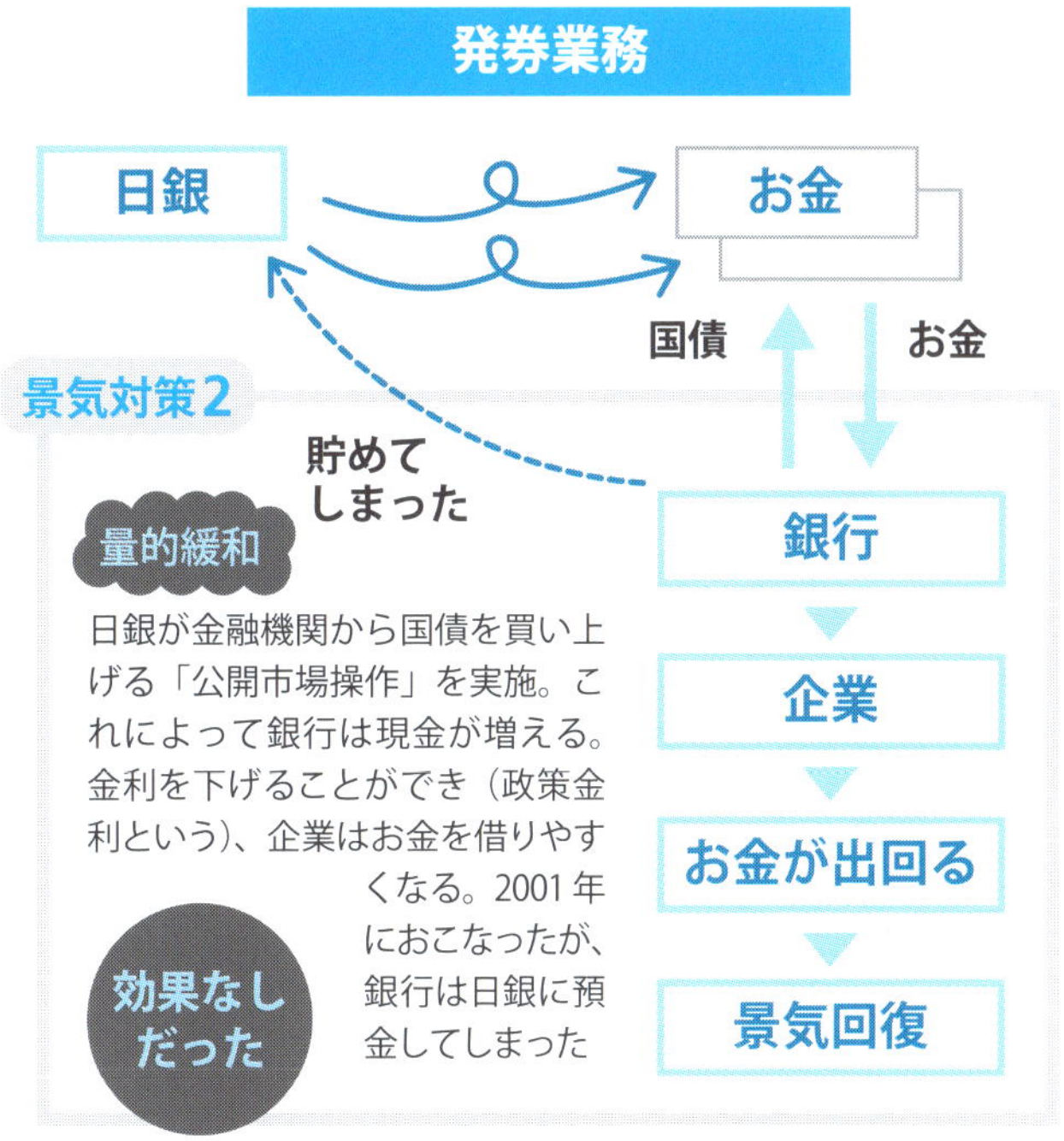

日本銀行は三つの仕事をしている

あなたが銀行に預金をするように、政府は集めた税金を預けておかなくてはなりません。その預け先が日本銀行です。また、一般の銀行は、銀行どうしの取引のために、日本銀行に預金をしています。

日本銀行は、経済の血液であるお金を世の中に送り出す「心臓部」の役割ももっています。景気に応じて、世の中に出回るお金の量（マネーサプライ）を調整します。

経済をみるのに「株」の知識は欠かせない

株式市況が上下するごとに、投資家以外の人まで一喜一憂。そのわけは、株の動きが企業や経済活動の「成績表」だからです。

株式会社が株を出す

「株」とは資金を出資したという証拠。事業の資金調達のために「株」を発行する会社を株式会社といいます。

配当金

事業で得た利益を出資者に還元するのが「配当金」。1株10円の配当で1000株もっていたら1万円の配当が得られる

筆頭《ひっとう》株主

発行済み株式のうち、もっとも持ち株比率が高い株主

1株の値段

現在は株券に額面は表示されない無額面株式のみ。実際に市《し》場《じょう》で取引される株価の平均は1株7000円～8000円前後

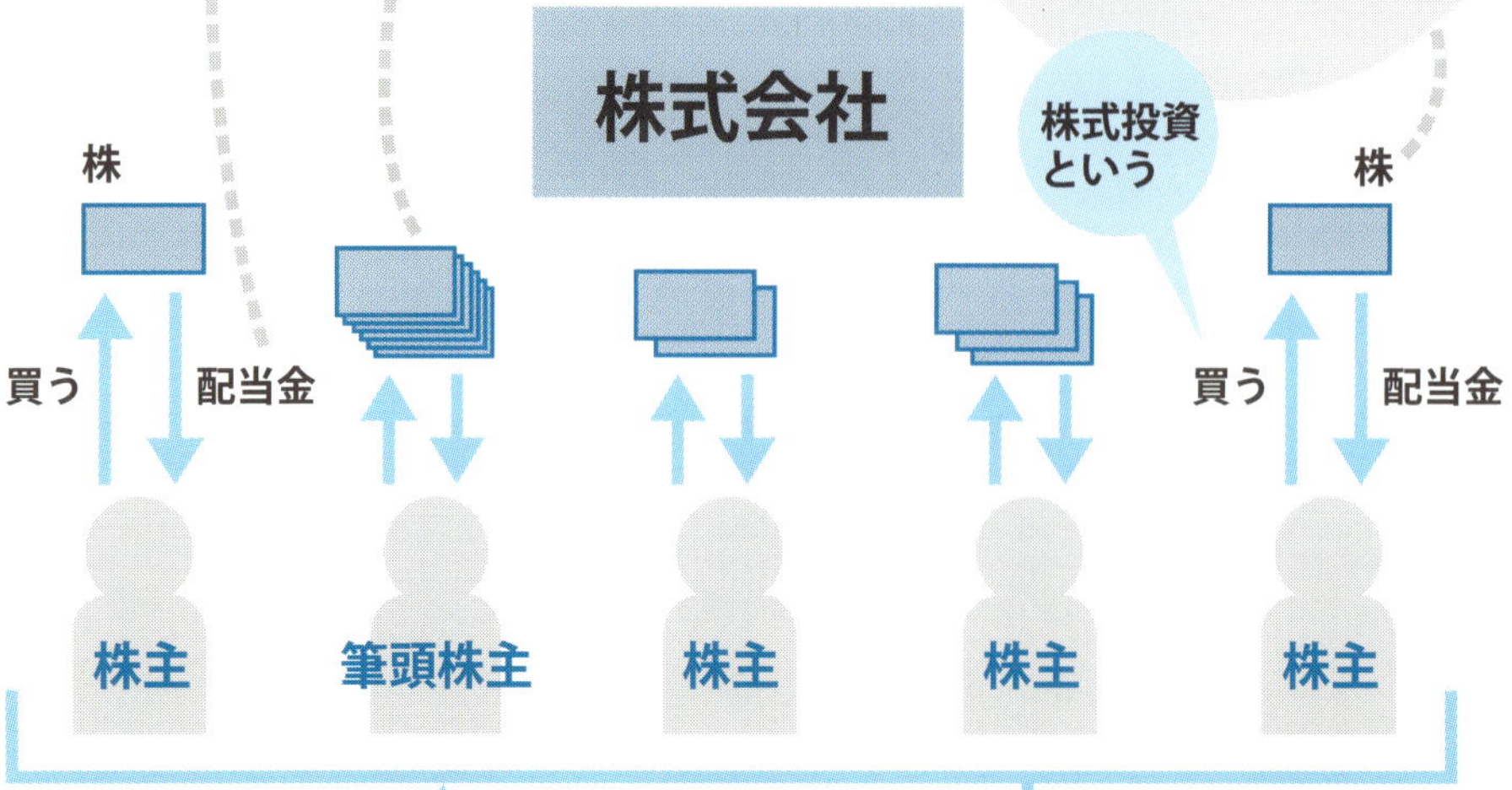

株主優待

株を買った会社の商品プレゼントや割引券などの特典がついてくる。株主優待を金額換算して投資金額で割ると、10%以上の利回りになるケースも。特典狙いで株主になる人も多い

株を買う目的1

企業を応援する

自分が気に入った商品やサービスを提供している会社の株を買う。株主としてその会社を応援し、成長をうながすことができる。株式投資は経済における投票行動のひとつ

人気が集中

株価はその会社の業績や会社の置かれている社会環境の変化で上下する。例えば、インフルエンザが流行するとワクチンを製造する製薬会社の株価が上がる

将来性をみて買う

今はまだ儲かっていなくても将来有望な事業をしている会社の株価は、相対的に低め。安いうちに買って、将来の値上がりを期待することも

株が上がる

儲《もう》かっていて配当の多い会社の株は、みんなが欲しがります。そのため欲しい人が多いほど取引される株価が上昇。買ったときよりも高い株価で売れれば、キャピタルゲインという売却益を得られます。

人気商品　時代にマッチ　新しい事業

株価 7000円　業績が上がる

株価 5000円　投資したい会社

株を買う目的2

財産を増やす

日銀の統計（2020年）によると、日本の家計資産のうち株式投資は14%ほど。アメリカは51%ほどあるので、まだまだ低い。経済を回して資産形成をする方法として株式投資もひとつの選択肢だ

株を買うことの意味は二つ

株価は、その会社の株をもちたい人と手離したい人の需要《じゅよう》と供給によって決まります。業績がよい会社の株は売りたい人が少ないため、株価が上がります。業績の悪い会社の株は買いたい人が少ないので値下がりするのです。

需要と供給だけでなく、世界的な経済危機のニュースや、大きな事件などで株価が急落したり、特定の商品の人気につられて上がることもあります。株を買うということは、そうした経済の動きに株主として参加するということです。株価が低迷するときに応援する企業を支え、低迷を脱して業績アップしたときには株価上昇で自分の財産も増やせるのです。

証券会社（→P94）など金融機関が並ぶ東京・日本橋兜《かぶと》町。インターネット取引が増え、町の様子は変わりつつある

株の売買は証券会社を通じ取引所に注文

売り手と買い手を結びつける株の「市《し》場《じょう》」が証券取引所。私たちは、証券会社を通じて市場に注文を出し、売買をします。

株の売買

個人が株の売買をするときは、まず証券会社に口座を開設します。最近はインターネット証券会社も多数あります。

売る

株式相場全体が値上がりしたときや、売りたい株の値上がり幅が前回の高値時と同じ上げ幅になったときなどが売り時とされている

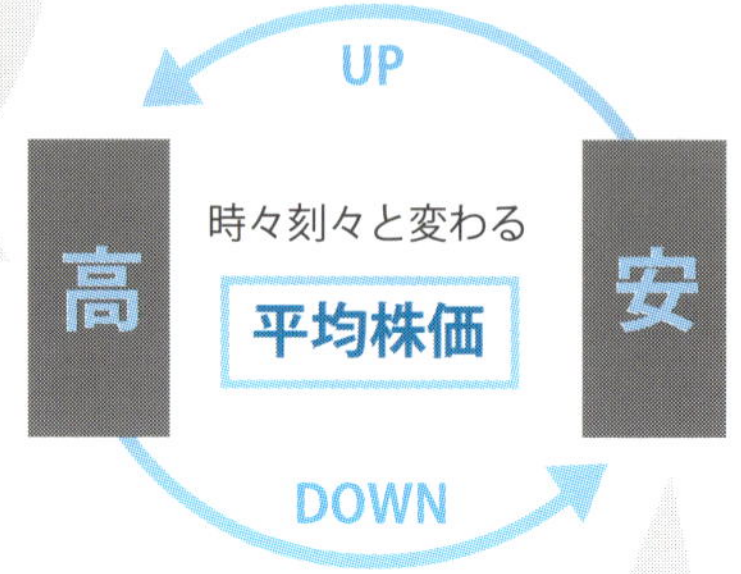

この差額が儲け

株式相場は値上がりと値下がりを繰り返している。市場全体では相場が低迷していても、そのなかで安値で買った株を高値時に売った差額が収益になる

買う

株式相場全体が値下がりしているときに、業績や将来性のわりに割安な株価の株を買うことが投資の基本。日経平均株価などの推移を参考にする

平均株価は全社の平均ではない

ニュースでよく見聞きする「日経平均株価」。すべての株価の平均ではなく、日本を代表する各産業の225社の株価を平均したもの。実際の計算には株式分割などを考慮した数字が用いられる

TOPIX《トピックス》も注目される

東証株価指数のこと。東京証券取引所第一部上場会社の株価の時価総額を指数として表した数字

紙の株券はなくなった

証券取引の多様化とグローバル化で、従来は紙の株券を実際にやりとりしていたものが2009年1月に一斉に電子化された。膨大な事務管理手続きやコストが削減され、株式売買後の決済時間も短縮された

株を売買する場所は証券取引所

東京をはじめ全国4ヵ所にある証券取引所で株の売買がされています。証券取引所もれっきとした株式会社です（2013年7月に東京と大阪は経営統合）。

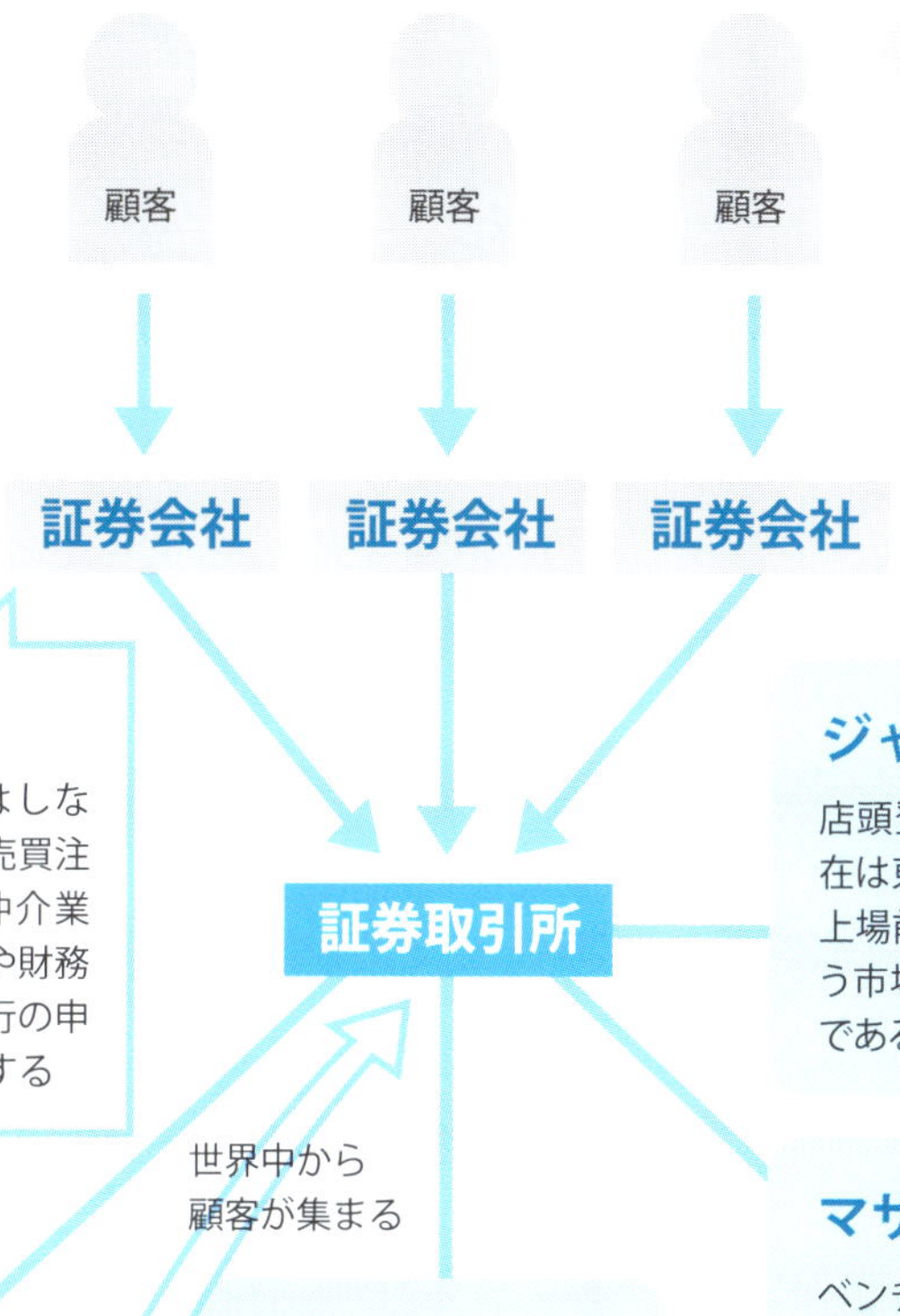

手数料がかかる

証券会社を通して株を売買したときには手数料がかかる。取引回数などの条件によって手数料が変わることも。インターネット証券会社は総じて手数料が割安

証券会社

銀行と違い預金や貸し付けはしない。顧客からの株式や債券の売買注文を証券取引所に取り次ぐ仲介業務がメイン。企業の資産運用や財務相談に乗ったり、新規株式発行の申請や売り出しなどをサポートする

ジャスダック

店頭登録市場としてスタート。現在は東京証券取引所が運営。主に上場前の新興・成長企業の株を扱う市場。アメリカの新興成長市場である「ナスダック」になぞらえた

マザーズ

ベンチャー企業を対象にした東証の市場。上場基準がゆるく、設立間もない赤字企業でも上場可能。情報通信やサービス系企業が多い

第一部

日本を代表する会社、いわゆる大企業の株が取引されている市場。設立年数や時価総額、流通株式数、純資産などの上場基準はひじょうに厳しい

第二部

東証に新規上場させたい会社がまず上場する市場。時価総額、流通株式数、純資産などの上場基準は第一部に比べると、ややハードルが低い

「上場《じょうじょう》」とは市場に出ること

未公開の株を証券取引所に公開して、誰でも売買できるようにすることを「上場」という。会社は上場によって、資金調達が可能になる

証券取引所で株が売買される

東京証券取引所（東証）の場合、市場には、第一部、第二部、マザーズ、ジャスダックの四種類があります。一般に「株を売買する」というのは、これらの市場に公開された株を売買することです。

なかでも東証の売買システムは二ミリ秒＊で注文応答できる世界最高レベル。世界経済の中枢《ちゅうすう》を担う証券取引所のひとつです。

＊ミリ秒＝1000分の1秒

ハイリターンの投資はハイリスク

お金を増やそうとして、株以外の金融商品に投資を考える人もいるでしょう。大損をしないよう、基本的な知識が必要です。

投資にはプロ集団がある

投資家から集めた資金で証券などの金融商品に投資して、値上がりや売却の利益、配当金を投資家に分配する「基金」がファンドです。もっとも身近なものは証券会社などが扱う投資信託でしょう。

投資家には、一般の個人のほか、保険会社や銀行、年金基金など、「機関投資家」と呼ばれるプロ投資家がいます。

投資家

機関投資家
プロの投資家

個人
一般の人

資金の運用は、ファンドマネージャーがおこなう

金融商品の購入には手数料が必要。利益より手数料が高くなることもあるので要注意

ヘッジファンド
ヘッジとは避けるという意味。大金持ちや一部の機関投資家から資金を集め、リスクを避けながら莫大な利益を狙うファンド

ヘッジファンドを扱うマネージャーの個人や集団じたいを、ヘッジファンドというようになってきた

ファンド
みんなのお金で投資をする、大元の存在。今では、金融商品じたいをファンドというなど、意味が広がっている

金融商品の例

- 外国株などの証券
- 日本の株などの証券
- 先物取引
- 外貨預金
- 不動産

高リターンだが高リスク

超低金利が続く日本での預金に比べ、外貨預金は高金利が魅力。しかし、為替の変動で大損をしたり、金融機関の破綻でもペイオフが適用されないリスクも。また、外貨を売買する投資のＦＸ（外国為替証拠金取引）はハイリターンだが、たいへんリスクが高く、一般の投資家にはすすめられない

将来を見越して取引

先物とは将来の売買価格をあらかじめ決めて契約する取引。例えば、戦争などで将来、原油が不足するだろうと見込んだら、原油先物市場に投資する

海外旅行の際の両替も、円を売って外貨を買っていることになる

外国とのお金の売買

投資や貿易の決済資金の両替のために、自国の通貨と他国の通貨を交換する取引を外国為替《かわせ》（外為《がいため》）と呼びます。

銀行や貿易関係などの企業

¥（円）　$（ドル）　€（ユーロ）

外国為替市場

証券市場のような「取引所」は存在しない。銀行と銀行の間のインターバンクや外為ブローカーと銀行の間で、世界中で24時間取引されている

為替レートに注目

通貨の交換比率を為替レートという。変動相場制の為替レートの場合、その国の最新の経済状況、金利、経済を支えるファンダメンタルズ（経済の実情）で変動が発生する

変動相場制

通貨取引をする当事者間の需要と供給によって為替レートが自由に変わる。先進各国で採用されている

固定相場制

通貨の交換比率を一定の為替レートで固定。日本も1973年まで1ドル360円の固定相場制で輸出産業を成長させた

中国の通貨である人民元は、中国共産党の意を受けた中国人民銀行がレートの変動幅を決める管理変動相場制

仮想通貨は投資目的？

仮想通貨はインターネット上にしか存在しない「お金」。利用する人は、ネット上の仮想通貨取引所に口座を開設します。

投資として利用する人が多いようですが、価格の変動が激しく、取引所の倒産、資金流出など危険性も高いのです。しかし、世界共通の通貨ですから、今後は投資以外の使い方に変わっていくかもしれません。

カードで買うのは借金と同じこと

手元に現金がなくても買い物ができるクレジットカードは便利。ただし、しくみを理解していないと危険です。

カードで買うといっても

現金を支払わない「カード払い」。出費をしたという感覚が薄いため、つい使い過ぎてしまうケースもあるので注意が必要です。

あとで代金が落ちる

クレジットカード

カード加盟店で買い物をすると、加盟店契約会社が代金を立替払いする。その後、約１ヵ月遅れてカード発行会社から利用者に請求があり、口座から代金が引き落とされるしくみ

すぐに代金が落ちる

電子マネー

事前にお金をチャージする非接触型ＩＣカード、おサイフケータイ、キャッシュカードで決済するデビットカードなど。現金の代わりに使え、その場で代金の支払いが完了する

Edy

Suica

PASMO

クレジットカードで購入した際のサインは、借用書にサインするのと同じこと

カードで支払いも キャッシングも「借金」

カードで借金なんてしたことがない、という人でもクレジットカードで買い物をしていることは少なくありません。じつは、あまり意識されていませんが、カードで支払いをすることは「借金」をしているのと同じ。簡単にいえば、カード会社が立て替えてくれていて、あとから、立て替えてもらったお金を「返済」していることになるからです。

カードの便利さに慣れてしまった人のなかには、カードローンでのキャッシングも、気軽に利用する人も。気がついたら利子の支払いばかりで、元金が減らなくなっているケースもあります。

ノンバンクは利息が高い

ノンバンクは貸し出しだけをおこない、「銀行ではない」という意味。銀行よりも手軽に借りられますが、返せない人のリスクまで含めた高い金利を払うことに。

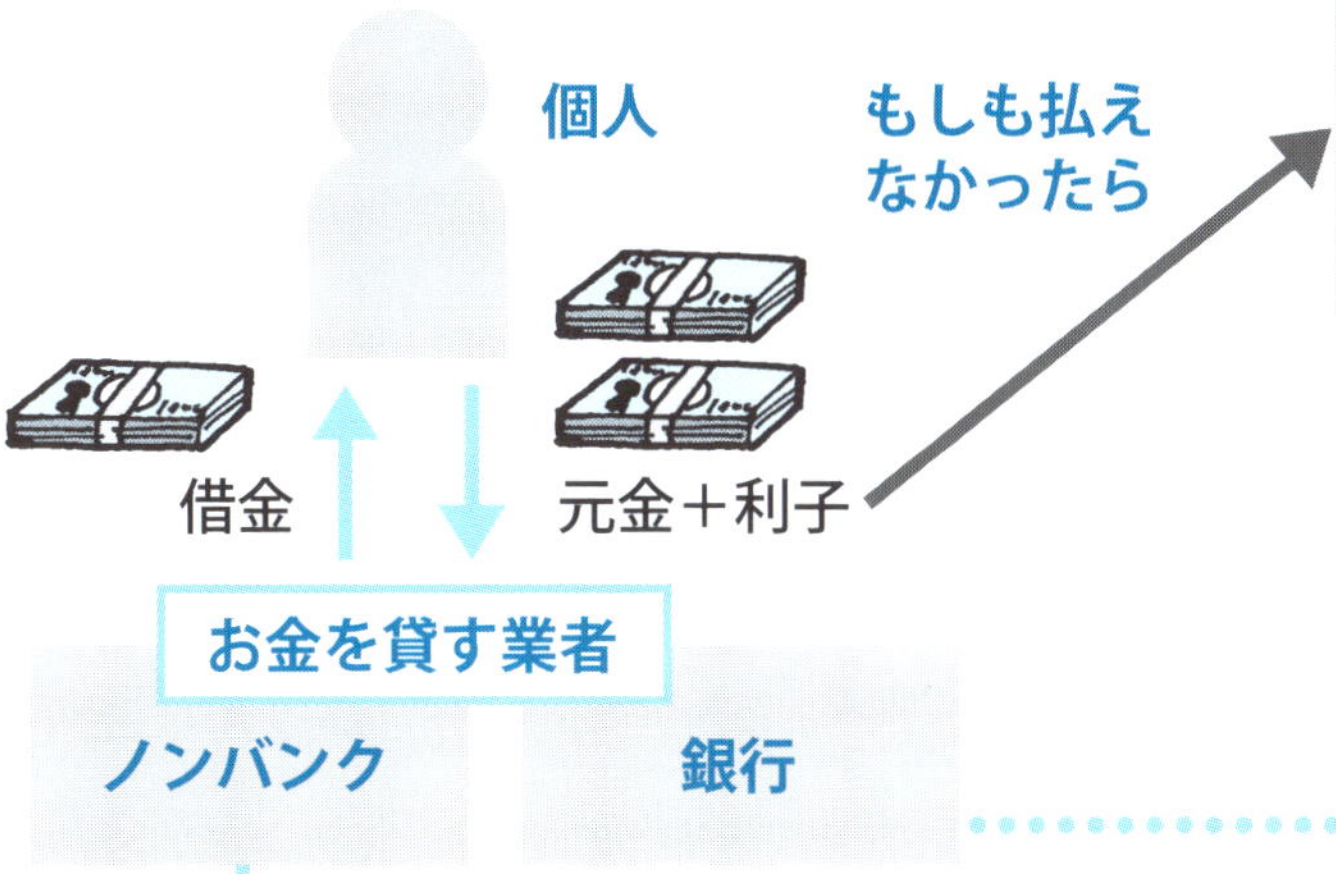

担保《たんぽ》をとられる

金融機関から、まとまった額の融資を受ける場合、多いのが建物や土地などの不動産を「担保」とするケース。担保とは、万一、債務の支払いが不可能になったときに代わりに弁済するためのもの。不動産はそれだけ価値が高い

銀行も消費者金融を始めた

「低金利で調達した資金を使って、銀行よりも金利を高くして貸せば儲かる」。そう考えた銀行が消費者金融会社と提携して消費者金融事業に乗り出した

クレジットカード会社

利用者にあらかじめ信用を供与（クレジット）して、利用者が買い物をした代金を立て替えるカードを発行

信販会社

商品やサービスの代金を立て替え、利用者に後から請求する割賦《かっぷ》販売法に基づいた信用販売をおこなう

消費者金融

個人向けの50万円程度までの小口融資をする貸金業のこと。テレビCMなどで手軽さを強調している

お金を借りる人を守る法律がある

●グレーゾーン金利の廃止

貸金の利息は法律で上限が決まっています。ところがその法律が二つあって、上限が違っていました。消費者金融では、その間なら自由に金利を設定でき、これをグレーゾーンといいました。今は法律が変わり、グレーゾーンはなくなりました。

反面、消費者金融は経営難。手軽にキャッシングできることを宣伝しています。

●借入額の限度がある

手軽さにひかれて消費者金融から借金を重ね、自己破産する人が増えています。

多重債務者（多額の借金をかかえている人）への対策として、無担保で借りる金額の総合計が、原則として年収の三分の一までに法律で規制されました。限度額には、クレジットカードでのキャッシングも含まれます。

お金の払い方、借りたお金の返し方

カードでの買い物やキャッシング、ローンなどでのお金の払い方と返し方には、いろいろなルールや方法があります。

借りたお金のレンタル料を払う

DVDなどモノを借りたら、レンタル料を払います。お金も同じこと。借りたお金（元金）にレンタル料である利子（利息）をつけて支払います。車や住宅のローンのように、多額のお金を長く借りれば、利子もその分、たくさん支払うことになります。

カードでの買い物も、お金を借りたことになるので、何回かにわたって支払っていこうとするなら、その分、利子を多く払わなくてはなりません。分割払いの手数料もかかります。支払い方法を決める際には、毎月の支払い額だけでなく、トータルの額を考えて決めるようにします。

ローンの返済方法

まとまったお金を借りて、ローンで支払っていく場合は、返済期間が20年、30年の長期にわたります。ローンの支払い方には、２通りあります。毎月返済する元金を同額にするか、毎月返済するトータル金額を同額にするかの違いです。

元金を一定に減らしていく

元金均等

毎月、一定額の元金に利息を加えて返済する払い方。当初の返済額は大きいが、元金が早く減り、トータルの返済額は小さい

毎月同じ金額を支払っていく

元利均等

毎月、元金と利息を合計した額を一定にする払い方。当初の返済額は元金均等より小さいが、トータルの返済額は大きい

元金均等は、最初の上りが大変だけれど、徐々に楽になる

カードの返済方法

カード払いには、１回で支払いをすませてしまう一括払いと分割払いやリボ払いがあります。高価なものはリボ払いで、と考える人が多いようですが、じつはもっともトータルの返済額が大きい支払い方法です。

１回で払う

複数回で払う

一括払い

買い物をした翌月に、すべての代金の支払いをすませる。利息もかからず、健全な方法。ボーナス一括払いも同様に、利息がかからない

分割払い

支払い回数を決め、代金をその回数で割って支払う。毎月支払う金額に一律の手数料が加算される

リボ払い

あらかじめ設定した一定額を毎月返済する払い方。リボルビング払いの略称。手数料は元金の残り金額をもとに計算する

注意！

できないことも

カードによっては、一括払いが組めないものもある。カード払いを申し込んだ時点で、自動的にリボ払いになるものもあるので注意

注意！

もっとも利子を払うことに

一見、毎月一定額の支払いなので、負担が軽いように感じる。しかし、元金がなかなか減らず、結局、利子を含めた支払いを長期間することになる

企業間でのお金の支払い方

企業の場合、支払いは主に銀行振込です。現金そのものを持って歩くことは基本的にありません。他に、手形や小切手という決済方法があります。記載された金額を振出人が受取人に支払います。

手形

○年○月○日までに○○円払うことを約束した用紙。正しくは約束手形という

小切手

支払い金額が書いてある用紙。出された日（振出日）の翌日から10日以内に換金する

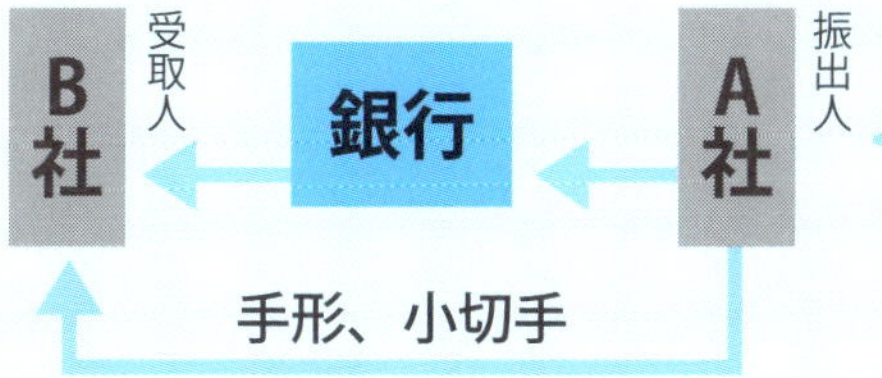

当座預金をしておく

手形や小切手を振り出すのは、銀行にある当座預金から。当座預金の開設には、金融機関の審査が必要

倒産したとき裁判所が面倒をみてくれる!?

企業の倒産は、経済に与える影響も大きいものです。そこで、国は法的な支援や救済制度を設け、倒産を防いでいます。

倒産

取引先への支払代金や借入金などを債務《さいむ》といい、支払いが不能になった状態が債務不履行《ふりこう》、つまり倒産です。

資金繰り悪化、手形不渡り

↓

金がない！　倒産

↓

裁判所に申し立て

取引先や銀行からの催促にもちこたえられない

会社更生法

倒産した企業が裁判所に会社更生手続開始を申し立て、認められると、裁判所から管財人が指名され社長に代わって会社再生をおこなう。その場合、債務の減額などで債権者や株主の権利は制限され、会社再建に重点が置かれる

民事再生法

法人個人を問わず裁判所に民事再生を申し立てることができる。経営者が会社にとどまって再建にあたれるのが特徴。会社更生法に比べ、手続きが簡略迅速で株主の権利も制約を受けないため、中小企業の再建に用いられる

倒産を防ぐ

社会や経済に影響の大きい倒産を未然に防ぐために、M＆Aや公的資金注入がおこなわれることがあります。

M＆A

合併と買収。グローバル化した経済や市場に対応するため、資本力の増強や、事業統合によって経営を合理化、強みのある製品を持つ経営不振企業の株式を取得する

公的資金注入

自己資本比率が低下した金融機関や、債務超過になった第三セクターなどの企業に、国が税金をもとにしたお金を注入して倒産を防ぐ。他の株よりも利息配当を優先して受けられる優先株式を発行させ買い取る方法もある

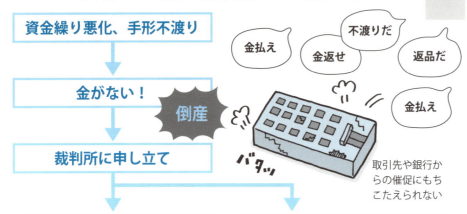

自己破産

多大な債務、つまり多くの借金で行き詰まって支払えなくなった会社や個人は自己破産に陥ります。救済する制度がありますが、制約もあります。

多重債務、カード破産

↓

裁判所に申し立て

債務者が、裁判所に破産手続開始の申し立てをする。裁判所が認めると「破産手続開始の決定」をおこなう

↓ **自己破産**

免責

裁判所は、債務者が本当に支払い不能なのかを審理し破産を宣告する。債務者に財産があるなら破産管財人が債権者に分配する。終了後に残りの債務を免除される「免責」を申し立て、認められると、税金などを除いて債務がゼロになる

例外

ギャンブルや浪費のための借金は、免責が認められない

借金を支払わなくてはならない個人や会社を債務者という。借りたお金以上に利息に苦しむ

個人も企業も出直しのチャンスが

多重債務に苦しむ人が、収入から最低限の生活費を引いた額で債務を三年以内に分割返済できない場合、破産が宣告されます。さらに免責《めんせき》を受けて債務をゼロの状態にし、再出発のチャンスを与えるのが自己破産制度の目的。免責を受けたあとに得た財産は自由に管理できますが、ローンやクレジットには制限がかかります。

デフォルトは国の破算のこと

国家が破産することを、デフォルト（債務不履行）といいます。近年では、二〇〇一年にアルゼンチンが、二〇〇八年にエクアドルが、デフォルトを宣言。二〇〇九年にはギリシャで政権交代に伴って、隠されていた財政赤字が発覚して財政危機に陥り、EU全体に影響が及びました。

かつて日本も、戦争による財政破綻《はたん》を経験しています。

私たちは国にも地方自治体にも税金を払っている

納めることにばかり意識が向きがちな税金。じつは、国の運営や自治体の仕事など、幅広い分野で活用されているのです。

税がかかるもの

行政サービスの恩恵を受けるものに対する税金、個別に負担する能力に応じて課せられる税金の２つがあります。

所得とは収入のこと

所得

高所得者から多くの税を徴収する累進課税《るいしんかぜい》というシステムで税金がかかる。申告納税と源泉徴《げんせんちょうしゅう》収方式がある（→ P110、112）

財産

もっている不動産、また、財産を相続や贈与されたときに税金がかかる。国内に住所がある場合、取得した財産が国外にあってもすべて課税対象

土地や家は不動産という

酒には消費税のほか酒税もかかる

購入・消費

消費税、酒税、たばこ税など。消費税は所得の高低にかかわらず同じ税率なので、所得が少ないほど税負担が高くなるという批判も

温泉旅館の露天風呂でゆったりのんびり。でも入湯税がかかっている

住民税は所得税のひとつ

住民税は、住所があることへの税金と思われがちですが、じつは、都道府県や市区町村が前年の所得に対して課す税金です。

住民税の課税基準となるのは一月一日現在の住所地。各市区町村が勤務先から提出された給与支払報告書や確定申告書に基づいて住民税額を計算します。

ビジネスパーソンの場合、六月から翌年五月にかけて給与から天引き（特別徴収）されるので、自分で納付している実感がないかもしれませんね。

また、「ふるさと納税」は、住民税を納める自治体を自分で決められる制度です。自分の故郷や自然災害の被災地などに納税（制度上は寄付）できます。

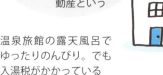

税について私なりに考えました

直接税と間接税

税金の納め方で納税の実感があるのが「直接税」。自分が直接納めないため実感が低いのが「間接税」です。

税負担者

直接税

所得税、法人税、住民税、事業税など。税金を負担する人が直接に税金を納めるもの

間接税

消費税や酒税、たばこ税など税金を負担する人と納める人が違うもの。年々、間接税比率は上昇

納税者

納　税

国税

所得税、法人税、相続税、贈与税、消費税、酒税、たばこ税など

地方税

住民税、事業税、固定資産税、都市計画税、地方消費税など

みんなが出したお金が社会全体に使われる

災害の多い日本では、救援や復旧・復興にお金がかかります。社会の維持に欠かせない警察官や消防士も個人では雇いきれません。

そこで個人では負担できない費用を、みんなが税金として出しあっているのです。税金の使い道を決める政治家や官僚、行政サービスをおこなう公務員の給料も、もとは税金。ですから、その職務はとても重いものだといえます。

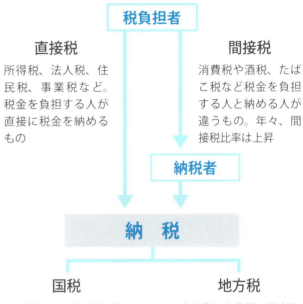

収入の多い人ほど たくさん払う税のしくみ

税のかけ方は一律ではなく、その人の税金を払いきる力を収入などからみて、公平になるようにしています。

配偶者と扶養《ふよう》家族

配偶者と扶養家族*は、混同されることがありますが、別。所得税法上での控除対象となる要件がそれぞれ定められています。

配偶者

夫あるいは妻のこと

民法の規定による婚姻《こんいん》（入籍）をした相手。夫の場合、男性配偶者。妻の場合、女性配偶者という

扶養家族

養ってもらっている家族

納税者と生計をひとつにする配偶者以外の家族（親族）で年間の合計所得金額がないか少ない者。子、両親など

配偶者であり扶養家族

納税者と婚姻して生計をひとつにする者で、年間の合計所得金額がないか少ない者。パート勤務の妻など

身近な税金は所得税と消費税

税金は、日本国憲法第三〇条で「国民は、法律の定めるところにより、納税の義務を負ふ」と定められているように、国民みんなが負担するものです。

税の課し方は各人の事情に応じて公平にすることを基本にしています。所得税では所得が高い人ほど多く（累進課税）、消費税では平等に同じ税率を負担してもらい、バランスよく税金が集められるしくみになっているのです。

ただ、日本では直接税だけでは国の財政が厳しくなる一方で、限界があることから、消費税などの間接税を増やしていくことがテーマとなっています。

消費税 10%でも低率

上昇しつづける社会保障関係費で日本の財政は危機的状況。そうしたなか、消費税10%がひとつの目安になっていますが、高福祉政策の各国からみるとまだ低い水準。10%以上の増税でも年金制度の安定、子育て支援などで還元されれば、実質的には負担は少ないといえます。

主な国の消費税率（%）

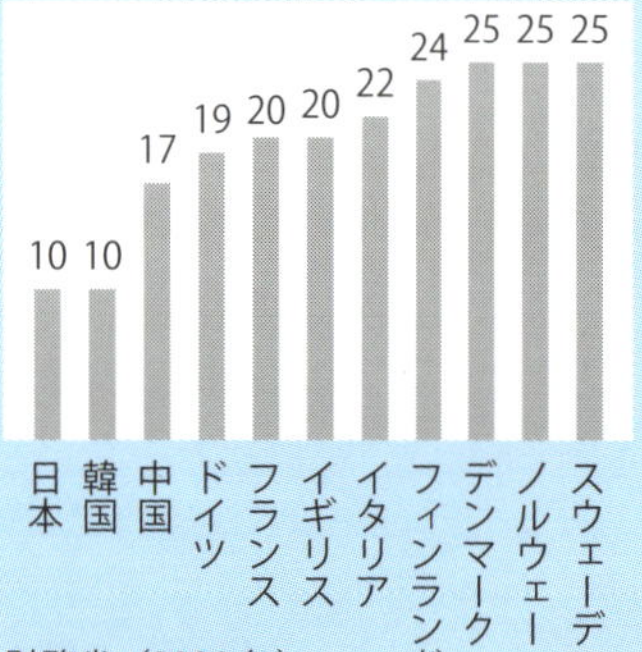

財務省（2020年）

＊税法上では、扶養親族という

所得税に考慮される事情

同じ所得額でも病気をしたり、扶養家族が多いなど、個人の事情に応じて税額が控除されるしくみがあります。

同じ年収 300 万円でも

家族を養っている人 → **扶養控除**

病気がちの人 → **医療費控除**

それぞれの事情が考慮される

家を買ったばかり
家のローンがある
医療費がとてもかかる
扶養家族が多い

↓

年末調整／勤務先で

もしくは

確定申告／税務署へ
(→ P110)

↓

税金が安くなる

同じ独身者でも

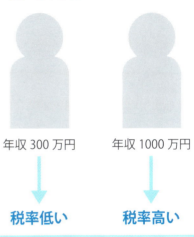

年収 300 万円 → **税率低い**

年収 1000 万円 → **税率高い**

所得額が考慮される

みんなが一律の税率だと低所得の人は負担が大きい。そこで、所得額に応じて税率が違う。累進課税というしくみ

ビジネスパーソンは年末調整がある

ビジネスパーソンの所得税は、給料や賞与から見込み額を天引きされています。しかし、実際には一年のうちに給料の変動や扶養家族の異動があるので、年末に本来の年税額と精算します。これが年末調整です。

生命保険料などの控除も、このとき精算されるので、保険会社から送られてくる控除証明書を会社に提出します。

なお、医療費控除は年末調整ではなく、ビジネスパーソンでも確定申告でおこないます。

企業の業務内容によって税率が違う

課税される収入を課税所得といいます。法人も個人と同じように、課税所得に対して税金が課せられます。

会社にかかる税金

会社も法人という人格とみなされ、法人税という所得税や事業税、住民税、固定資産税などを支払っています。ただし、法人の種類によって、税率が違います。

売上（収入） － かかったお金 ＝ 儲け（課税所得）

経費など

利益を得るためにかかったお金は、経費として、引いてよい。工場の設備や建物購入は高額だが、耐久年数に応じて割り、毎年計算に組み込む。これを減価償却という

例外

1 交際費は引き算できない。無駄遣いをなくすためだ。ただし、社外関係者との1人あたり5000円以下の飲食費は書類があれば交際費にはならない。
2 土地は減価償却できない

これをもとに税率を計算する

年間の所得金額によって、税率が決まる

法人税

税率：高 → 低 → なし

- 資本金1億円超の大企業
- 公益法人でも所得が多いと税率は高い
- 資本金1億円以下だが所得の多い企業
- 所得の多い学校法人や宗教法人、医療法人、共同組合など
- 資本金1億円以下で所得の少ない企業
- 所得の少ない学校法人や宗教法人、医療法人、共同組合など
- 地方自治体やＮＨＫなどの公共法人

ここでいう所得とは年間の課税所得のこと。基準となる金額は2021年4月現在800万円

＋

法人住民税

事業所のある都道府県、市区町村に対して税金を納める。赤字の場合でも、一部の法人住民税は納めなくてはならない

法人事業税

法人が事業活動をおこなう場合、なんらかの行政サービスを受けるので、その分としても、事業所のある都道府県に事業税を納める

事業年度で計算

各法人の決めた事業年度で計算する。赤字の場合、法人税はゼロのうえ、次の年度に繰り越せる

今月は決算月だ

事業年度は企業によって自由に決められる

国へ法人税を納めるほか自治体にも納める

法人が納める税金は国への法人税と、地方税として法人事業税、法人道府県民税などがあります。さらにモノを売ったときに預かった消費税も納税しなければなりません。

現在、国の税収で一般会計に占める法人税の割合は所得税、消費税について三番め。それでも約十一兆円ほど（令和元年度）あり、重要な財源です。

印紙を貼ることで納税

法人が事業をおこなううえで契約書や領収書、手形などを作成する際、取引が一定の額以上になったら、印紙を貼る決まりだ。郵便局などで販売されている収入印紙を文書に貼り、割《わ》り印《いん》をする。これで印紙税として納税していることになる

法人税収の推移

景気低迷と法人税率の引き下げにより、法人税収はなかなか増えない

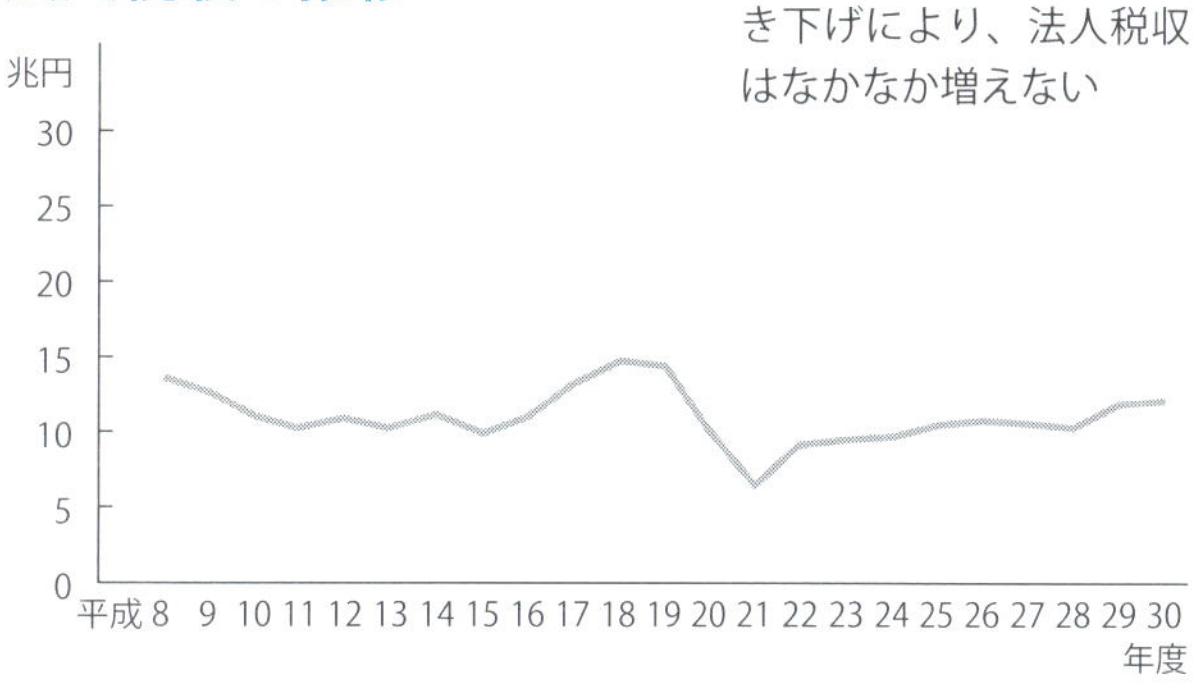

財務省（平成30年度は見込み）

法人税だけでなく人件費の安さも海外進出の魅力。だが、技術が流出して、結局自分の首をしめる心配も

日本の法人税は高い？　低い？

日本は、アメリカやイギリスなどと比べると、法人税率の高い国です。企業にとって、法人税率は低いほど助かるので、工場や研究開発拠点、本社までも海外に移転するケースが少なくありません。

しかし、国内の企業が消滅すると、雇用がなくなります。関連会社の仕事も減り、地域人口が減って地域商店などの売上も低下。地方自治体の税収も減少します。技術力が海外に出ていってしまうという影響も。

日本は徐々に法人税率を下げて、国際競争力を高めようとしています。ところが税収が減ることに……。また、諸外国も、法人税率を下げる傾向にあり、国際競争は激化しています。

申告された前年の収支によって税金が決まる

所得税額を確定させるために、前年一月一日から一二月三一日までの課税所得を集計し、納税額を申告するのが確定申告です。

年度末に収支を税務署に報告する

所得税や住民税などの税額は、前年の課税所得をもとに決まります。そこで必要なのが確定申告。確定申告書を作成し、各種の控除適用額と所得、支出、納めるべき税額を計算して申告します。

ビジネスパーソンでも、二千万円を超える給与所得があった人や不動産賃貸などの副収入、二カ所以上から給与を得た人は確定申告が必要です。また、災害などで家財に損害を受けたり、一定額以上の医療費がかかったり、住宅ローン控除などを受ける場合も、確定申告をすると税金が戻ってきます。

脱税、申告漏れは厳しくチェックされる

確定申告書などの税務書類の内容が正しいかどうか、申告漏《しんこくも》れはないかなどをチェックするのが税務調査です。故意の所得隠しか、誤った申告かを問わず調査がおこなわれます。

悪質なものは国税通則法《こくぜいつうそくほう》に基づいて強制調査がされますが、それ以外の任意調査でも拒否することはできません。

個人の場合でも副業で大きな所得があったり財産相続をしたりした場合は調査対象になることも。顧問税理士がいれば立ち会ってもらうのがベストです。

数年ごとに、税務署から税務官がやってくる

相談するなら

日本の税法は毎年といっていいほど細かく変化しています。正しく確定申告をするには税の専門家のアドバイスが有効でしょう。

公認会計士

決算書などの財務書類の作成や監査、経営コンサルティングなど、企業の財務・会計に関する専門家。税理士登録をしている公認会計士は税理士として、税務申告書の作成もできる

税理士

税務の相談から税務書類作成、税務の代理などをおこなう税の専門家。節税の相談にものってもらえる。間違った節税法で、あとから税務署に否認されたり追徴《ついちょう》課《か》税《ぜい》されないようにしたい

青？ 赤？ 黄？

申告して納税

所得税などの国税は、納税者が自ら税法に従って所得や税額を計算し、申告方法を選ぶ申告納税方式です。

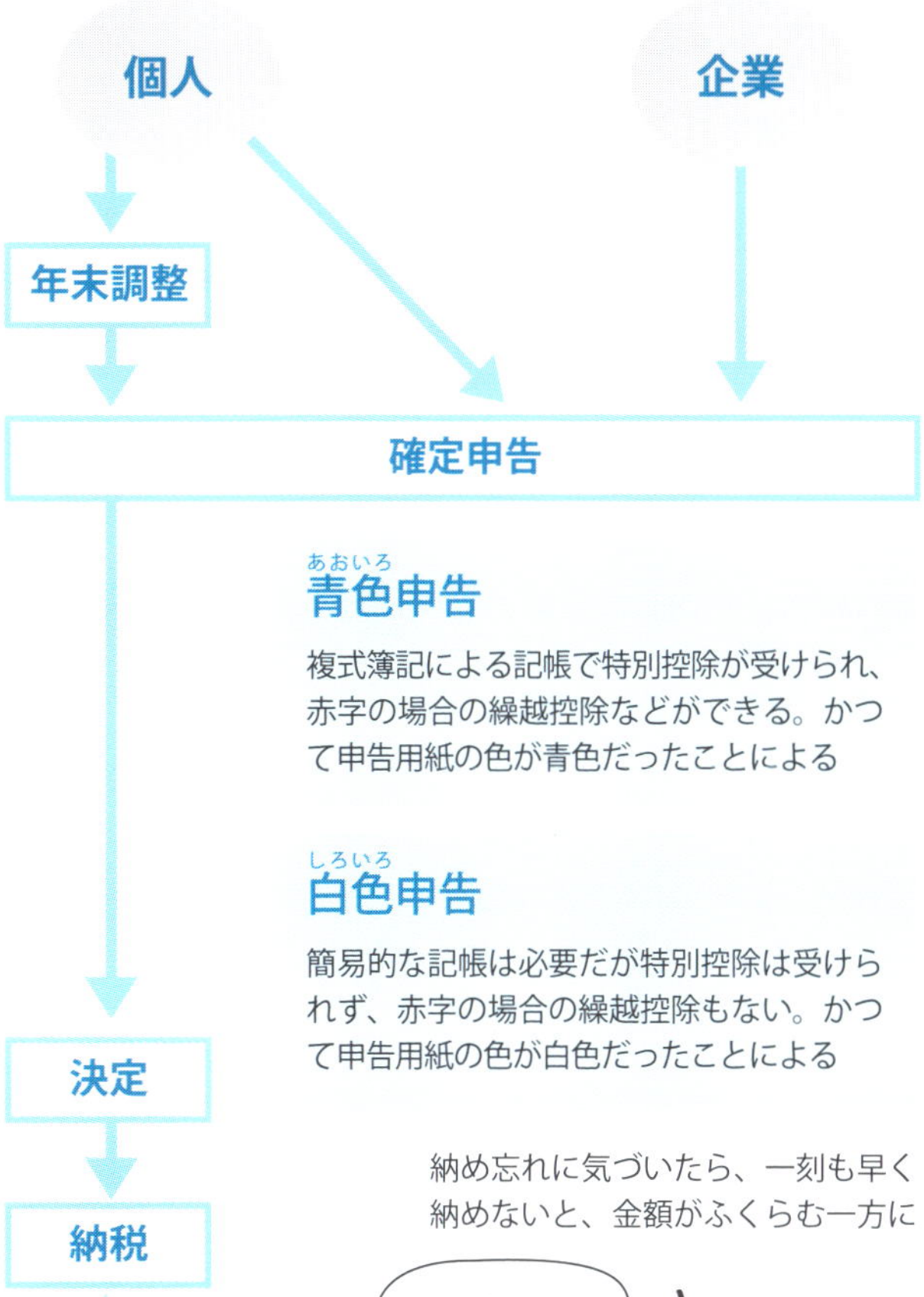

納め忘れに気づいたら、一刻も早く納めないと、金額がふくらむ一方に

納めないと延滞金がつく

期限までに納税しないと加算税、利子税、延滞税などの附帯税が本来の税額にプラスされるので要注意。とくに延滞税は罰金的な性格のため税率が高い

給与明細をみて「天引き」に驚かないように

手取り額だけに注目しがちな給与明細書。よくみると、さまざまな控除があり、税金も天引きされていることがわかります。

「手取り」と「額面」は大違い

入社前に知らされていた給料の額を楽しみにして、いざ初給料の明細をみてみると、金額が違う。

そのわけは「額面《がくめん》」の金額から、会社が引いているお金があるからです。大きくみると二つ。健康保険・厚生年金・雇用保険などの社会保険料と、所得税・住民税などの税金です。会社が代わりに払ってくれている証拠なので安心しましょう。このほか、財形貯蓄など会社に申し込んだものが控除されています。

源泉徴収票の見方

源泉徴収票《げんせんちょうしゅうひょう》はビジネスパーソンにとっての確定申告書の写しです。年末調整後に確定した税額や、すべての控除を計算した1年間の所得金額が記載されています。

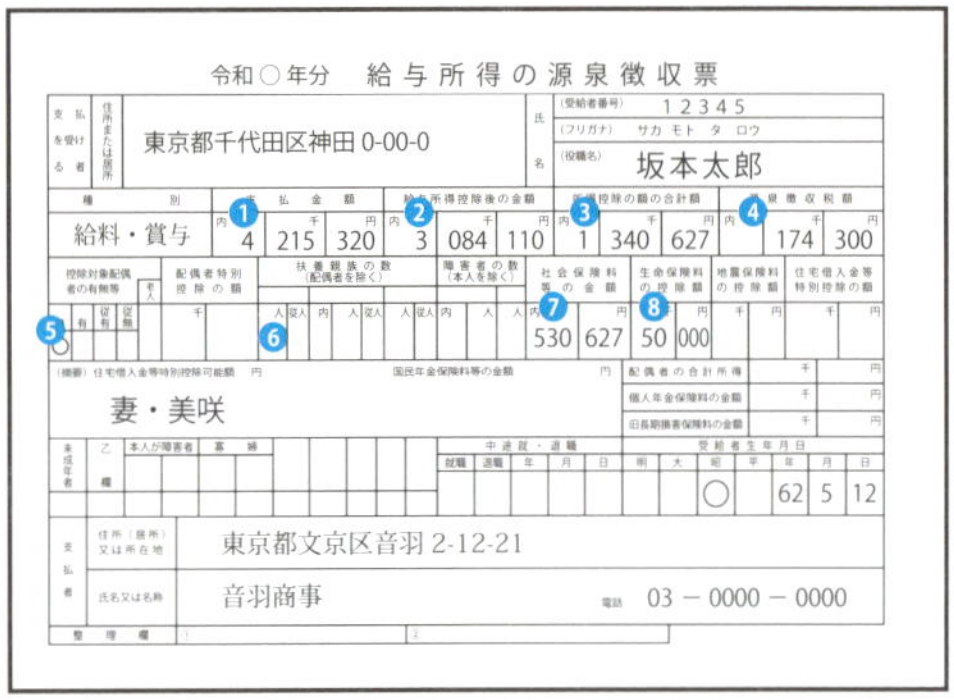
令和○年分　給与所得の源泉徴収票

支払を受ける者　住所または居所　東京都千代田区神田 0-00-0
氏名　（受給者番号）12345　（フリガナ）サカ モト タ ロウ　（役職名）坂本太郎

種別	支払金額 ❶	給与所得控除後の金額 ❷	所得控除の額の合計額 ❸	源泉徴収税額 ❹
給料・賞与	4 215 320	3 084 110	1 340 627	174 300

控除対象配偶者の有無等 ❺	配偶者特別控除の額	扶養親族の数（配偶者を除く） ❻	障害者の数（本人を除く）	社会保険料等の金額 ❼	生命保険料の控除額 ❽	地震保険料の控除額	住宅借入金等特別控除の額
○				530 627	50 000		

（摘要）妻・美咲

受給者生年月日　昭 ○　62年 5月 12日

支払者　住所（居所）又は所在地　東京都文京区音羽 2-12-21
氏名又は名称　音羽商事　電話 03 − 0000 − 0000

❶ 税込みの給与所得の合計金額
❷ 支払金額から必要経費を引いた金額
❸ 扶養している配偶者がいたり、個人で加入している生命保険があると、所得から控除される。基礎控除は、一律に控除される額
❹ ❷から❸を引いた額が課税所得金額となる。その結果の所得税の額
❺ 扶養している配偶者（夫か妻）がいる場合
❻ 子どもや両親など、配偶者以外の扶養家族
❼ 年金や保険など法定控除。天引きされている額
❽ 個人で支払っている保険料

入社二年めに手取りが減る⁉

都道府県や市区町村が前年の所得に対して課すのが住民税。新卒入社の場合、新人一年めは前年の所得がないので住民税ゼロ。二年めの六月の給料から前年の所得に応じて住民税の天引き（特別徴収）が始まります。二年めに手取りが減るのは、そういうしくみです。

手取り額をみてガックリしないよう覚悟を

給与明細書（例）の見方

給与じたいは振り込まれるので、給与明細書は別途、受け取ることになります。自分の給料の明細だけをみるものではありません。税金や社会保険料など、社会を支えるための負担をしていることの明細書でもあるのです。

支給	基本給	200,000	社員募集のときに明示された金額。毎年、定期昇給の金額分が上がっていくはず
支給	家族手当	7,500	養っている家族がいる場合の手当金。税金の控除とは別に、会社が決めている諸手当のひとつ。この項目がない会社もある
支給	住居手当	5,000	アパートを借りている場合などに、会社から支給される諸手当のひとつの例
支給	役職手当	0	係長、課長など、役職につくと、手当金が支給されることが多い
支給	時間外手当	16,600	残業や休日出勤などの手当
支給	通勤費	6,240	定期券として支給される会社もある
支給	支給合計額	235,340	いわゆる「額面」の収入金額
控除	非課税額	24,108	下記４項目の合計額
控除	厚生年金	14,496	厚生年金は会社と個人が折半《せっぱん》なので、同額を会社が出している
控除	健康保険	8,200	健康保険証を持って病院に行くと、一定割合の窓口負担金を支払うだけで受診できる
控除	介護保険	0	
控除	雇用保険	1,412	失業しても求職している間、保険金が受け取れる
控除	課税対象額	204,992	支給合計額から非課税額と通勤費を除いた金額。この金額をもとに税金額が計算される
控除	所得税	4,200	その年の所得額の見込みで税金を払う
控除	住民税	8,000	前年の所得に対してかかる税金。天引きとならず、納付書が個別に郵送されることもある
控除	控除合計額	36,308	額面から引かれる金額
	差引支給額	**199,032**	この金額が「給料」として、あなたの口座に振り込まれる手取り額

要勤務日数 20　出勤日数 20
欠勤日数 0　時間外（時間）7.0

勤怠《きんたい》項目。給与計算のもとになった勤務日数・時間

このほか、財形貯蓄、社宅使用料、食事代など、会社が何に手当金を支給しているかによって、項目が違う

便利な納税システムだが

ビジネスパーソンの場合、会社が代わりに所得税の計算をして源泉徴収で税金を納めてくれる。税の計算にわずらわされることがなく便利な反面、納税をしている実感が低いのも事実。所得税減税があっても実感がなく、景気刺激策にもなりにくい

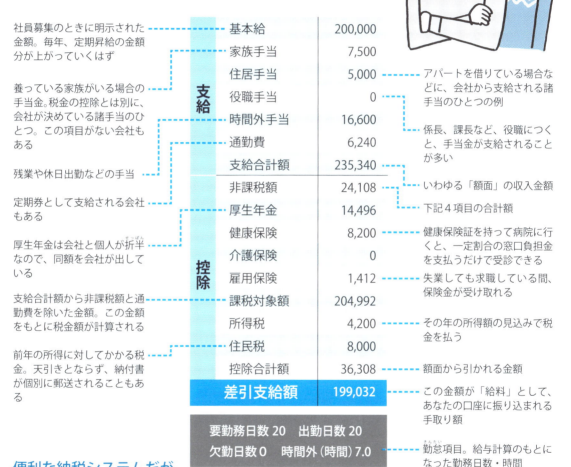

困ったとき国が守ってくれる 社会保障

憲法で保障された「生存権」に基づいて、国は国民が健康で文化的な生活が送れるよう、さまざまなしくみをつくっています。

社会保障

日本の社会保障制度は、社会保険、公的扶助《ふじょ》、社会福祉、公衆衛生・医療の４つの柱からなりたっています。それぞれ負担する人と保障を受けられる人に決まりがあります。

社会保険

全員
国民年金
20 歳以上 60 歳未満の全員負担
（→P116）

労働者
厚生年金
労働者、使用者双方が負担
（→P116）

40 歳以上
介護保険
40 歳以上が負担

公務員
共済組合
公務員と私立学校教職員が負担

労働者
雇用保険
労働者、使用者双方が負担

船員
船員保険
船員が負担

公衆衛生・医療

全員
健康保険
被扶養者以外の全員が負担
（→P118）

公的扶助

生活保護

社会福祉

児童福祉、母子福祉、老人福祉、障害者福祉、精神保健福祉など。社会生活を送るうえでなんらかの困難を伴う人を保護、援助、自立支援する

経済面や健康面で困ったときに助けあう

私たちが病気やケガ、体の障害、加齢などで働けなくなったとき、社会生活に支障が出たときに国が中心になって支えあうのが社会保障制度。国民皆《かい》保険制度も、そのひとつです。一方で、社会保障費の増加額を税金でどのように負担するかが課題になっています。

いつまで第２？

＊落下する人を助ける網のように、失業した人を守るしくみ

雇用を守るために

世界的な経済不況で雇用問題が深刻化。雇用は社会をなりたたせる基盤だけに、国は失業者の早期就労支援や雇用保険適用範囲拡大などのセーフティネット＊を強化しなくてはなりません。

雇用保険制度

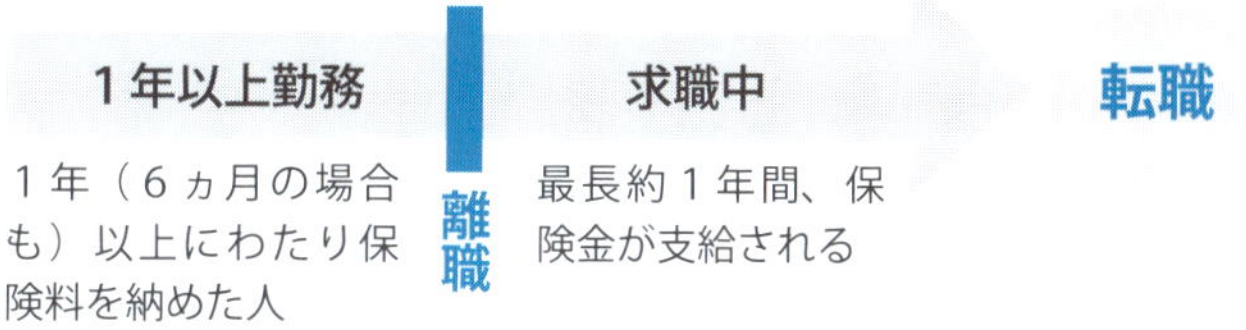

増える求職者

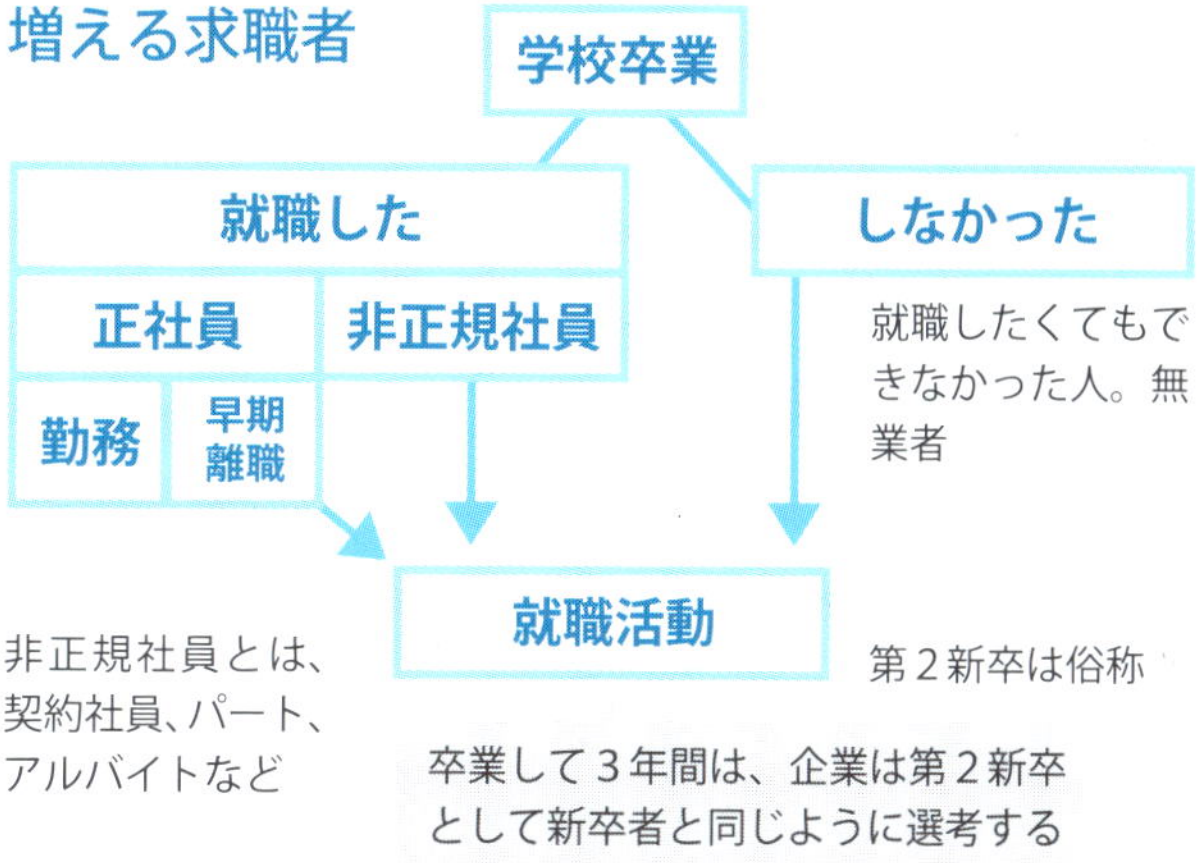

正社員と非正規社員の給料の差

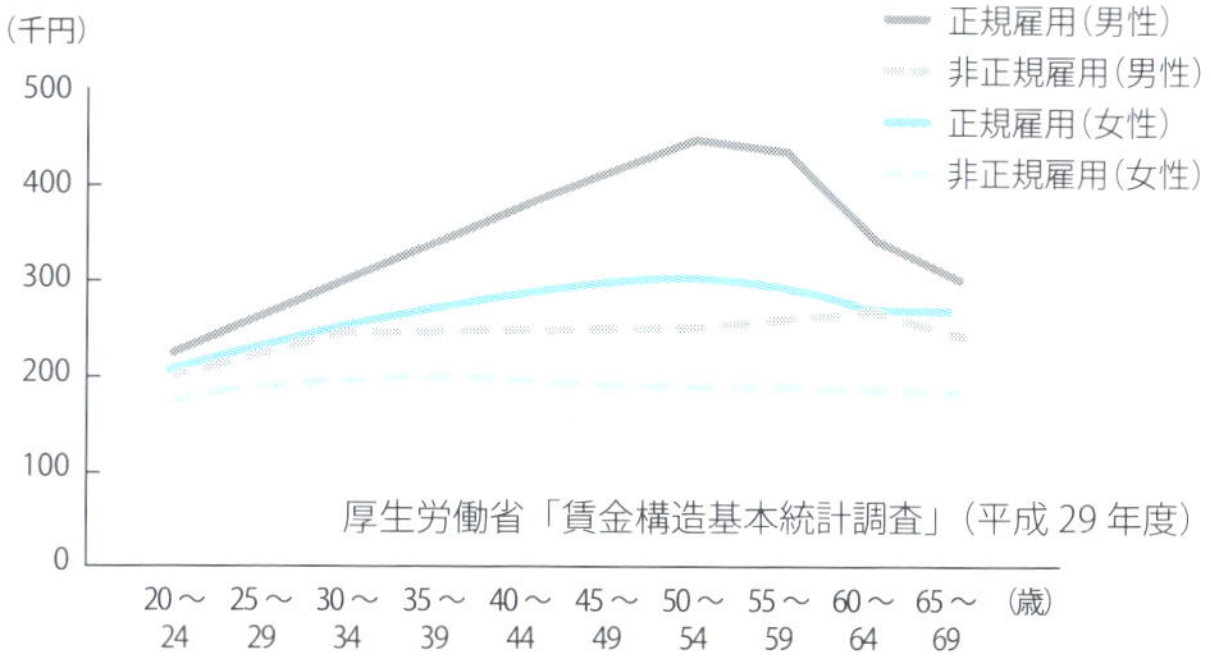

納めた金額が返ってくる制度づくりを

二〇歳以上の国民の誰もが毎月納めますが、現在の年金制度では、納めた金額分を将来受け取れるわけではありません。

年金制度は２階だて

日本の年金制度は、１階部分が基礎の国民年金。２階部分が給与所得者が加入する厚生年金の２階だてです。

2階

厚生年金

第２号被保険者と呼ばれる民間企業に勤める会社員などが加入する年金。労働者と雇用主が保険料を半分ずつ負担するのが特徴。１階の国民年金部分も合わせて受給できる

共済年金

第２号被保険者のうち国家公務員、地方公務員、私立学校教職員などが加入する年金。平成 27 年 10 月から厚生年金に統一。独自の職域加算という上乗せは廃止され、年金払い退職給付に

1階

国民年金

第１号被保険者と呼ばれる 20 歳以上 60 歳未満のすべての日本国民が強制加入となっている年金。第３号被保険者の専業主婦、自営業者や農業などをしている人、学生も含まれる

高齢者

障害者

遺族

年金が支給されるのは高齢者だけではない

賦課方式とは

自分で積み立てて自分で受け取るのではなく、現役世代が納めた保険料で高齢者の年金を賄《まかな》う方式

納めた分が自分に戻るしくみではない

年金制度ができた当初は「自分が若いときに積み立てた年金」が将来受け取れる方式でした。

現在は「賦課《ふか》方式」に変わっています。今の子どもたちは将来、二人で一人の高齢者（今の現役世代）を支えることに。当然、負担できる金額も減るので、年金の額は下がる心配もあります。

年金手帳は大切に

年金手帳は20歳になるか、20歳以前に就職して公的年金に加入すると、日本年金機構から送られてきます。大切に保管しておきましょう。

基礎年金番号が書いてある

番号はひとり1つ。将来、年金を受け取るときに必要

発行は日本年金機構

2007年に旧社会保険庁でのコンピュータ入力時のミスで、年金記録の不明な人が5000万人もいることが発覚。「宙に浮いた年金記録」として大問題に。社会保険庁を解体して日本年金機構に業務が移された

社会保険庁

↓

日本年金機構

「年金手帳が見つからない！」場合——大学生だったので親が保管している、会社に預けている（会社によって本人に返却していることも）、共済組合に加入している（手帳ではなく番号通知書）——見つからなければ再発行の手続きを

年金が破綻しそう？

20歳以上の国民みんなが納めていて、国の社会保障制度として安心できるはずの年金が破綻のピンチです。

運用の失敗	旧年金資金運用基金が株式投資に手を出して失敗
少子化	年金制度を支える現役世代が減り、受け取る高齢者は増加
経営の失敗	旧年金福祉事業団が、無計画にリゾート施設をつくって失敗

→ **お金が足りなくなる!?** ←

だったら払わない？

現在の制度のままでは、今の20歳以下では払う金額より受け取る金額が少なくなりそうです。それなら払いたくないという人もいるでしょうが、そうなると社会保障制度そのものが破綻します。消費税などほかの税負担も増え、頼れるものがなにもなくなります。早急に制度を見直さないとならないでしょう。

世界に誇る日本の医療保険制度が今、危ない

国民みんなが健康保険に加入することが義務づけられています。病気やケガをしても少ない負担で治療が受けられる制度です。

国民皆保険制度が破綻しそう

日本では原則として、すべての国民が協会けんぽや組合健保、国保などの健康保険に加入します。この制度を「国民皆保険」といい、おかげで、医療機関では三割程度の支払金額ですみます。

しかし、高齢化で医療費の伸びが大きな財政負担に。このままでは制度が維持できません。薬の出しすぎや検査のしすぎなどをやめさせて医療費の伸びを抑制するなど、医療の効率化、医療保険制度の改革が進められています。

増える医療費

国民医療費は年々増加しつづけています。一方で、医療の高度化で高額医療機器を導入したり、医療制度の改革で収入が減ったりして、赤字経営になる医療機関も増えています。

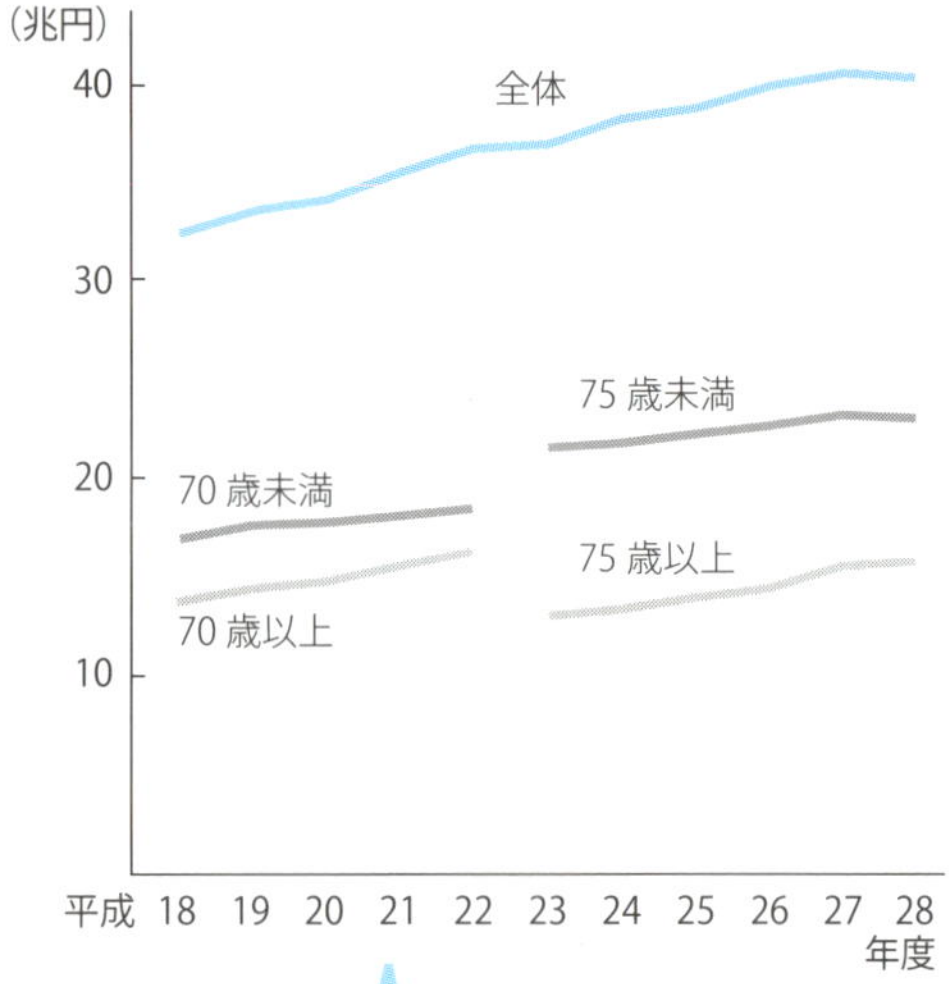

厚生労働省「医療費の動向」

高齢化のため？

近年の医療費は約 40 兆円で推移しています。平成 20 年から 75 歳以上を対象とする「後期高齢者医療制度」が始まりましたが、医療制度の維持の困難さは変わりません。高齢化が進む一方、医療が高度化して、よりお金が必要になっているため。年金制度よりも医療保険のほうが破綻の危険があるともいわれます。

困った！ 医師が足りない

「救急患者を病院に受け入れられない」「訴訟リスクの高い産科が医師に敬遠されるようになり、出産難民が発生」。こうした「医療崩壊」の要因のひとつが医師不足。医療費抑制のために国が医師を減らそうと、かつて医学部の定員を減らしたのが原因だ。医師育成には 10 年以上かかる。医学部を新設しても急には解決できない

医療費は三者で負担

健康保険被保険者が窓口で負担するのは１～３割。残りは国や市町村、組合などの保険者がそれぞれ負担するしくみです。健康保険組合には赤字で解散するところもでてきました。

例えば、病院の窓口で 1200 円を支払ったとしても、医療費としては 4000 円かかっている

1200 円　自己負担分
そのときかかる医療費の３割を負担

1600 円　保険組合負担分
保険証にある「〇〇健保」が負担している

1200 円　国の負担分
社会保障費として支出

毎月保険料が天引きされているのに、まだ払わないとならないのでがっかりする

保険診療

加入している健康保険組合から発行される保険証（健康保険被保険者証）があれば、医療費の一部負担で診療が受けられる。手術や入院などで高額の医療費がかかっても、高額療養費の支給などの制度がある

自由診療

自由診療とは、保険が使えない高度な先進医療や無認可の薬を使う治療などのこと。日本では保険診療と保険の利かない自由診療を併用する「混合診療」が原則的に禁止されている。混合診療では保険による平等な医療が低下するという懸念があるためだ

介護保険は四〇歳から

高齢者に必要な介護サービスの費用を負担するのが「介護保険」です。核家族化、少子高齢化で家族だけでの介護が困難になっています。

介護が必要になった高齢者が訪問介護やデイサービス、施設サービスなどを受けながら、できるだけ自立した生活を送るための制度です。

四〇歳以上の人が加入を義務付けられ、保険料を払います。その代わり、六五歳以上で介護が必要になったときなどに、要支援・要介護認定を受けてサービスが利用できます。

適切な介護を受けることで、自立した生活を送れる高齢者は多い

かけた保険金が返ってこないのは「幸せ」!?

誰でも一度は経験するだろう病気やケガ、万一の場合の経済的な不安に応えてくれるのが生命保険・損害保険などの保険です。

保険とは安心を買う商品

若いうちは生命保険なんて関係ないと考える人もいますが、一般的に生命保険は年齢が上がると、保障内容は同じでも保険料が高くなります。自分以外にも大切な人のためということも考えると、保険料が安くすむ若い年齢で加入するのは、合理的です。

また、掛け捨て型の場合、保険期間が終了するまで何事もなかった場合、保険料がムダと思われがちです。けれど本当は、その間、万一のことがあっても保障される「安心」を買っていたわけですから、無事に過ごせたことは幸せなことです。

保険のタイプの違い

掛け金の種類や保障期間の違いで、いろいろな保険があります。

積み立て型

払い込んだ保険料が積み立てられ、満期になるとボーナスや配当などがつく貯蓄性のある保険。そのぶん保険料も割高。保険会社が集めたお金を運用するが、低金利時代のため、積み立て型の利回りも低い

↕ 掛け金による違い

掛け捨て型

文字どおり、事故や病気などがなにもなければ、払い込んだ保険料は戻ってこない保険。積み立て型に比べると保険料が割安。保険料は割安でも、万一の場合の保障は積み立て型と差がないか、逆に充実している傾向

終身

病気や事故、死亡した場合の保障が生涯にわたって続く。定期保険と比べると保障される金額に対する保険料が割高。払込期間が決まっている有期払い、契約時に一度に全額を払う一時払い、終身払いがある

↕ 保障期間による違い

定期

病気や事故、死亡した場合の、保障がある期間をあらかじめ一定期間に決めた保険。終身保険に比べて割安。基本的には掛け捨て型となる。解約返戻金《へんれいきん》や満期保険金がないぶん、さらに保険料を抑えた保険もある

保険でいろいろ安心

将来への備え

結婚や出産、入学、就職、退職など人生の節目のイベントがあるときは保険を見直す機会です。これからの生活のなかで備えておきたい保障が得られる保険を検討しましょう。

生命や健康への心配

死亡したときに保険金が支払われる「主契約《しゅけいやく》」に、さまざまな健康上の心配に対応できる「特約」をつけることもできる。入院したときに給付金が得られる医療特約などがある

- 生命保険
- 医療保険
- がん保険
- 子ども保険（学資保険）
- 女性保険
- 先進医療保険
- ペット保険
- 個人介護保険

事故や災害への心配

自然災害や不慮の事故が起きたときに、自分の財産や生命に対する保障が得られるのが「損害保険」。基本的に発生リスクが高いものは保険料も高い。人やモノに対する保険、損害賠償責任に対する保険など幅広い

- 自動車保険
- 自転車保険
- バイク保険
- 火災保険
- 地震保険
- 所得補償保険
- 傷害保険
- 家財保険
- 海外旅行保険
- 留学保険

アメリカのひとり勝ちが崩れ、力関係は変化している

長い間アメリカが国際経済の中心でしたが、新興国の台頭やグローバル化で、世界のパワーバランスは大きく変化しています。

金融危機以来混迷している世界情勢

一〇〇年に一度といわれる世界金融危機のあと、政治体制の違いにかかわらず世界中で国家の破綻危機が発生しています。グローバル化した経済では、一国の危機がそのまま世界の危機につながってしまうのです。

G7からG20へ

長く世界のリーダーだった先進7カ国をG7といいます。現在は中国やインドなどの新興国やEUを加えたG20の影響力が強まっています。世界経済の重要テーマもG20で議論されています。

G7

日本　ドイツ
カナダ　アメリカ
イギリス　フランス
イタリア

G8

ロシア

G20

韓国　メキシコ　南アフリカ
インドネシア　オーストラリア
ブラジル　インド　中国
EU　サウジアラビア
トルコ　アルゼンチン

Gはグループ（Group）の頭文字。グループに所属する国は資本主義国に限らない

資本主義

市場原理にもとづいて経済活動や労働がおこなわれる。資本をベースに自由な競争で事業を展開し、利潤を追求しながら資本を増やす。私有財産となる

社会主義

私有財産を原則禁止。資本や生産手段、労働者を国が計画的に管理する。一部の人にお金が集まるのではなく、計画経済のもとに、経済的な平等を目指す

機会の平等

資本主義では、性別や年齢、学歴、出身などにかかわらず自分の能力を発揮する機会が与えられると考える。「機会の平等」や「機会均等」といわれる

資本主義では、誰でも大金持ちになれる可能性がある

ドルの力が減退？

リーマン・ショックでアメリカの金融機関の信用がゆらぎ、ドルの力が減退して、ユーロや円の信用が上がりました。その後、アメリカでは景気対策をして、ゆっくりと景気は回復しています。ただ、ドルの力は回復しつつあるものの、世界経済は一国の事情だけで動くものではありません。

リーマン・ショック

ビッグ３破綻

自動車産業の３大手（GM、フォード、クライスラー）が経営破綻

５大投資銀行消滅

金融工学にもとづいて販売していた債権が不良債権になってしまった

景気悪化

FRBの政策

FRBは日本銀行と同じような、アメリカの金融政策の最高決定機関で、「連邦準備制度理事会」と呼ばれる。リーマン・ショックで景気が悪化した際には、金利を低くして、景気対策を進めた

景気回復

リーマン・ショック後２年ほどで景気が回復し、一時期の落ち込みから持ち直した。その後も成長率は低いものの、ゆっくり景気回復が続いている。雇用が改善し、個人消費も伸びている

格差社会

景気回復の恩恵を受けたのは、所得上位の層のみ。中間層や低所得層では、改善を実感できなかった。その不満が、トランプ政権の誕生につながったともみられている

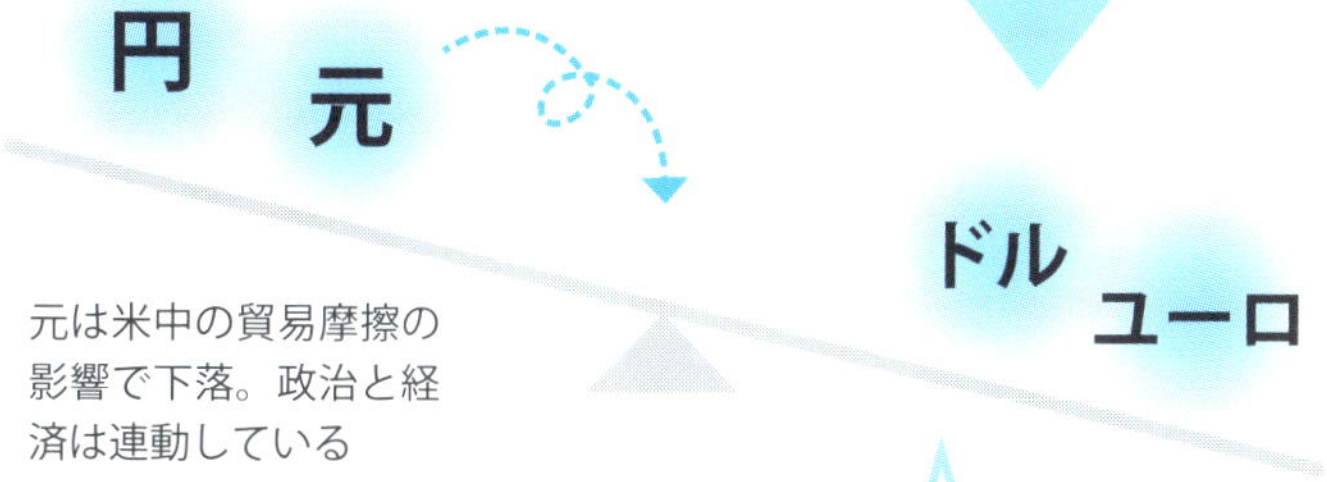

元は米中の貿易摩擦の影響で下落。政治と経済は連動している

ドルは基軸通貨

国際的な金融取引や貿易の決済などで、多く使われる通貨を基軸《きじく》通貨という。長い間アメリカのドルがその地位にある。世界金融危機でドルの信用が低下し、ユーロも欧州金融危機で信用度が落ちたが、持ち直しつつある。しかし、それ以上に円の信用は高い

SDRが基軸通貨に？

基軸通貨がＳＤＲになるかもしれない。ＳＤＲとは、ＩＭＦ（→P125）からどのくらいお金を引き出せるかを表した数字。特別引出権

自国の利益のためにいくつも貿易グループができた

世界には貿易協定がいくつもあり、それぞれが連携国を増やそうとしています。経済成長国と組めば利益が生まれるからです。

2017年の日本の貿易

日本は輸出でなりたっている国です。エネルギーを輸入し自動車や半導体など電子製品を多数輸出しています。

輸入　75兆3792億円

主な品目

原粗油　液化天然ガス
衣類・同付属品
半導体等電子部品（IC）　石炭
通信機（電話機）　非鉄金属
石油製品　電算機類（含周辺機器）
医薬品

輸出　78兆2865億円

主な品目

自動車　半導体等電子部品
半導体等製造装置
鉄鋼　自動車の部分品
プラスチック　原動機
科学光学機器　有機化合物
電気回路等の機器

主な輸入相手国・地域

中国、アメリカ、オーストラリア、サウジアラビア、アラブ首長国連邦、韓国、インドネシア、台湾、ドイツ、タイ、マレーシア

主な輸出相手国・地域

中国、アメリカ、韓国、台湾、香港、タイ、シンガポール、ドイツ、オーストラリア、イギリス、ベトナム、インドネシア

財務省「貿易統計」

世界の主な経済圏

国どうし、経済面で協力しあおうという枠組みが経済圏です。地域・歴史的つながりのある古くからの経済圏や、新興国どうしで先進国に対抗していくための経済圏、原油などの資源供給で利害調整をするための経済圏、政治や安全保障なども含め包括的な協力をする経済圏などがあります。

ひとつの国がいくつものグループに所属しているので、経済圏は重なっている

貿易グループ

経済圏とは別に、関税を下げるなどして多国間の経済活動を活発にするための機関や協定が設けられています。世界貿易機関（WTO）が中心的役割を担っています。ただ、近年は「自国ファースト」の傾向で、高い関税をかけるなど貿易戦争が懸念される国もあります。

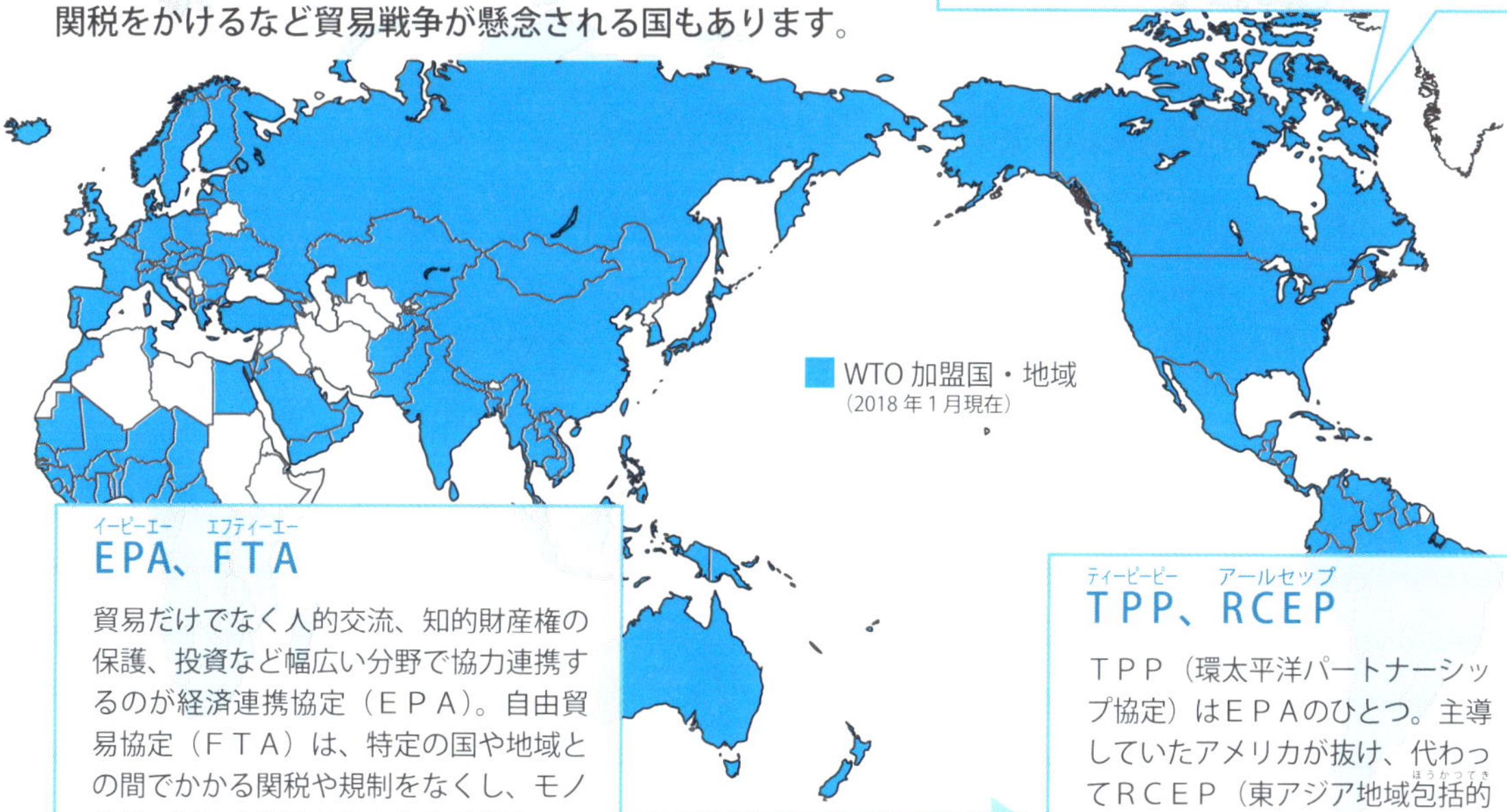

IMF《アイエムエフ》

国際通貨基金。第二次世界大戦で疲弊《ひへい》した世界経済の安定化のため、国際復興開発銀行と共に 1945 年に設立された。通貨と為替相場安定、経済危機の国への融資もする

EPA《イーピーエー》、FTA《エフティーエー》

貿易だけでなく人的交流、知的財産権の保護、投資など幅広い分野で協力連携するのが経済連携協定（ＥＰＡ）。自由貿易協定（ＦＴＡ）は、特定の国や地域との間でかかる関税や規制をなくし、モノやサービスの貿易を自由化する協定

TPP《ティーピーピー》、RCEP《アールセップ》

ＴＰＰ（環太平洋パートナーシップ協定）はＥＰＡのひとつ。主導していたアメリカが抜け、代わってＲＣＥＰ（東アジア地域包括的《ほうかつてき》経済連携）が注目されはじめた

輸出が日本の経済を支えていた

日本の高度経済成長を支えたのは、自動車や機械、家電製品などの輸出産業でした。日本が先進国になるまでには、国内産業を保護するための規制や高い関税が防波堤の役割を果たしたのです。

しかし、現在では経済成長が鈍化。さらに福島第一原子力発電所の事故からの原発停止の影響で、石油製品や石炭などのエネルギーの輸入が増えています。貿易の自由化を進め、輸出競争力を高めることが急務です。

関税とは

輸出入での物品に対してかける税金を関税といいます。輸出入品から国内産業を保護し、国の収入を増やすのが目的です。

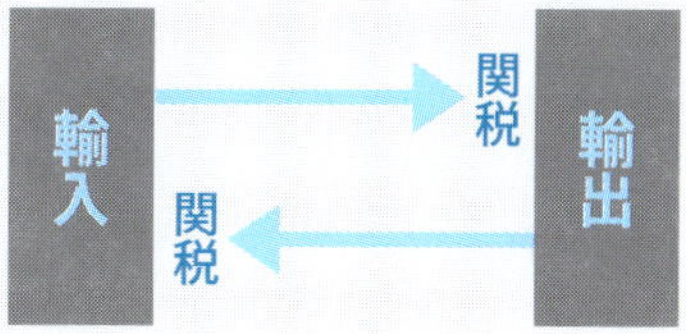

めざましい成長をしている新興国に世界が注目

超大国と呼ばれたアメリカや日本など、先進国は経済が停滞しています。対照的な成長を続けるのが、新興国です。

先進国から新興国へ

先進国以上の高い経済成長率をほこる国が多数注目されています。

新興国

先進国に遅れて経済発展をしてきた国々。現在では先進国が停滞しているうちに急激な経済成長をとげ、世界経済に影響力をもつ。広大な国土、豊富な資源、人口の多さ、経済改革の進展という共通点をもつのが特徴

先進国

かつての西側自由主義国と呼ばれたアメリカ、イギリス、日本など、第二次世界大戦後の世界経済を牽《けん》引《いん》してきた国々。経済協力開発機構（ＯＥＣＤ）加盟国や、１人あたりＧＤＰ１万ドル以上などがひとつの基準とされる

新興国をまとめて略称で呼ぶことがある

先進国以外で、めざましく成長している国々があります。人口が多く、国土面積も大きく、天然資源も豊富、世界のＧＤＰに占める割合も伸びています。

こうした新興国には世界が注目し、投資銀行や金融グループなどが略称で呼ぶことがあります。例えばＢＲＩＣｓはブラジル、ロシア、インド、中国のこと。先進国が人口減少に悩むなか、労働人口が多く、生産も消費も増えると見込まれ、世界中から投資の対象になりました。ただ、政治的に不安定になるなどして、順調な経済成長ができなくなることもあります。

マーケットとして期待できるＢＯＰ

ＢＯＰとはBottom of the Pyramidの略称で、三角形で表す所得ピラミッドの最下層にいる、年間所得が三千ドル未満の人々のこと。世界総人口の七割、約四〇億人と見込まれます。

ＢＯＰに対して、貧困解消と社会問題解決のためのプログラムを提供し、支援を実施するなど、継続的な経済的つながりをつくるのがＢＯＰビジネスです。

慈善事業ではなく、ビジネスとして収益が出るような環境をつくる＝貧困解消をすることがポイント。現地の教育、労働や生活環境の改善レベルからかかわり、強い絆を生むことができる新しいビジネスの形態として期待されています。

グローバル経済の略字

WTO → P125、IMF → P125、AU（アフリカ連合）→ P124

BRICsの次の新興国は

一時期注目されていたBRICsは、国によって経済成長に差が出てきています。世界の目は、次の新興国グループに注がれはじめました。

BRICs《ブリックス》

ブラジル（Brazil）、ロシア（Russia）、インド（India）、中国（China）の頭文字を合わせた総称。s は複数形。インドはまだ高成長を続けると見込まれる一方、ロシアとブラジルは厳しい経済状況に

VISTA《ヴィスタ》

ベトナム（Vietnam）、インドネシア（Indonesia）、南アフリカ（South Africa）、トルコ（Turkey）、アルゼンチン（Argentina）の総称。ただ、度重なるデフォルトを引き起こしているアルゼンチンへの信用はいまひとつ

NEXT《ネクスト》 11

ベトナム、フィリピン、インドネシア、韓国、パキスタン、バングラデシュ、イラン、ナイジェリア、エジプト、トルコ、メキシコ 11 カ国の総称。若者人口の層が厚く、労働力の点で期待できる。ただ、アメリカがイラン核合意*から離脱し経済制裁を課すことに。経済的な混乱はイランのみならず日本にも影響する

CIVETS《シベッツ》

コロンビア（Colombia）、インドネシア（Indonesia）、ベトナム（Vietnam）、エジプト（Egypt）、トルコ（Turkey）、南アフリカ（South Africa）の総称。若者人口が多く、人口増加が見込まれる 6 カ国のグループ

＊イランは核兵器開発をしない、米・英・仏・独・ロ・中は経済制裁を段階的に解除する、という合意。2015 年に結び、国連でも決議された

日本とアジア諸国の結びつきは重要度を増す

アジアで日本が唯一の先進国だった時代は終わり、新興成長国のアジア諸国との連携なしに経済は語れなくなっています。

APEC と TPP 比較

ニュースでよく語られるAPEC と TPP。両者は参加国だけでなく、目的も違います。

APEC

アジア太平洋地域の 21 の国と地域が参加する経済協力の枠組み。貿易・投資の自由化、ビジネスの円滑化、安全保障、経済・技術協力等の活動をおこなう

TPP

太平洋をとりまく国々が参加する経済協力の枠組み。物品関税をなくし、知的財産権、労働規制、金融、医療サービスなどの非関税障壁《しょうへき》＊を撤廃し自由化する経済連携協定

発展する国々から取り残されないように

以前は海外のあちらこちらで日本製品の広告を目にし、店舗では日本製品が売り場の目立つところに陳列されていました。ところが、現在、目につくのは韓国や中国などのブランド。日本は「失われた二〇年」の間に、発展するアジア新興国から取り残されてしまい、日本に代わって中国がアジア経済のトップになっています。

そうした状況を打破するために必要なのが、アジア諸国が加盟する経済連携協定（EPA）や自由貿易協定（FTA）への取り組み。もう一度、日本が成長機会を得るためにアジア新興国との結びつきを強め、お互いにメリットの大きな取引ができるようにすることが重要です。

中国の経済構想「一帯一路」

中国は「一帯一路《いったいいちろ》」を進め、中国主導の経済圏をつくろうとしています。交易ルートを設定し、沿線にある国のインフラ開発を援助するというもの。しかし、高利で貸し、返せないと港の権利を取り上げるなどのやり方に批判が出ています。

シルクロードとは、かつて中国から地中海地域へ絹の交易をした道。海と陸に新しいシルクロードを設定

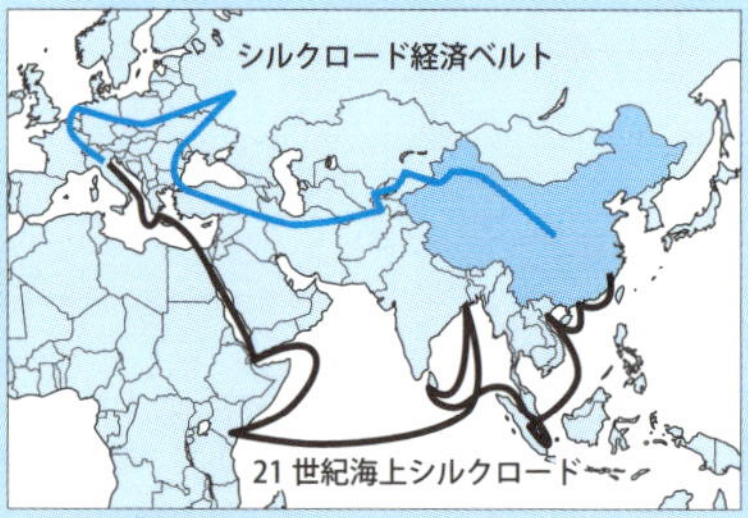

＊自由な貿易の妨げになる、関税以外のしくみ

日本との経済的かかわり

モノの輸出入、人的交流やサービスの提供、経済支援など、日本は各国と、さまざまなかかわりをもっています。

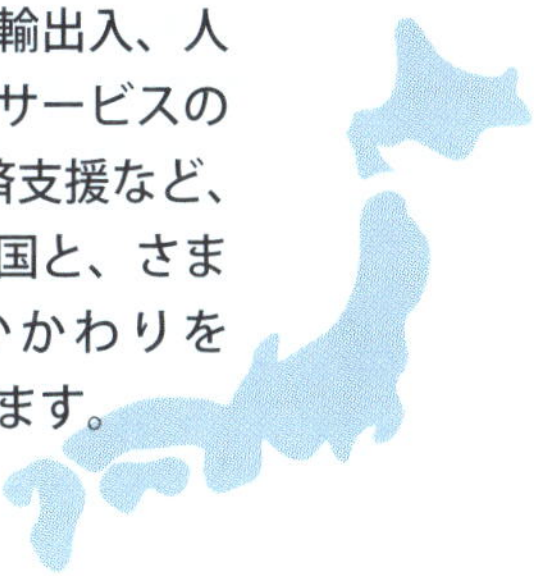

中国

日本にとって、輸出入とも重要な貿易相手国。輸入は1位、輸出はアメリカに次いで2位（2017年）。中国はアメリカが関税を引き上げたため貿易戦争の様相を呈しているが、日本への影響も大きい

ロシア

ロシアからは原油、液化天然ガス、石炭などのエネルギーを輸入し、自動車、自動車部品、ゴム製品、建設用・鉱山用機械を輸出。北方領土問題が前進すれば、さらに経済が活発になるはず

AIIBとは

アジアインフラ投資銀行。アジアの国々にインフラ整備などを支援するための融資をおこなう。ＡＩＩＢの経営方針は中国が主導

韓国

日本からの輸出は3位、半導体やプラスチック製品など。石油製品や鉄鋼板などを輸入し、4位（2017年）。しかし日韓関係は悪化していて、経済的な結びつきの先行きは不透明

インド

インドとは日本として初めての円借《えんしゃっ》款《かん》*を1958年におこなって以来、長期にわたる経済協力関係がある。2011年には「日本・インド包括的《ほうかつてき》経済連携協定」が発効。10年間で日本への輸入品については97%、インドへの輸出品については90%の関税が撤廃される

台湾

かつての電子立国日本のお株をうばったのが台湾。とくに受託製造が強く、日本の有名ゲーム機のほとんどが台湾メーカーで製造されている。独自の製品開発だけでは生き残りが難しい日本の電機メーカーとの協業もある

ASEAN諸国

タイとラオスの間に横たわるメコン川に架かる第2メコン国際橋が日本初の国境をまたぐ円借款協力で完成。タイのバンコクからベトナムのハノイまで、海路で2週間かかっていた運送期間が、陸路で3日程度になった

オーストラリア

オーストラリアにとって日本は鉄鉱石、石炭、牛肉などの主要な輸出相手国。「安全保障協力に関する日豪共同宣言」がアメリカ以外で唯一調印されるなど、政治面でもアジア・太平洋地域における日本の重要なパートナーだ

＊円借款とは
円でお金を貸すこと

ヨーロッパ連合（EU）は不安要素もかかえている

アメリカを上回るGDPでユーロが世界の重要通貨の地位を手にしたものの、加盟国の財政危機が世界経済の心配の種です。

EU圏とユーロ圏

単一の巨大な市場として人、商品、サービスの移動が自由になったEU。共通通貨ユーロも導入されましたが、ヨーロッパの国がすべて加盟しているわけではありません。EU加盟国でもチェコやデンマークはユーロを導入していません。

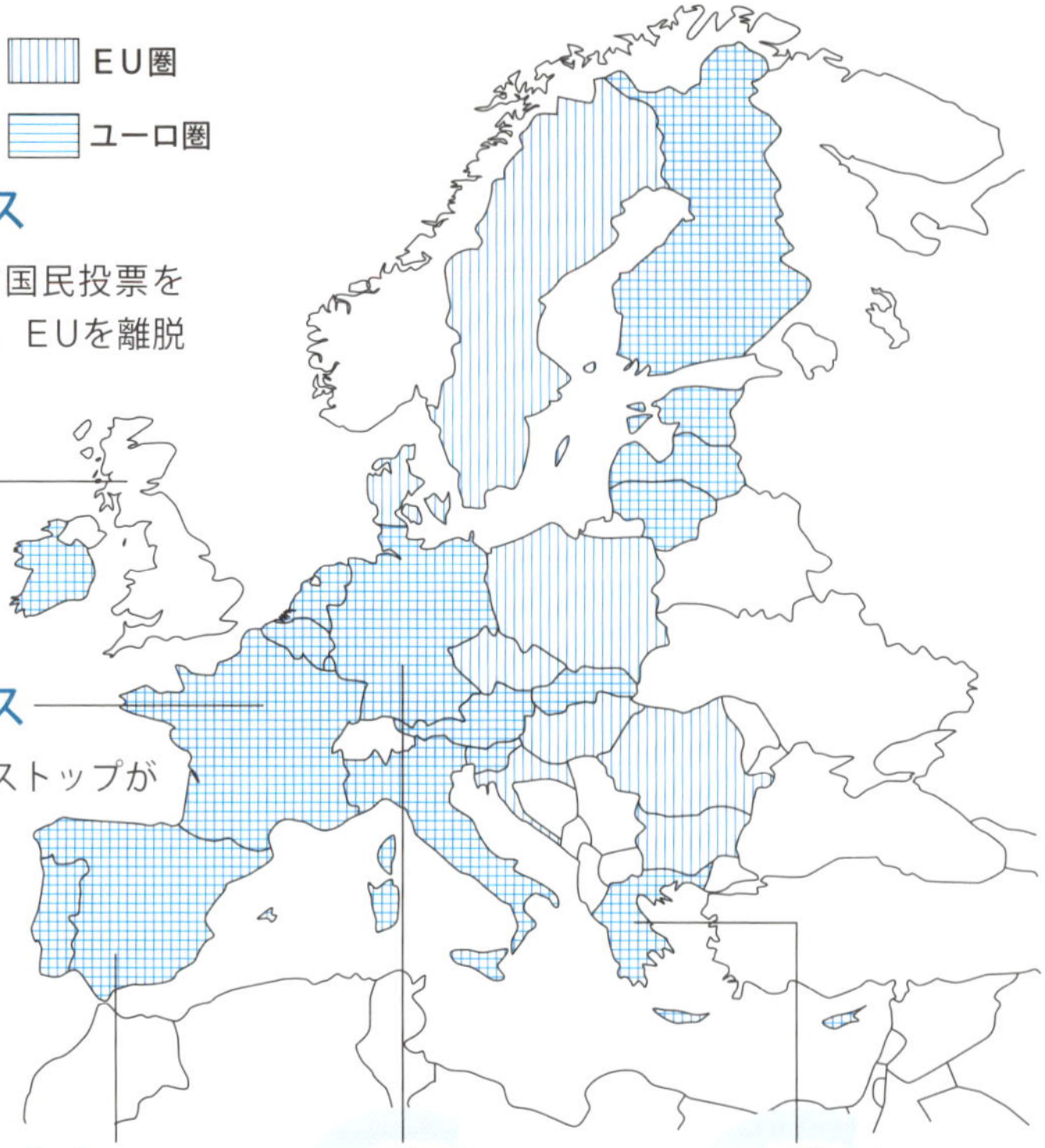

イギリス

2016年に国民投票をおこない、EUを離脱した

フランス

少子化にストップがかかる。高かった失業率は回復方向

スペイン

北東部のカタルーニャ自治州が独立を宣言。スペイン政府は認めていない

ドイツ

経済が安定しEUを支えるものの、難民の大量受け入れで先行き不透明

ギリシャ

ユーロ導入のために財政赤字を隠していた。ユーロの価値が下がり、ヨーロッパ危機に発展

ユーロ紙幣

発行はECB

ユーロの発行はECB（欧州中央銀行）

国ごとの事情に合わせられない

ECBがEUの金利を決める。EUのなかには、景気のいい国・悪い国の差があるが、金利はEU全体をみて決定する。その結果、景気のいい国はさらによく、悪い国はさらに悪くなる

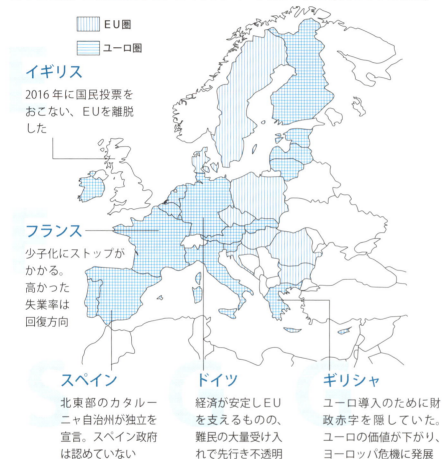

ドルに並ぶ力のあるユーロ

ユーロ圏内の国どうしでは、これまで貿易で求められたドルでの支払いが必要なくなり、為替リスクも解消されるため、ユーロがドルに代わって重要通貨となりました。それによって経済の成長も加速。これまでドルに向かっていた投資がユーロに向かうようになり、世界のなかでの存在感を強めていったのです。

財政基盤の弱い加盟国も強いユーロの導入で、低インフレ、低金利の経済優良国ドイツのような恩恵が受けられると歓迎されました。しかし、一方では加盟国の財政危機がユーロの信用不安をよんでいます。

EUに加盟すると

加盟には条件がありますが、政治、経済、安全保障などでいろいろなメリットが生まれます。

EUがつくられた理念

欧州全体をひとつの国にして争いをなくし、経済的な利害を一致させようとしたのがEUの前身、EC（欧州共同体）。その後、通貨統合や外交、安全保障政策の共通化を実現させ、より国際的地位を高めたのが現在のEU

加盟するといい点

ヨーロッパの経済的な国境がなくなり、人や商品、サービス、資本の移動が自由にできるので経済活動が格段にアップする。さらにユーロ導入で国際競争力も上がる

加盟するための条件

- 民主主義、法の支配、基本的人権の尊重が保障される制度をもつこと
- 市場経済でEU域内での競争力と市場力に対応できること
- EUの理念の共有　など

イギリスがEUを脱退した理由

イギリスがEU離脱を決めた最大の理由は移民問題です。EU加盟国間では国境を越えて移り住むことができます。そのため、各国から社会保障制度の整ったイギリスへ数百万人の移民が流入。その結果、イギリスは公共サービスが受けられないなどの問題が蓄積して、国民がEU離脱を決めたのです。

難民に苦慮

イギリスはEU離脱で移民問題は解決しても、「難民条約」に加盟しているので、難民を受け入れる義務があります。今、ヨーロッパでは増える難民への対応に苦慮。受け入れ拒否をかかげる政党が躍進しています。

もっとも多いのはシリア難民。小舟でギリシャへと地中海を渡るときに難破する人も多い

オイルマネーで潤う中東は金融立国を目指している

原油で巨額のオイルマネーを得た中東各国。しかし、原油がなくなるときを見据えて、金融ビジネスに乗り出しています。

原油に代わるエネルギーと金融に力を入れはじめる

いずれ石油資源がなくなることを考え、次世代エネルギーや金融の分野でも主導権を握ろうとする動きが世界中で始まっています。

天然ガス分野ではカタール（中東の国のひとつ）が世界最大の生産設備を建設。太陽光などの環境エネルギー開発も進めています。

国際的な政府系ファンドの半数は中東にあります。高度な金融技術で利益を生み、その利益で新たな金融投資と次世代産業育成の一石二鳥をねらっているのです。

原油があと何年採掘できるか

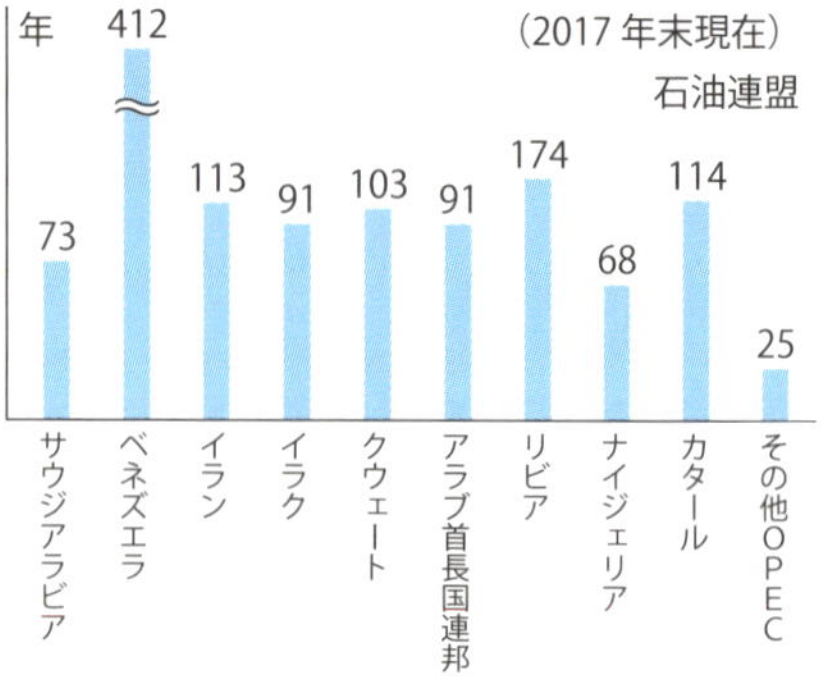

可採年数が長くても埋蔵量が多いわけではない

金融立国を目指す

中東は世界の金融センターになりつつあります。

産油国

石油輸出国機構（OPEC）加盟のイラン、イラク、クウェート、サウジアラビア、ベネズエラを中心とした、原油を採掘して価格を決める国。かつては国際石油メジャーが採掘から原油価格決定権までをもっていた

金融立国

規制緩和をして、国外からの資金を金融市場に呼び込み、金融取引を活発化させることで経済発展をさせる

イスラム金融

イスラム法に基づいた金融取引の方法で金融事業をおこなうこと。
イスラム教の経典『コーラン』にはアッラーの教えとして、「商売は許されるが、利息を取ることは許されない」とある。それでは儲《もう》けが出せないため、厳格なイスラム教徒の彼らは教えを守り、リース形式に似た取引で金利の代わりに手数料を受け取る「イジャーラ」、代理購入した商品に利潤を付けて転売する「ムラーバハ」などの金融取引をおこなっている

やしの木形のパーム・アイランド。この人工島にはホテル、ショッピングモールなどがあり、ドバイ観光の名所（写真：ドバイ政府観光・商務局）

観光と貿易で発展

ドバイはアラブ首長国連邦（UAE）を構成する首長国のひとつ。今、世界中の投資家が注目しています。

巨大な人工島

上空から見ると、やしの木形の人工島（左写真）や、世界地図の形になっている人工島群のザ・ワールド。別荘地として分譲され、世界中の著名人が購入したといわれている

ドバイの世界一

砂漠にいろいろな「世界一」をつくり、お金と観光客を集めている

巨大港

世界最大規模の人工の港が「ジュベル・アリ港」。世界140以上の港からの貨物が集まる貿易港で、周囲には経済特区が設けられている

巨大ビル

現在世界一の高さ828メートルを誇る「ブルジュ・ハリファ」。ドバイ・ショックで援助してもらったアブダビ首長の名をつけた

高級ホテルも入っている

ドバイ・ショックもあったけど

リゾート開発の債務の繰り延べを要請したことで、ドバイに信用不安が発生。ドバイ・ショックといわれた。投資先の欧州金融機関や日本のゼネコンも株価が急落したが、アブダビ首長の資金援助で危機が回避された

巨大空港

24時間機能する国際ハブ空港のドバイ国際空港。世界150以上の都市を結ぶエミレーツ航空の拠点として、観光客やビジネス客が降り立つ

ハブ空港

あらゆる空港を結ぶ路線が集まる中心となる空港。乗り継ぎが便利になり効率的な運航ができる

アフリカの豊富な資源を日本も手に入れたい

今、世界各国が熱いまなざしを送っているのがアフリカ。その理由は、手つかずの豊富で貴重な鉱物・エネルギー資源です。

アフリカの世紀がやってくる

アフリカには五〇以上の国があり、飢餓や紛争、貧困、暴動などに苦しむ国がありますが、アフリカ大陸全体としては、二一世紀に入ってＧＤＰの年平均成長率が五％以上という経済成長が続いています。もっとも大きな力となっているのが資源輸出と投資です。各国の思惑は鉱物・エネルギー資源を手に入れること。

近年、アフリカへの援助を急速に増やしているのが中国です。道路や鉄道などのインフラを整備し、支援額は日本を抜きました。「アフリカ開発会議」で存在感を示した日本よりも、今では中国のほうが存在感は大きくなっています。

アフリカの発展

南アフリカの人種差別政策が撤廃《てっぱい》され、経済制裁が解除されたことを契機に、海外からの投資が本格化しています。

過去

15 世紀、アフリカ大陸南端の喜《き》望峰《ぼうほう》にポルトガル船が到達。香辛料をアジアから運ぶ中継地として発展した。やがて白人が農業やワイン生産を開始。19 世紀に金やダイヤモンドが発見され、イギリスの植民地となった

現在

発展が遅れた結果、十分に実用化された携帯電話や光ファイバーなどのインフラが一気に普及した。資源輸出だけでなく、国内でモノが売れる好景気。ここ数年のアフリカのＧＤＰ成長の３分の２は、モノやサービスに対する消費によるもの

アパルトヘイト

人種を白人と非白人に分けた人種隔《かく》離《り》政策をとっていた。異なる人種間の結婚を禁止し、レストラン、列車、バスなどの利用、居住区も区別。仕事も非白人は白人のもとに出稼ぎするという、前時代的な差別があった

アフリカ開発会議

日本は 1993 年から「アフリカ開発会議」を主催。冷戦終結後に世界の関心が薄れていたアフリカに関心を呼び戻した。以後、数年ごとに開催されている

日本には金がある

未来

資源を輸出するだけではなく、消費の拡大が進むアフリカ。都市化も進み、今後30年間で人口の半数が都市住民になると予測される。それに合わせてマンションやオフィスビル、商業施設などの都市インフラづくりへの投資がさらに増える。

一方で、人口増加とそのための貧困や飢餓は続く。環境破壊という課題や、難民、エイズなどの感染症の問題もあり、世界からの持続的な支援は必要

レアメタル

希少な鉱物資源のこと。次世代自動車や電子製品に欠かせないので、日本は、喉《のど》から手が出るほど欲しい。下記のようなレアメタルの開発に、国と民間が協働で乗り出している

コバルト　ニッケル　マンガン　金　プラチナ
クロム　パラジウム　バナジウム　ボーキサイト＊

パソコンやスマホには、
レアメタルが使われている

＊レアメタルの分類には諸説あり、日本の経済産業省の分類には金とボーキサイト（アルミニウム）は入っていない

中南米はアメリカ抜きの発展を目指している

食糧、金属、石油などの天然資源が豊富な中南米諸国。アメリカと距離をおいた社会主義経済によって発展してきました。

メルコスールや南米諸国連合ができた

これまでアメリカ経済への依存が強かった中南米は、アメリカ抜きでの経済発展を実現させようとしていました。「メルコスール」は、そうした考えを具体化させる関税同盟として誕生しました。今ではアメリカへの輸出に頼らず、同盟で経済を活発化させることに成功。各国とも高い経済成長率を達成しています。

「南米諸国連合」は、政治・経済面でも「同一通貨、同一パスポート、一つの議会」を目指す南米版EUと自ら名乗っています。大国主導ではない、地域の自主性や独立性を維持した新しいかたちでの発展をかかげています。

加盟国

中南米で発展が進む経済新興国が多く加盟しています。

南米諸国連合

ベネズエラ

メルコスール

ウルグアイ
パラグアイ
アルゼンチン
ペルー
ボリビア

ガイアナ
スリナム
エクアドル
チリ
ブラジル

コロンビア

ベネズエラ

原油価格の下落、政治的要因、アメリカの経済制裁によって経済危機に陥り、デフォルトも懸念される。生活困窮から難民がブラジルへ流入している。メルコスールに加盟しているが資格停止

ハイパーインフレ

モノの値段が異常に上がる。国際通貨基金（IMF）は、ベネズエラでは年内にインフレ率が100万%に達すると予測（2018年7月）。働いても買い物ができないので、労働意欲も失せてしまう

ブラジル

21世紀初頭にはBRICsのひとつとして注目されていたが、社会主義政権の後退など政治の不安定さと金融政策の失敗から、財政状態が悪化。しかし、国土面積も人口も世界第5位という大国のうえ、海底油田や鉄鉱石などの資源産業もある。2016年にはオリンピックが開催されるなど底力はある

ブラジルといえばサッカーを思い浮かべる人も多いはず

3 国際情勢を知れば、日本がみえてくる

日本にある国連の機関、国連大学。日本が世界に果たす役割は⁉

日本に住む私たちの暮らしにも、
世界の動きは大きく影響しています。
「日本の今とこれから」を見通すためにも、
地球規模の問題や、日本と各国の関係を
おさえておきましょう。

世界各国の動きには歴史的な背景がある

国際関係は歴史の流れのなかで築かれてきました。「今」を理解するうえで、歴史の概略はぜひ知っておきたいものです。

近代以降の世界の動き

経済規模が大きくなった近代以降、世界の国々は関係を深め、ときに対立しあうようにもなっていきました。

第一次世界大戦では航空機、戦車などの近代的な兵器が用いられ、戦いは長期化した

産業の発展による大国の出現

19世紀後半、産業の発展を背景に、イギリス、フランス、ドイツ、アメリカ、日本など、政治・経済的に強い影響力をもつ大国が出現。列強と呼ばれた

植民地化が進む

列強諸国は、それぞれ自国を強大化するために、競って世界進出。他国を植民地・従属地域として自国の支配下においた

第一次世界大戦（1914～1918年）

利害の対立は列強諸国を二分する戦いに。日英同盟を結んでいた日本は協商国側に協力。利益を得た

三国同盟国（ドイツ、オーストリア中心）

vs.

三国協商国（ロシア、フランス、イギリスなどの連合軍）

アメリカも参戦。協商国側の勝利

労働者と資本家の対立

資産手段をもつ資本家と、そこで使われる労働者の間に、大きな格差が生じはじめた

ロシアがソビエト連邦へ

ロシアでは労働者階級による革命が起き、社会主義国のソビエト連邦が誕生。戦線から離脱

歴史を知ることで「今」もみえてくる

近年の世界の金融危機は、一〇〇年に一度のことといわれます。それは、「一九二〇年代末に起きた世界恐慌《きょうこう》の状況に似ている」ということを意味しています。

世界各国の指導者は、世界恐慌が世界大戦につながっていった歴史を知っています。だからこそ、同じ轍《てつ》は踏まぬよう、さまざまな政策が打ち出されているのです。

今起きている事態を理解するうえで、「おとな」の私たちもまた、歴史を知り、そこから学ぶことが求められています。

世界恐慌（1929年）

世界が落ち着きを取り戻したのもつかの間、アメリカ経済の破綻《はたん》をきっかけに世界的な大不況に。十分な領土・資源のないドイツ、イタリア、日本は、軍事力で勢力圏の拡大をはかるようになっていった

第二次世界大戦（1939～1945年）

「もたざる国」を中心にした枢軸国《すうじくこく》と、それに対抗する連合国が激突。ヨーロッパとアジア・太平洋を舞台にした世界大戦へ

枢軸国（ドイツ、イタリア、日本など） vs. **連合国**（アメリカ、イギリス、中国、ソ連、フランスなど）

→ 連合国の勝利

枢軸国とは「ローマとベルリンを結ぶ線を枢軸（ものごとの中心）として、国際関係は展開する」というイタリアのムッソリーニ首相の言葉に由来する

原爆投下により日本の敗戦は決定的に

冷戦

戦後間もなく、世界は東西陣営に分かれ緊張関係が続いた。米ソの武力衝突はなかったことから「冷たい戦争（冷戦）」と呼ばれた

アメリカ中心の西側陣営

アメリカを軸にした資本主義、自由主義の国家。西欧、日本など

ソ連を中心とする東側陣営

ソ連を中心にした社会主義国。東欧諸国

東西の壁が崩壊

軍縮、緊張緩和の動きが進むなか、社会主義陣営内で民主化、自由化の動きが強まり、内部から崩壊、冷戦が終わった

1985年　ソ連のゴルバチョフ書記長による改革が始まる
1989年　東西陣営を隔てる象徴でもあったドイツ・ベルリンの壁が壊される。米ソ首脳、冷戦終結を宣言
1991年　ソ連消滅。ロシアとその他の国々へ

アメリカ、ロシア、中国で核兵器開発が進み、再び緊張状態に？

日本がかかげた「大東亜共栄圏」

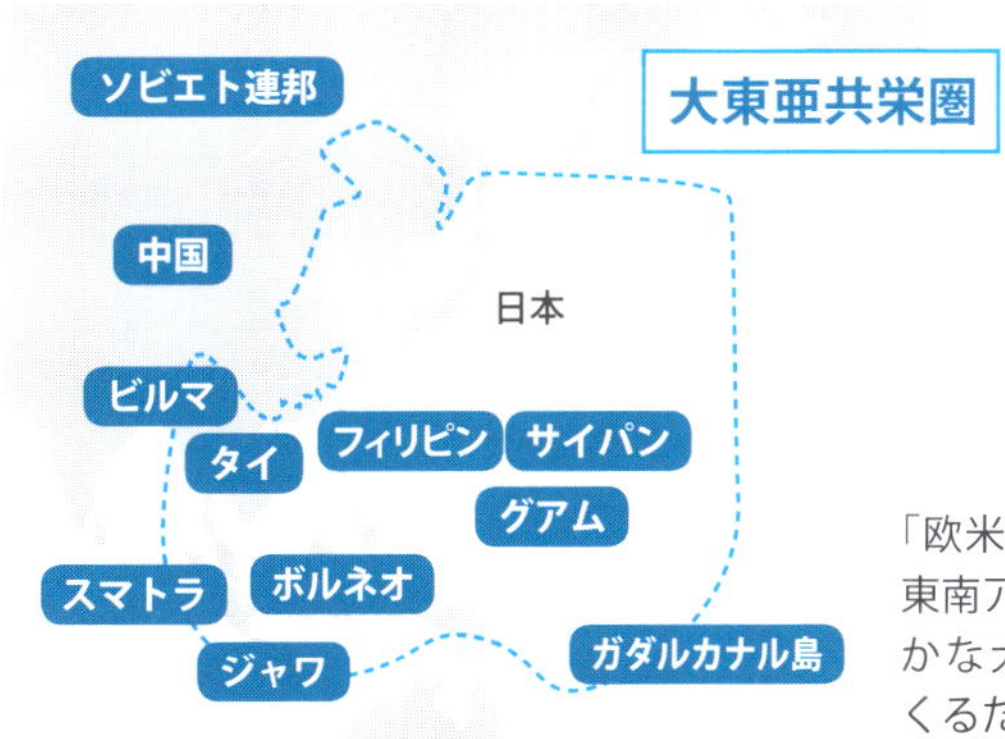

「欧米の植民地支配から東南アジアを解放し、豊かな大東亜共栄圏をつくるために戦う」というのが日本の建前だった

覚えておきたい

8月6日　広島に原爆投下
8月9日　長崎に原爆投下
8月15日　終戦記念日

現代は、つながりあうグローバル化の時代

政治・経済、文化、情報など、あらゆる面でグローバル化が進んでいます。功罪ありますが、この流れは止められません。

グローバル化がもたらすもの

私たちが暮らす地球をグローブ（globe）といいます。グローバル化とは、国や地域を超えて、地球全体がひとつの単位となっていくことを意味します。

モノ・ヒト・カネの自由な移動

自国でつくるより安いモノは外国から輸入する。国内で働くより稼げるのなら、外国へヒトが移り住む。国内で営業するより利益（カネ）が得られるのであれば、企業は積極的に海外へ進出する。一体化が進むことで、モノ・ヒト・カネの動きが、さかんになっていく

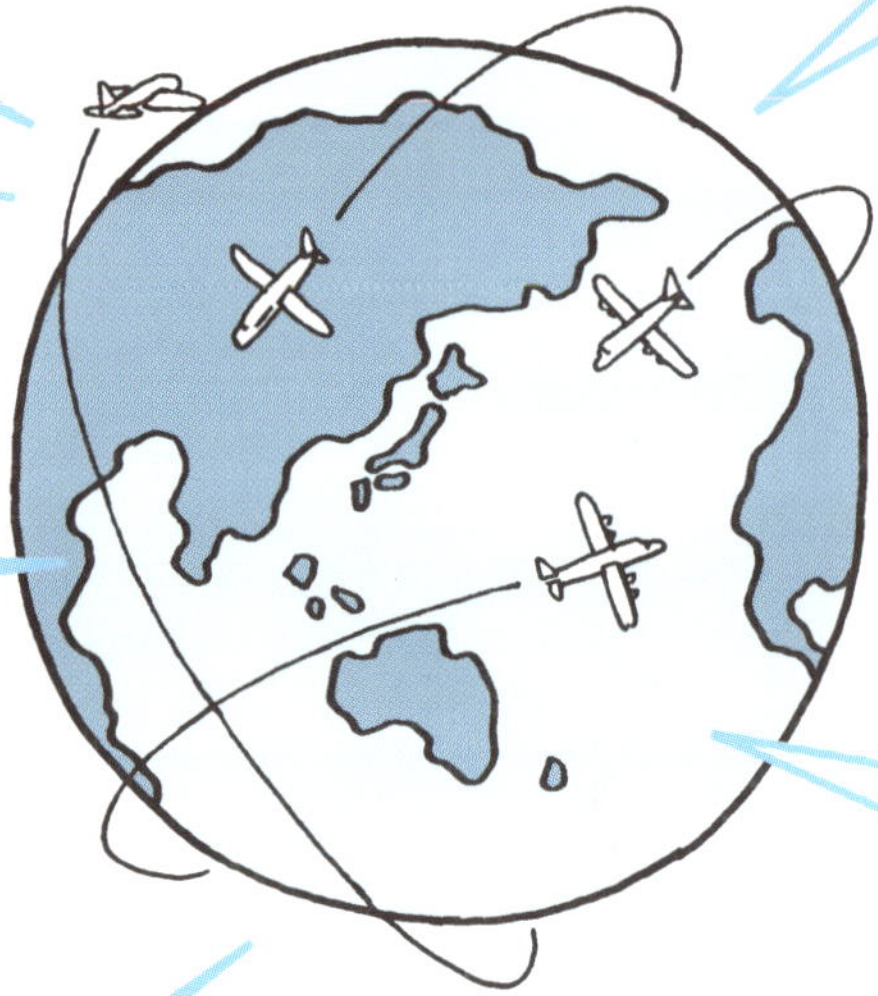

依存関係の深まり

モノ・ヒト・カネの動きを通じて国どうしの関係が深まっていくと、国内情勢が、そのまま国際情勢にも反映しやすくなる。経済状況の悪化や政情不安は、一国の問題にとどまらず、世界に影響することに

世界は小さくなってきた⁉

「強者の論理」が優先されがち

国や地域、民族を超えたつながり、というと聞こえはよいのですが、グローバル化には功罪両面があるといえます。

世界が一体化していくなかで、各国の協調が求められるようになっています。勝手な行動はとりにくい時代になった、ともいえます。

一方で、地球規模での競争が激しくなるという面もあります。先進国は、すでに何歩も先を行っている「強者」です。強者が設定したルールで競争しているかぎり、後からスタートした国々は不利な状況を強《し》いられます。そこから反発も生まれ、新たな火種がくすぶるおそれもあるのです。

「ないものねだり」が人の常

あふれる情報

インターネットなどを通じて、情報が瞬時に世界中に行き渡るようになった。個人が直接、世界中の人とつながることができる。メールやブログ、SNSなどを通じて、あらゆる国のあらゆる人から発信される情報の量は膨大。このビッグデータを利用した新しいビジネスも生まれている

文化の多様性の喪失

他の国の文化にふれ、交流するうちに、新しい文化が生みだされる反面、自国の文化が忘れられ、捨てられていくこともある

エイズ、新型インフルエンザなど、感染症の拡大のしかたも急速になっている

格差の広がり

先進工業国に対して、発展途上国の「売りもの」は原料と労働力。より安価な提供先を求める先進国と、買い叩かれる発展途上国の間に経済格差が生まれている。さらに、格差が広がる要因はグローバル化以上にICT（コンピュータを活用する技術）の進歩が大きいといわれる。とくに発展途上国では、ICTの知識や技能をもっているかどうかが、格差の広がりに影響する

ロボットが発展途上国の仕事を奪ってしまう

一方で

「自国ファースト」の流れ

ヒトの移動により経済や社会保障に影響が出たり、文化が脅《おびや》かされたりして、自分の国を守ろうという傾向に。行き過ぎた「自国ファースト」は差別や偏見につながり、世界を分断させる。イギリスから始まり、アメリカ、ヨーロッパから全世界に広がるこの傾向は、やはり強者の論理が優先されている

対立の火種は「資源」「宗教」「民族」の三つ

世界各地で生じているさまざまな対立や紛争。グローバル化した社会では、世界を巻き込む火種になりかねません。

紛争のもとにあるもの

今なお続く紛争や、紛争に発展するおそれのある対立は各地で頻発しています。それぞれ具体的な対立点は異なりますが、大きくは「資源」「宗教」「民族」をめぐる争いといえます。

資源の奪いあい

天然資源は限りがあるうえ、偏在《へんざい》しているために、さまざまな駆け引きが生じる。資源が豊富に埋蔵された土地や海底をめぐる領有権争いも激化。資源に恵まれた途上国では、一部の富裕層と貧困層の経済格差も問題に

宗教的対立

キリスト教とイスラム教、ユダヤ教とイスラム教の対立、中国のチベット仏教に対する弾圧など

要因が重なれば紛争も起きやすい

民族の違い

世界の多くの国は、複数の民族によってなりたっている多民族国家。特定の民族による独立あるいは自治の要求や、民族間の勢力争い、少数民族の迫害、追放などが紛争の引き金になることも

世界的な宗教は、いずれも好戦的というわけではないのだが……

世界は不安定な状態が続いている

冷戦が終結し、世界大戦の危機は去ったかのようにみえました。しかし、各地で起こる小競り合いは、むしろ増加しています。冷戦時に東西陣営をまとめていた力がゆるみ、各国が「自国ファースト」で、他の国のことなどかまわない行動をとるようになっています。互いの利害がぶつかりあって、一触即発の状況ともいえます。

社会がグローバル化している今、遠い世界での出来事にみえる紛争も、無関係ではいられません。

「民族」と「人種」は同じではない

民族は、文化や社会のしくみ、言語などを共有し、伝統的に結ばれている共同体を指す言葉。肌の色や骨格など、外見的な特徴で分類する人種とは異なる概念

世界各地でくすぶる火種

紛争に発展したり、世界を巻き込む問題に発展しかねない火種は、世界各地で生じています。

イスラエル vs. パレスチナ

対立は、アラブ人が住むパレスチナの土地に、ユダヤ人の国であるイスラエルが建国されたことから始まった。パレスチナは将来の独立国を目指す

歴史の流れ

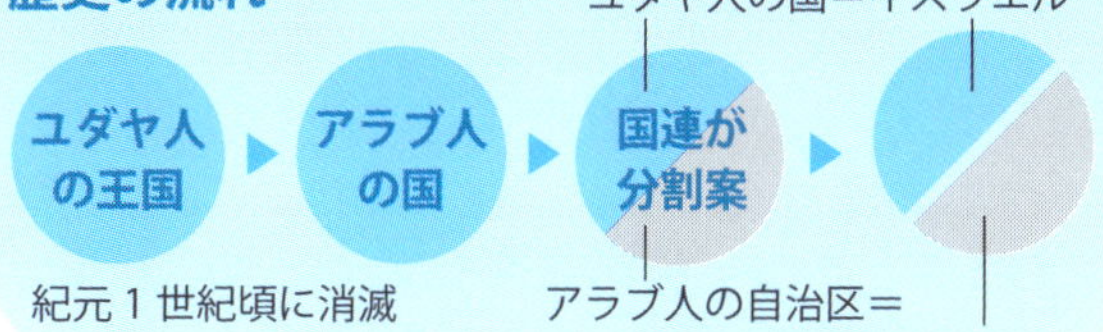

エルサレム問題

3つの宗教*の聖地であるエルサレムに、アメリカが大使館を移転。イスラエルの首都と認めてしまった

＊キリスト教、イスラム教、ユダヤ教
（世界三大宗教はキリスト教、イスラム教、仏教）

核の拡散 後退する核軍縮

核不拡散《かくふかくさん》の枠組みに参加しない国で核兵器開発が進む（→P172）。米ロでの核軍縮に関する条約は事実上無効に

大国化した中国の動向

急成長を遂《と》げた中国が積極的に海洋進出し、近隣諸国と対立。太平洋の管理でもアメリカとにらみあい

独裁化 vs. 民主化

独裁型のリーダーが台頭。一方、民主化を求める動きもさかん（→P168）

独立・自治問題

民族や宗教、政治対立などの理由があって、所属する国から独立や自治を求める

アフリカの一部で内戦や利権争いが続く

激しかった各国内での民族・宗教対立はやや鎮静化。代わって、豊富な資源の利権をめぐって抗争が激化。飢餓、貧困、多くの難民を生んでいる

増え続ける世界の難民

民族・宗教・政治信条などの違いを理由に迫害されたり、紛争や戦争のために居住地を逃げなくてはならない難民が、世界中で増加している

世界を憤《いきどお》らせたＩＳ《アイエス》（イスラム国）は小さくなりテロの数は減ったが、残党や別の武装組織によるテロは続いている（→P171）

世界の大問題は少子化より人口の急激な増加

日本は少子・高齢化が問題になっています。けれどそれは先進国特有の問題。世界は急激な人口増の問題に直面しています。

人口問題の移り変わり

現在、少子化に悩む先進諸国も、かつては人口増の時代を経験しています。しかし、それが世界規模で生じていることで、問題も、より大きくなってきています。

グローバル化により自給自足に変化が生じる

資源、労働力の輸出などにより、「カネでモノを買う」生活スタイルに

死亡率の低下

衛生状態の改善、医療の発展などにより、乳幼児の死亡が減る

人口の増大

食料を買ってまかなう

都市化が進む

安価な労働力を得て、産業が発展。経済成長を遂げる

格差

農村から都市へ

若い世代は職を求めて都市部や他の国へ移動

現在、世界規模で生じている問題

資源需要の増大

経済成長とともに生活レベルが上がるにつれ、エネルギー、食料など、豊かな生活を支えるための資源需要も増える

高齢者の増加

都市部に移り住んだ若者も、いずれは高齢化していく

出生率の低下

教育水準が上がり女性の社会進出が進むと、妊娠・出産の機会が減り、出生率が低下していく傾向が表れやすい

生産人口の減少

労働力となる若い世代の割合が相対的に減り、経済成長にかげりがみえる

人口の安定・減少

人口は徐々に減り、経済規模に見合った状態に安定していく

アフリカの一部地域では、現在も女性１人あたりの子どもの数は５人以上

急激な人口増加で対応のスピードも必要に

一九五〇年から二〇〇〇年までの五〇年間で、世界人口は約二・五倍に膨《ふく》れ上がりました。「人口爆発」といわれるほどの急激な人口の増加は、アジアやアフリカ、南アメリカの開発途上地域で目立つ現象です。

労働力となる若い世代の増加は国の活力になる半面、急激な都市化によるひずみも生じています。都市と農村の格差にどう対応するか、増大する資源需要をどのようにまかなうのかなど、対応が急がれることばかりです。

10億人増えるのにかかった年数

多くの子どもが生まれても、食料が十分になかったり、衛生状態が悪かったりすれば、その多くは亡くなってしまいます。19世紀以降、生産力が飛躍的に向上したことで、人口増のスピードにも拍車がかかりました。

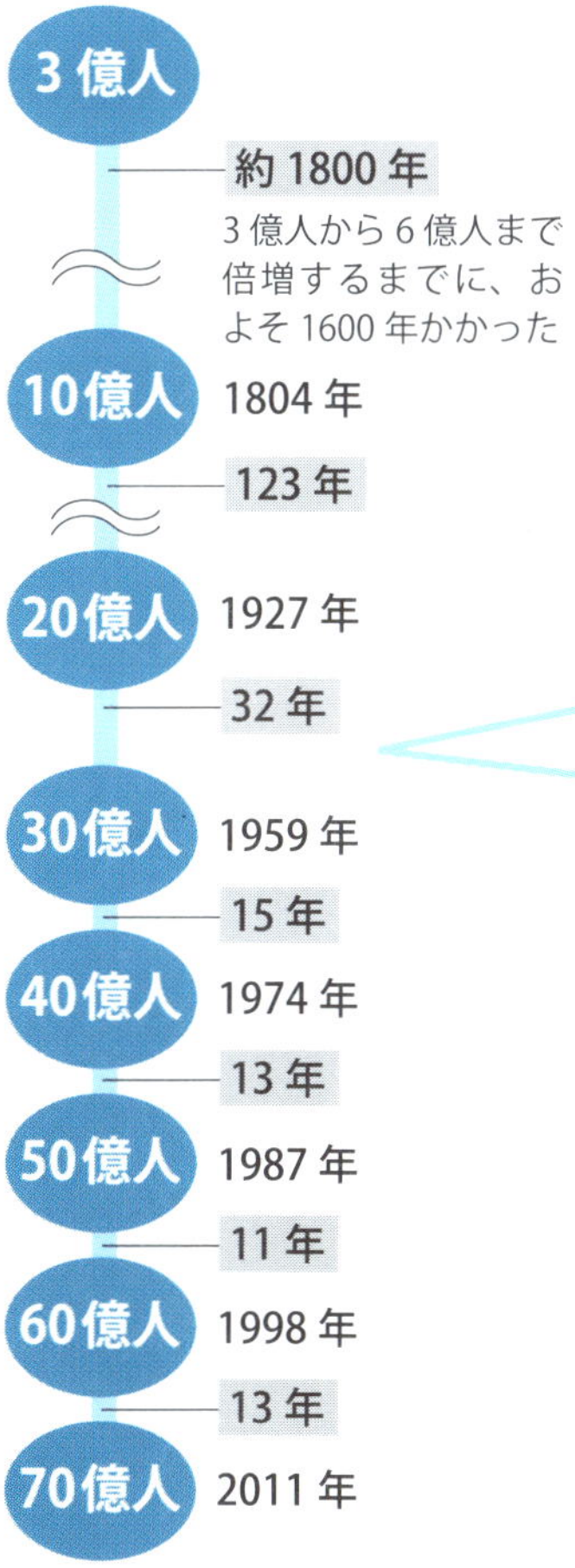

まだまだ増える世界の人口

世界の人口が急激に増加したのは、1950年代以降のこと。近年は世界的に出生率が低下する傾向があるため、増加のスピードは鈍っています。とはいえ、世界人口の減少が始まるのはまだまだ先のこと。当分は、ゆるやかな増加が続くと推測されています。

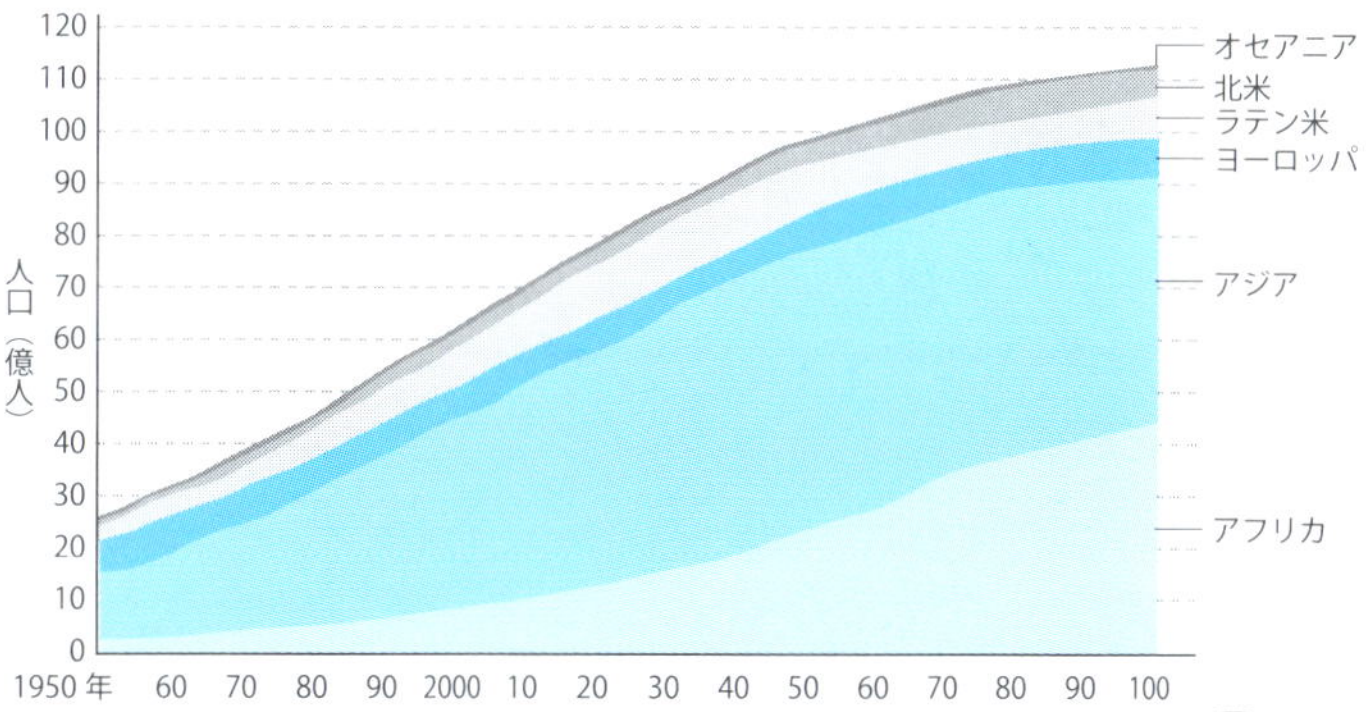

UN「World Population Prospects：The 2017 Revision」

出生率が低下するとともに、現在、先進国が直面している社会の高齢化が世界規模で生じるようになる

「豊かさ」は化石燃料によって支えられている

石油などの燃料を燃やして得られるエネルギーなしに、現代の生活はなりたちません。しかし、その燃料には限りがあります。

ますます増えるエネルギー需要

経済成長とともに、人々の暮らし方も変わります。経済成長いちじるしい新興国が増えるなか、世界が必要とするエネルギーの量は増加する一方です。

日常生活

便利で快適な生活は、多くの電力やガスを使う

世界のエネルギー消費量の推移

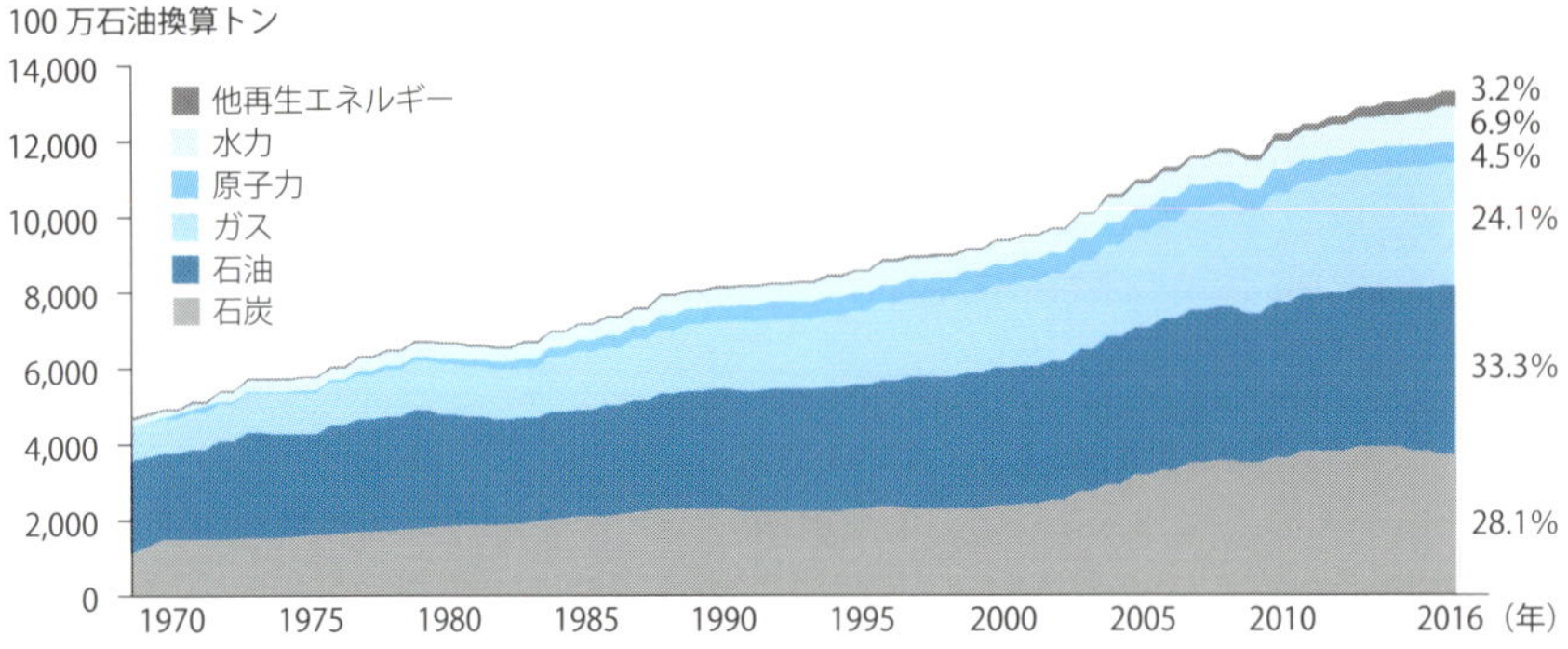

資源エネルギー庁「エネルギー白書 2018」

製造

製造、加工の過程でもエネルギーが必要

世界中でネット通販が普及して宅配が増加。消費エネルギーの増加が課題に

物流・移動

自動車、鉄道、飛行機などの動力源の増加

現代人の暮らしにはエネルギーが不可欠

現代の生活をなりたたせているのは、さまざまな形のエネルギー。電気、ガス、ガソリンなど、直接消費するものだけでなく、製造・流通を通じて、間接的にも多くのエネルギーを使っています。

エネルギー源となっているのは、主に石油、天然ガスなどの化石燃料です。燃やしたエネルギーで発電し、電力として使ったり、精製し、石油製品や都市ガスとしてそのまま使ったりしているわけです。

しかし、化石燃料は有限のもの。このままのペースで使い続ければ、一〇〇年もすると深刻な資源不足に陥ります。豊かな暮らしの土台は、じつは危ういものなのです。

8割以上は化石燃料

石油、石炭、天然ガスなどは、かつて地球上に生息していた植物や動物の死骸が変化し、燃料として使えるようになったもの。化石燃料といわれます。ほとんどの国、地域では、エネルギーの8割以上を化石燃料でまかなっています。

石油

原油を精製してつくるガソリン、軽油、灯油、重油などの石油製品は、交通機関、暖房用、火力発電などの燃料や、さまざまな製品の原材料とされる

確認されている原油の埋蔵量

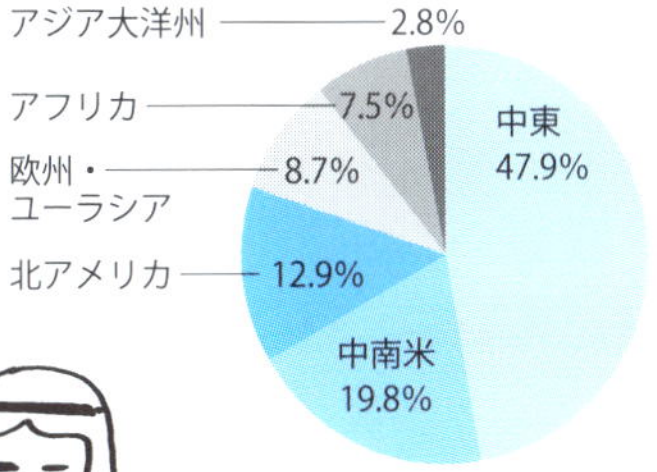

2016年末／
資源エネルギー庁
「エネルギー白書 2018」

約半分は中東地域に
集中している

石炭

製鉄用に用いられるほか、中国をはじめとするアジア地域では、安価な発電用燃料として消費量が伸びている

中国では石炭が主要な
エネルギー源

天然ガス

ガス田は世界各地にあり、埋蔵量が豊富で、環境汚染も比較的少ない。発電用に使われるほか、都市ガスとして一般家庭でも多用される

化石燃料のもつリスク

1 地球温暖化の一因に

化石燃料を燃やすときに出る二酸化炭素（CO_2）は地球温暖化の一因（→P152）

2 「金儲け」の対象に

原油が投資の対象になると原油価格が上がってしまう

3 政治に左右される

中東は紛争などで政情が不安定。石油の供給も不安定に

パリ協定

CO_2排出量削減など、地球温暖化への各国の対策を決めた（→P153）

世界のCO_2排出量

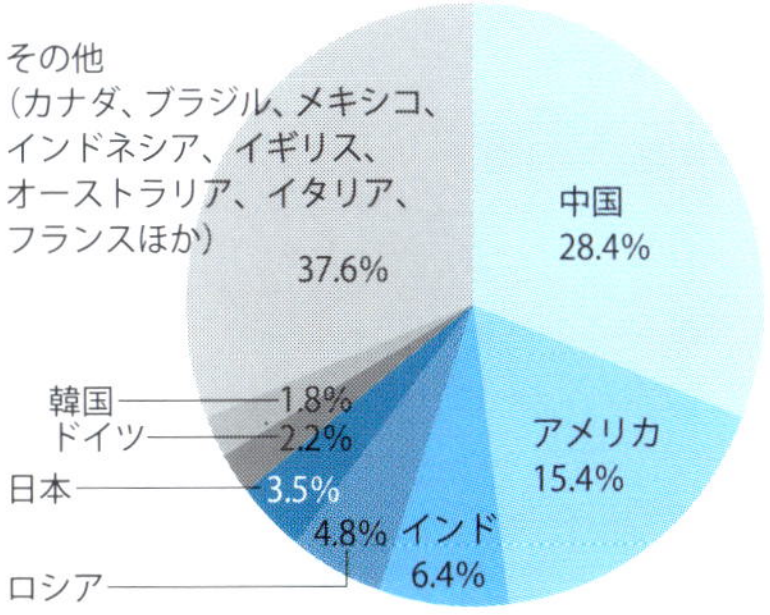

「EDMC／エネルギー・
経済統計要覧 2018年版」

（P146～147のグラフは端数を四捨五入しているため合計が100%になっていない）

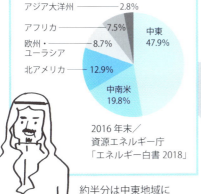

次世代エネルギーは道半ば。脱原発も簡単ではない

新たなエネルギー源を模索《もさく》する動きも活発ですが、まだまだ化石燃料なしでも大丈夫といえるような状況ではありません。

エネルギー開発をめぐる試行錯誤が続く

化石燃料を好きなだけ使う、使える社会は、いつまでも続きません。次世代のエネルギー源を模索する動きが続いています。

安定した供給先を確保したい!!

CO_2を減らしたい!!

化石燃料のなかでは比較的クリーン

未知のゾーンを開拓

コスト高

大量の天然資源が眠っている場所探しから始まる。新たに発見される油田やガス田などは、海底など、開発が技術的に難しいところが多く、実用化には時間もコストもかかる

有望株は天然ガス

シェールガス、メタンハイドレートなど、新しいタイプの天然ガスを中心に、開発が進められている

シェールガス / オイル

「頁岩《けつがん》（シェール）」と呼ばれる薄い層状の岩盤の中に閉じ込められている天然ガス。薄く、広い範囲に存在している。アメリカで採掘《さいくつ》技術が開発され、同じ技術でシェールオイルも採取でき、アメリカは資源大国になった

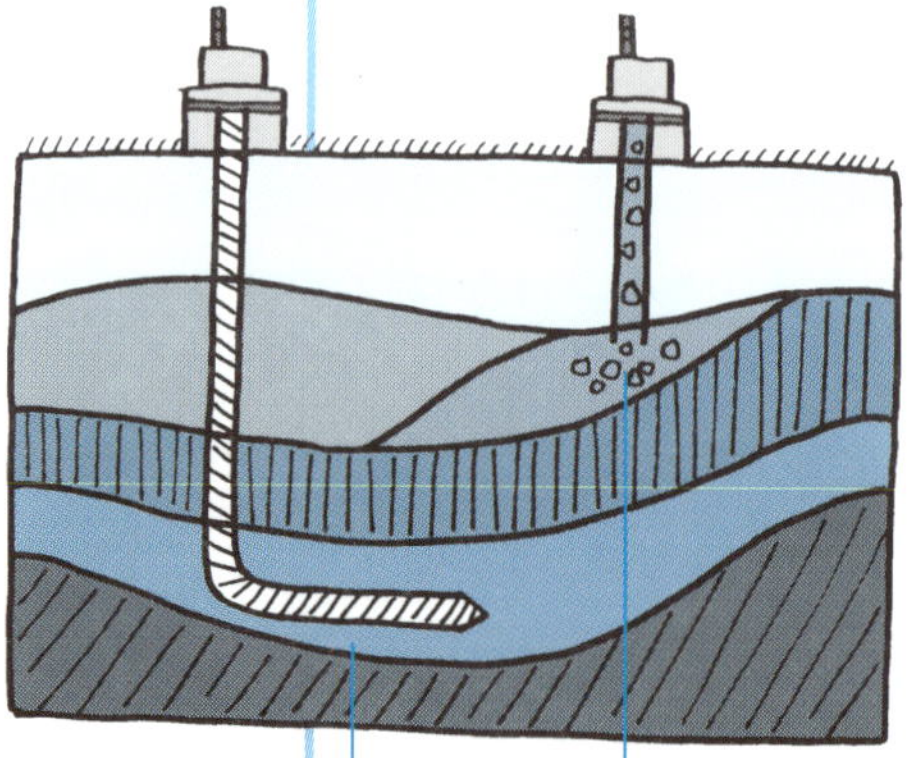

従来のガス田：地中にまとまって存在しているので、掘れば噴《ふ》き出してくる

シェールガス：ガスが眠る頁岩の層に横穴を掘って水や砂などを吹き込むと、亀裂が入り、ガスが出てくる

メタンハイドレート

天然ガスの主成分であるメタンと水が結合し、シャーベット状になった化合物。「燃える氷」ともいわれる。日本近海にも大量に埋蔵されていることがわかっているが、採掘技術が確立しておらず、実用化には至っていない

化石燃料の代わりになるものがまだない

将来的に、エネルギーをどうまかなっていくかは世界共通の課題です。化石燃料に代わる「夢のエネルギー」と推進されてきた原子力発電は、二〇一一年に起きた福島第一原発の事故をきっかけに、計画の見直しが迫られています。

かといって、再生可能エネルギーだけで必要量を確保するのは難しいのが現状です。当面は、従来とは別のタイプにしても、やはり化石燃料に頼らざるをえないという状況が続きそうです。

安全性に疑問

世界的には増加傾向

原子力発電は、核燃料が核分裂する際に生じる熱を利用して電気をつくりだす。CO_2を出さないが、安全性への疑問からイタリア、ベルギーは脱原発を表明。福島第一原発の事故以降、ドイツ、韓国など数ヵ国が脱原発にシフト。一方、新興国では導入の計画が進んでいる

原子力発電のしくみ

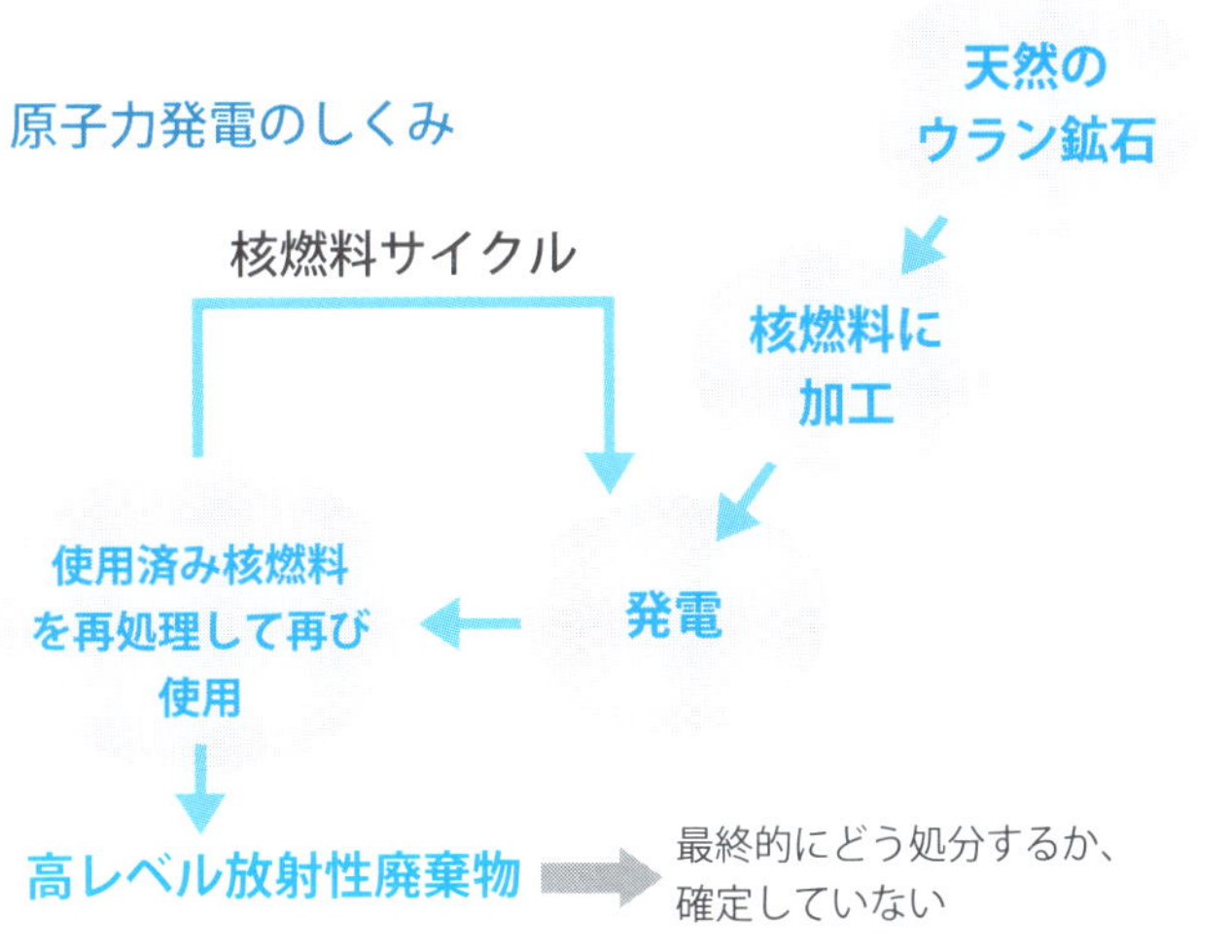

効率性が問題

再生可能エネルギーだけでは難しい

太陽光、風力など自然の力をエネルギーに変換するので、永続的に利用することができる。発電量が一定しない、十分な発電量を確保するためには莫大な設備コストがかかるなどという問題点もあり、これだけではやっていけないのが現状

スマートグリッドで弱点を克服できる!?

電気は、蓄電装置がないかぎり必要以上に発電しても無駄になってしまう。スマートグリッドは、情報通信技術を活用して、必要なところに必要なだけ送電する送配電網《そうはいでんもう》システムのこと。実用化に向けた取り組みがさかんになっている。自然条件によって発電量が左右される再生可能エネルギーの弱点をカバーする方法とも期待されている

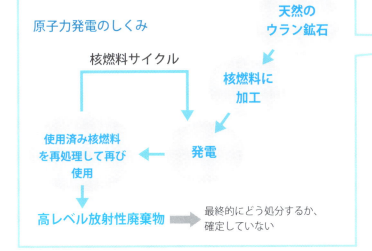

多発する「海の資源」をめぐる争い

魚などの漁業資源だけではありません。海底に眠る化石燃料も争いの種。世界各地で海の境界争いが繰り広げられています。

「国の権利」が及ぶ範囲

領土・領海・領空は国の権利が及ぶ範囲。他国が勝手に入り込んではいけないことになっています。

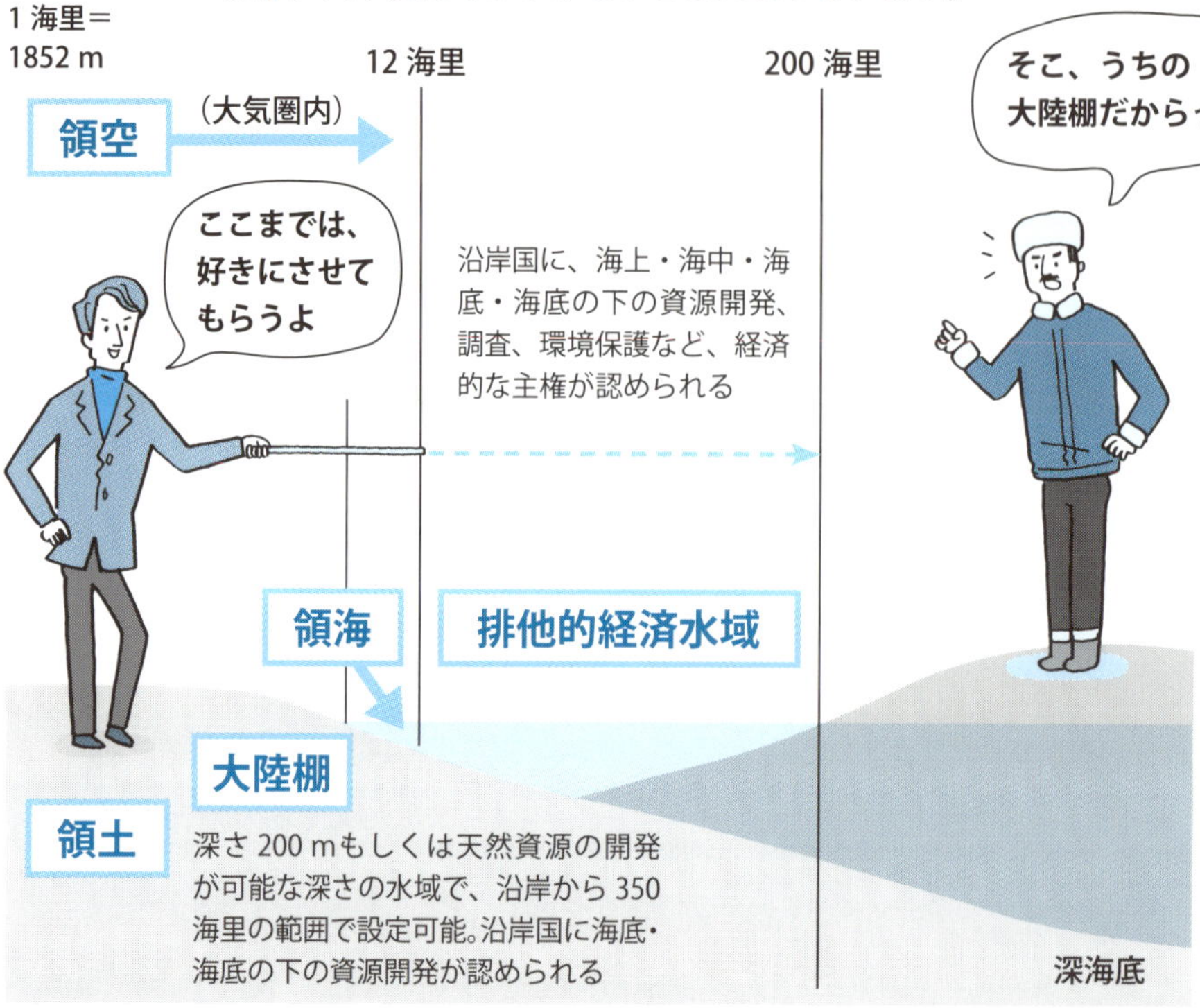
1海里＝
1852 m
12海里
200海里
領空
（大気圏内）
ここまでは、好きにさせてもらうよ
そこ、うちの大陸棚だからっ‼
沿岸国に、海上・海中・海底・海底の下の資源開発、調査、環境保護など、経済的な主権が認められる
領海
排他的経済水域
大陸棚
領土
深さ200 mもしくは天然資源の開発が可能な深さの水域で、沿岸から350海里の範囲で設定可能。沿岸国に海底・海底の下の資源開発が認められる
深海底

近隣諸国ともめる原因に

国と国との境界をどこに置くかは、国家間の大きな問題のひとつ。今、とりわけ問題になっているのは海の境界についてです。海底に眠る石油や天然ガス、鉱物などの天然資源を獲得する権利を狙って、各国の思惑が錯綜《さくそう》しています。

海底資源については、国連海洋法条約に定められた「排他的経済水域」と「大陸棚《たいりくだな》」をもとに境界が設定され、権利が確定します。

問題は、近隣諸国どうしの距離が近かったり、島の帰属などで争ったりしている場合です。それぞれが主張する境界が重なりあい、なかなか決着がつかない例も増えています。

海の境界をめぐる主な争い

海の境界は機械的に決まるわけではなく、沿岸諸国が合意して、初めて正式に認められるもの。どこまでを大陸棚とみるか、島の領有権はどこがもつのかなど、争点はいろいろあります。

新たな火種は北極海

地球温暖化により、北極海の厚い氷が溶けはじめてきた。これにより、開発困難だった北極圏に眠る豊富な地下資源をめぐる争いに火がついた。北極海を囲む5ヵ国の間で、それぞれの権利が及ぶ範囲についての調整が続いている

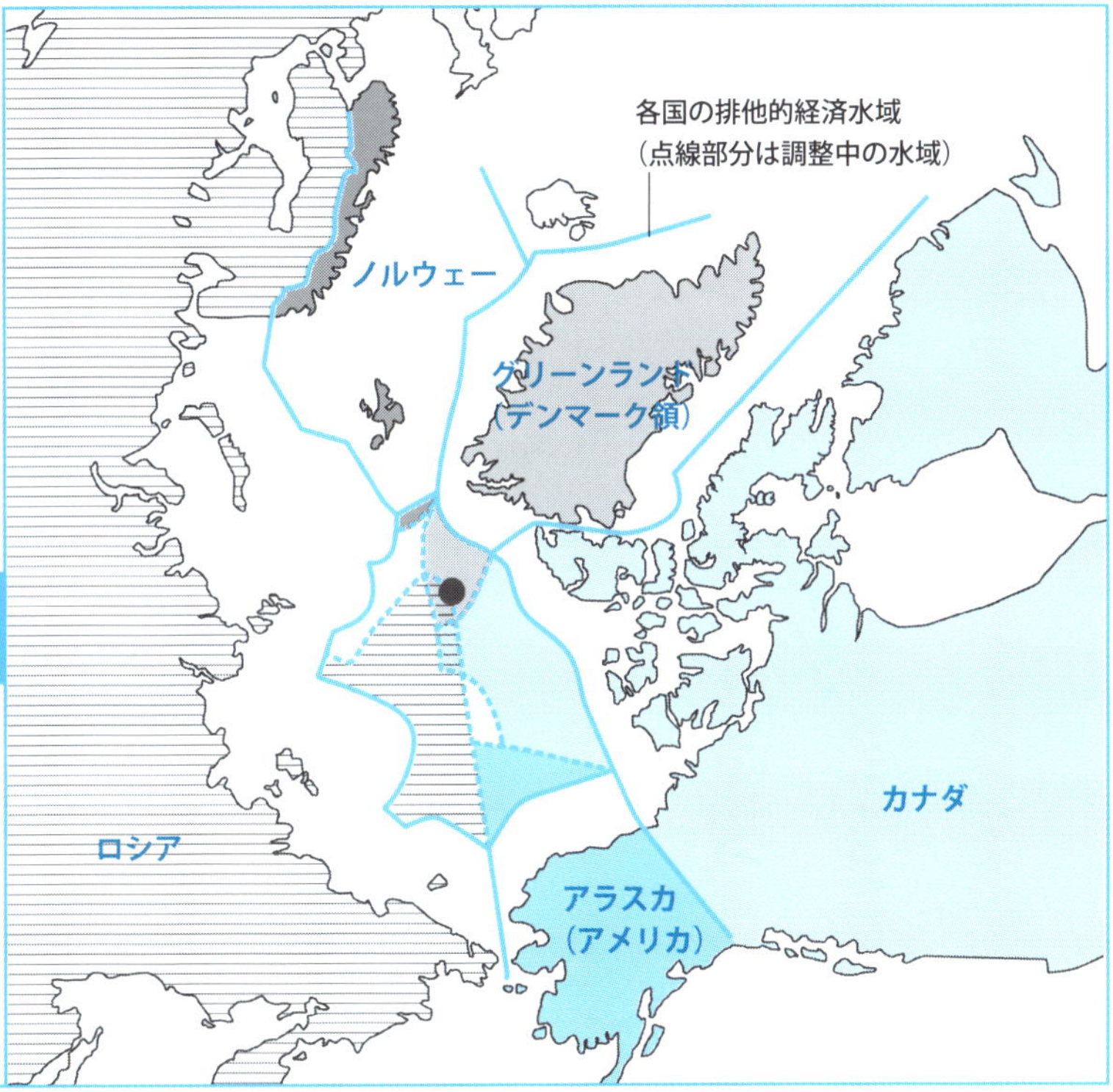

日韓が争う竹島問題

1905年、竹島は島根県に編入され日本の領土となったが、第二次世界大戦後、韓国が領有権を主張。以後、互いに譲らぬ状態が続く

海底油田をめぐる南シナ海

海底油田やガス田が眠っているとされる南シナ海。海域に点在する南沙諸島《なんさしょとう》（スプラトリー諸島）など、小さな島々の領有権をめぐって沿岸各国が対立している

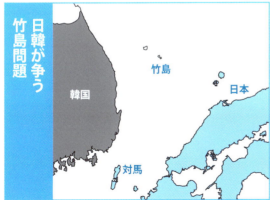

大量消費は環境破壊をまねく

経済の発展にエネルギーは欠かせないもの。けれど、化石燃料や原子力を贅沢に使える時代ではなくなってきています。

環境に与える影響

資源を大量に使って、モノを大量につくり、大量に使う。贅沢を謳歌《おうか》していた代償は、環境の悪化というかたちで私たちに跳ね返ってきます。

資源の採掘

天然資源を得るために、自然が破壊される。採掘《さいくつ》時に環境を汚染する物質がもれ出すおそれもある

生産・輸送

モノをつくるとき、できた製品を運ぶときなどに大量のエネルギーが使われ、汚染物質が排出される

大気汚染

窒素酸化物、硫黄酸化物など、車や工場から排出される有害物質が大気汚染をまねく

酸性雨

空気中の汚染物質が雨に溶けて降り注ぎ、森林を枯らしたり、水質を汚染したりする

地球温暖化

燃焼時に生じる二酸化炭素（CO_2）などは、大気圏外に熱を逃がしにくくなる「温室効果」をもたらすといわれる

大量消費・大量廃棄

モノをたくさん使えば、ゴミも増える。たくさんのエネルギーを使えば、排出物も多くなる。たくさん消費することで、さらに資源が必要になる

マイクロプラスチック問題

プラスチックの細かい粒子が大量に海を漂っている。回収不可能で、魚が飲み込み、その魚を人間が食べる。海の生態系や人間にどのような影響があるかはまだわからないが、自然環境が破壊されていることは確か

温室効果ガス削減への取り組み

台風の頻発《ひんぱつ》・巨大化、熱波などの自然環境の変化は温暖化の影響とされます。南極の氷が溶け、水没が予想される島も。温室効果ガスとは、ほぼCO_2のことです。

パリ協定

COPで2015年に採択された。発展途上国を含む、世界中ほぼすべての国が参加。アメリカ抜きでルールづくりを進めている

「今世紀末の気温上昇を2℃より十分低く、1.5℃以内を目指す」

日本の取り組みのひとつ

- CCS。火力発電所などから出るCO_2を地中深くに溜める。アメリカなどでおこなっているが、日本でも導入を目指している

京都議定書

気候変動枠組条約締約国《きこうへんどうわくぐみじょうやくていやくこく》会議（ＣＯＰ）で1997年に採択《さいたく》された。ただし、CO_2排出量世界1位の中国は途上国扱いで削減義務を課せられず、2位のアメリカは承認していなかった

目標達成のウルトラ技

- クリーン開発メカニズム（先進国が途上国のCO_2排出量削減に貢献すれば、その先進国が軽減したことにする）
- 排出権取引（削減できなかった国ができた分を買い取れる）

アメリカのトランプ大統領は「温暖化はでっちあげ」とパリ協定から離脱を表明（バイデン大統領が復帰）。「石炭をどんどん燃やせ」と公言

アメリカを除く先進国だけが温室効果ガスの削減義務を負うことになった

地球温暖化を防ごうと世界中が取り組んでいる

環境保護への取り組みが必要という認識は世界共通です。多くの問題がありますが、各国が連携しているのが地球温暖化。以前決められた「京都議定書《ぎていしょ》」では先進国だけに温室効果ガスの削減義務が課せられましたが、後継の「パリ協定」では多くの国が削減しようということになりました。

バイオ燃料は切り札？

トウモロコシなど、植物からつくるバイオエタノールは、燃料として使うときCO_2を出しますが、育つときにCO_2を吸収するので、排出量ゼロとされています。アメリカなどで再生可能エネルギーとして推進されてきました。しかし、食用から燃料用へ作物が切り替えられ、食用の穀物価格が上がる結果に。食用にならない植物を燃料にするようになっています。

食資源・水資源の確保も問題になる

食料や水といった命に直接かかわる資源をどう確保するかも、世界的な問題のひとつ。ただ、問題点は各地で異なります。

食資源が行き渡らない

地球全体でみれば、すべての人が生きていけるだけの食料が生産されているといわれています。しかし、実際には、足りないところもあれば、余って捨てているところもあります。

日本はたくさん捨てている！

日本では、年間約500万～900万トン、毎日１人あたりお茶碗１杯分が、食べ残しや賞味期限切れで捨てられている。食料廃棄大国だ

栄養不足の人口の割合

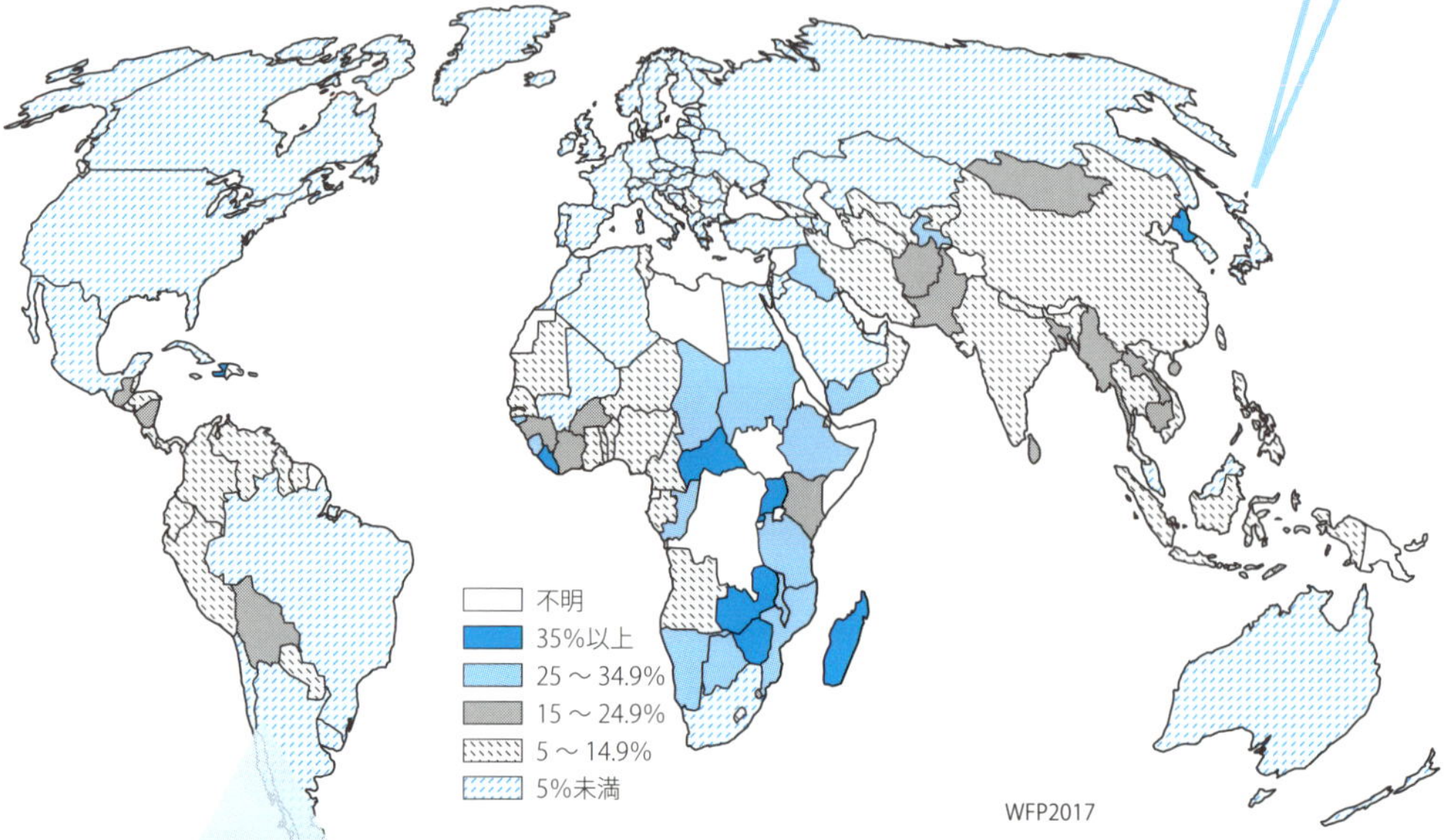

WFP2017

安全な水を飲めない人も７億人

井戸がない、川や雨水などを浄化する設備がないなど、清潔で安全な水を確保できない国や地域もある。下痢、コレラ、有害物質による中毒、寄生虫感染など、不衛生な水が原因で生じる健康被害も深刻

JICA2015

飢餓が起きる理由

十分な食料を確保できず、栄養不足の状態に陥っている人は、全世界で８億1500万人を超えると推測されている。アフリカ、アジアに集中している

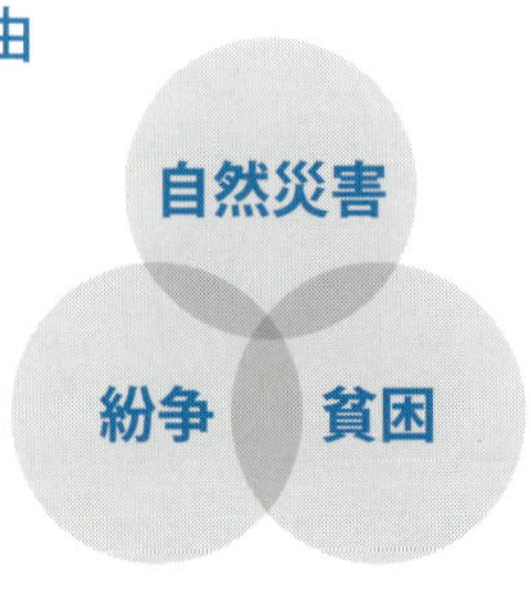

WFP2017

同じ地球の住人なのに……

かつての中国は「大躍進政策」の失敗で3000万人の餓死者が出た
ウーム
うまくいくはずだったんだけどな～
北朝鮮では軍事費に予算が回され食料不足に…
おなかいっぱい食べたいよ～
逃げ出す人も多数
アフリカは内戦・干ばつ・貧困の三重苦…
難民キャンプで暮らす人も…
記録的なききんが…
食べたくても食べられない人もたくさんいるのね～
太っちゃう
おなかいっぱいだけど残せないわ～
買いすぎですっ!!

「農地争奪」の動きもある

経済的な発展が遅れている地域では、急激な人口増とあいまって食資源・水資源の不足が問題になっています。一方、栄養不足の心配はなくても食料自給率の低い国は、自給率のアップが課題です。安定した食物供給をはかるために、韓国や中東諸国は外国の土地に自国向けの大農場をつくる動きも。中国、インドも加わり、農地争奪戦の様相を呈しています。

食用の乱獲で絶滅のおそれも

クジラやマグロなど、個別の食資源をめぐる争いは、日本にとっても身近な問題です。

規制の動き

乱獲《らんかく》による絶滅の危機を防ぐために、絶滅が危惧《きぐ》される野生生物に対しては、さまざまな国際条約機関によって商業取引が規制されている。「本マグロ」として人気のあるクロマグロや、クジラも規制対象のひとつ

食文化を守る動き

「資源保護と漁業は並立する」という日本の主張は認められず、日本は国際捕鯨《ほげい》委員会を脱退。クロマグロについては、「ワシントン条約」による商業取引の全面禁止の対象になる可能性もあったが、とりあえずは回避

クジラは国際捕鯨委員会、マグロは5つの国際条約・漁業資源管理機関が規制の対象としている

日本がかかえる外交問題は多層的

国と国との間では、利害が対立することも多いもの。その調整には、巧みな駆け引きが必要とされています。

日本の主な外交課題

近隣諸国との関係だけでなく、先進国の一員として、地球規模で解決すべき問題への取り組みも求められています。

近隣諸国との関係の調整

北方領土問題、尖閣諸《せんかくしょ》島《とう》問題、竹島問題、拉《ら》致《ち》問題など、未解決の問題への取り組み

国の安全を守る

拉致問題のある北朝鮮、海洋進出計画を進める中国など、アジア太平洋地域は安定した状態とはいえない。アメリカとの関係を軸に、国を守る体制をつくるのも外交の役目

国連を通じての外交

日本は、安全保障理事会の非常任理事国を 10 回以上務めているほか、さまざまな機関を通じて国連の活動に貢献。常任理事国入りを目指し、働きかけている

地球温暖化の防止

温暖化防止、種の絶滅を防ぐ取り組み

世界平和の実現

軍縮・核不拡散、国連の平和維持活動（PKO）への参加、国際的なテロ対策への協力、国際組織犯罪への取り組みなど

支援・援助

政府開発援助（ODA）などを通じて、途上国の経済発展を促す。貧困、飢餓、災害などが生じている地域への人道的な支援や、難民の受け入れ、海外難民への支援など

経済協力関係をつくる

G20 サミット、さまざまな貿易グループへの参加など

保健・医療関係

グローバル化によって広がりやすくなっている感染症の予防など

漁業・海洋

捕鯨問題、マグロ漁業の問題、海賊問題への対処、排他的経済水域の設定など

資源の確保

エネルギー、鉱物、食料などの安定的な確保に努める

友好的な交流

それぞれ異なる文化をもつ国どうしが理解しあえるように、文化交流をはかる

科学技術・宇宙

科学技術の発展、宇宙開発などで協力関係をつくる

課題は山積している

外交の基本

外交とは、国と国とが互いに独立した国であると認め、国どうしのつきあいをしていくこと。互いに「国益」を守ろうとするので、対立も生まれます。

国交のある国

互いに承認しあい国交を結んだ国どうしは、大使館を置いて外交官を派遣するのが一般的

国連加盟国のほぼすべて

日本が承認している国の数は196ヵ国*（このうちバチカン、コソボ共和国、クック諸島、ニウエは国連に未加盟）

＊2020年9月現在

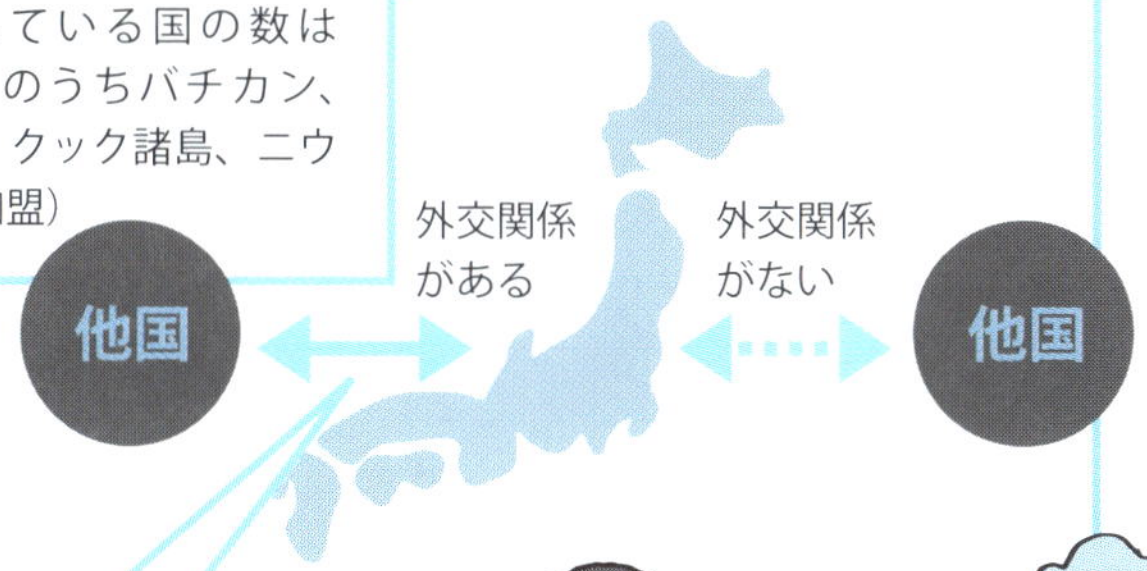

国交のない国

国として認めていないため、外交関係を結んでいない

台湾

かつては国交を結んでいたが、中国の代表は中華人民共和国であるとして、国交を断った。しかし、交流が深いため、実質的な大使館の役割を果たしている民間の事務所が互いの国に置かれており、行き来は自由にできる

北朝鮮

日本は承認していないが、国連には加盟している

外交のルールになるのは国際法

国際法を無視した行動は、国連の決議による制裁（→P175）を受けたり、国際的な世論の批判を受けたりする

国際慣習法

法律として制定されてはいないが、国際社会で広くおこなわれており、各国が「決まり」として認めている慣習。多くは条約化されている

条約

国どうしが文書によってかわす約束。二国間とはかぎらず、多国間で結ばれるものもある。協約、協定、憲章なども、広い意味では条約に含まれる

首相や外務大臣など、各国の高官が署名し、条約を結ぶ意思を示す。実際に効力が生まれるのは、署名した条約を国会で承認（批《ひ》准《じゅん》）したあと

近隣諸国との関係は複雑

不況が続いているとはいっても、日本は経済大国のひとつ。世界のなかで日本が果たすべき役割は少なくありません。

ただ、近隣諸国との関係は、歴史的な背景もあって少々複雑です。明治時代以降、拡大政策をとり、朝鮮半島の植民地化、中国東北部の支配などを推し進めた日本に対し、韓国・北朝鮮や中国などは、今なお反日感情を表すことも。これからの関係をどう築いていくか、日本の外交手腕が問われます。

尖閣諸島問題の発端は未知の海底資源

日本と中国の間に横たわる溝のひとつが、尖閣諸島の領有権をめぐる問題です。台湾との関係を含め、複雑化しています。

食い違う三者の主張

日本、中国、台湾が領有権を主張する尖閣諸島は、わずか5㎢ほどの小さな島々。島そのものより、その周辺に存在する可能性がある海底資源を狙って、各国の思惑が錯綜《さくそう》しています。

日本

1895年に沖縄県に編入。一貫して日本の領土

「尖閣諸島に領土問題は存在しない」というのが日本政府の見解。清《しん》（現中国）の支配が及んでいないことを確認のうえ編入したのであり、昔も今も日本の領土であることは疑いないと主張

↓

海底資源の存在が推測される

尖閣諸島一帯の海底調査で、石油や天然ガス埋蔵の可能性が指摘された

台湾

地理的位置、利用の歴史からみれば我々のもの

1970年に独自の調査を開始。尖閣諸島の領有権を主張しはじめた

中国

日本が領有権を主張する以前から中国のもの

台湾に続いて中国も、正式に尖閣諸島の領有権を主張しはじめた

↓

トラブルが続く

排他的経済水域（→ P150）の設定をめぐる問題があるなか、2010年には日本の巡視船に中国の漁船が衝突する事件が起きた。東シナ海の日中中間線付近では、中国側でガス田の開発が一方的に進んでいる

南シナ海では中国が沿岸諸国を悩ませる

南シナ海に人工島を作り、軍事基地を建設。フィリピンが仲裁裁判所＊に訴え、国際法違反と裁定されたのですが、中国は判決を受け入れないと表明しています。ベトナム、マレーシアなどとの緊張も続いています。

＊国家間の紛争の仲裁をする。相手国が拒んでも手続きが進められる。オランダ・ハーグにある

大国化する中国との難しい関係

日本と中国は歴史的背景もあり、友好的とはいいにくい関係にあります。社会のしくみが大きく違い、考え方も違います。尖閣諸島や東シナ海ガス田などをめぐる対立も解決されていません。

しかし、アジア地域での中国の存在感は増すばかり。巨大な市場として、中国とどうつきあっていくかは、日本の大きな外交課題のひとつとなっています。

中国を理解する３つのポイント

急速な発展を遂げている中国とは、どんな国なのか。その特徴は３つにまとめられます。

1　事実上の独裁体制

あらゆる組織は中国共産党の支配下にある。共産党以外の党は、いずれも「中国共産党の指導を受ける」とあり、独立していない。共産党の決めたことが絶対であり、言論の自由もない

2　市場経済の導入による急成長

社会主義経済体制の行き詰まりから、まずは「条件の整っている地域を発展させ、貧しい地域の発展を牽引する」という考えのもとに、党が市場経済の導入を決定。競争原理が働きだす

3　急成長によるひずみ

市場主義が導入された沿岸部の都市と、内陸の農村の間で経済格差が広がり、少数民族の不満も増大。公害の発生、バブル崩壊の懸念も生じている

中国と台湾の関係

台湾も尖閣諸島の領有権を主張する一方で、「台湾は中国の一部」というのが中国の主張。二者の関係も複雑です。

中華民国（1912 年に成立）

中国共産党　ソ連型国家の建設を目指す
対立
国民党（国民政府）　アメリカ型国家の建設を目指す

日中戦争開始

対立しあっていた両者が、協力して日本軍と戦う

中国共産党　内戦に勝利
対立
国民政府　敗退し、台湾に逃れる

中華人民共和国成立（1949 年）

中華民国を維持　台湾としての独立を求めてきたが、近年、中国が急接近している

1971 年、国連決議で「中国の代表は中華人民共和国であり、台湾はその一部」という決議が採択される

仲良しの台湾が、
最近、中国と対立的なんだよなあ……
中国パワーは無視できないものなあ……
JAPAN

日本も微妙な立場に立たされている

ロシアとの間に横たわる北方領土問題

北海道根室半島の沖合にある北方四島。この島々の領有権をめぐる問題が北方領土問題。解決する日が来るのでしょうか。

境界線の変遷

日本とロシアが対立する北方領土問題には、19 世紀から続く歴史的な経緯があります。

1855 年

日露和親条約

江戸幕府と旧ロシアとの間で、両国の国境が定められた

- 北方四島は日本のもの
- 千島列島はロシアのもの
- サハリンはどちらとも決めない

1875 年

樺太千島交換条約

北方四島が千島列島に入るかどうかは明記されなかった

- 千島列島は日本がもらう
- サハリンはロシアのものとする

1905 年

ポーツマス条約

日露戦争で日本は戦勝国となり、南サハリンを譲り受ける

- 南サハリンは日本のもの

1951 年

サンフランシスコ講和条約

第二次世界大戦で敗戦国となった日本が以下の条件をのんだ

- 日本は千島列島と南サハリンの領有権放棄

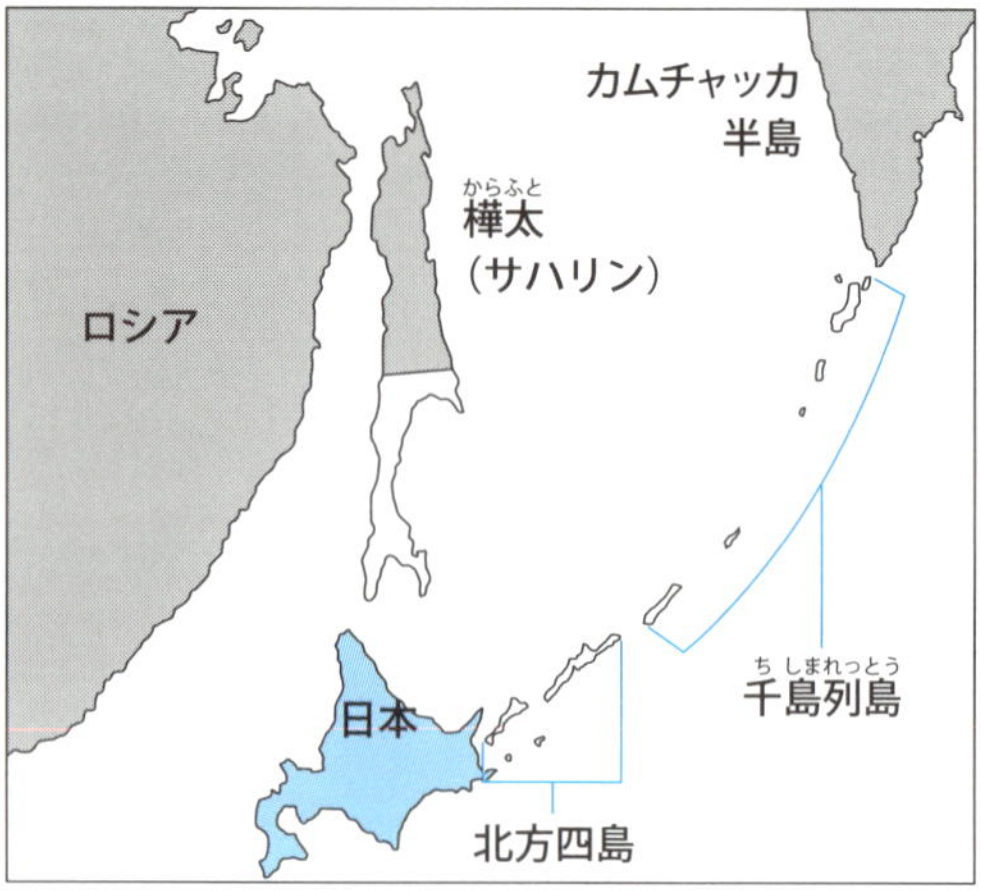

1945 年

終戦まぎわに参戦したソ連が次々に占領

第二次世界大戦中、互いに戦争をしない、互いの戦争には中立を守るとした「日ソ中立条約」をソ連が一方的に破棄し、1945 年 8 月 9 日に侵攻を始めた

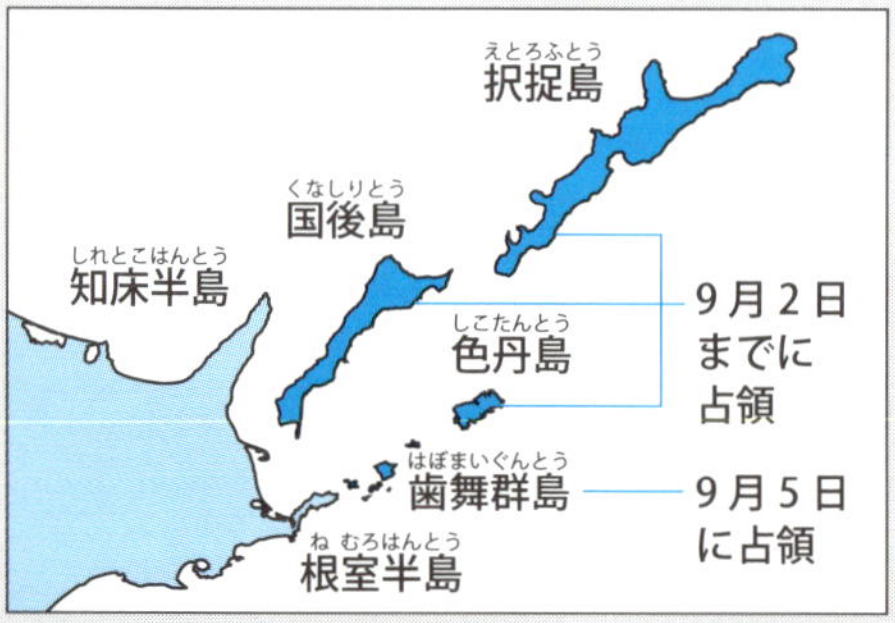

戦争が終わった 8 月 15 日以降に侵攻したのは不法占拠だ !!

「平和条約」を締結できない大きな理由

日本とロシアは、国交はあるものの、「互いに友好的な関係を保とう」という平和条約は結んでいません。障壁となっているのは、未解決の北方領土問題です。

何度かのチャンスはいずれも実らぬまま。日本国内でも、現実路線として歯舞・色丹の二島を先に返還する案を肯定的にとらえる意見と、四島の一括返還を求める意見に割れているのが現状です。

返還への道のりは続く

ロシアが北方領土にこだわり続ける理由

近年は、「強いロシア」をアピールするためにも、簡単に譲歩はできないというロシア側の姿勢もみられます。

軍事拠点として有効 → 冷戦終結後は、軍事的な価値は薄れている

冬場、自国の軍港周辺の海が凍結し、軍艦が外海に出られなくなる。凍結しない北方領土を軍事拠点としておきたかった

豊富な漁業資源 → 日ロ両国が、それぞれ異なる境界線を定めているため、日本が定める経済水域内で漁をする日本の漁船をロシアがつかまえる（拿《だ》捕《ほ》する）事件がしばしば起こる

北方領土周辺は、サケ、カニ、ホタテなどの漁業資源が豊富。年間10億ドルもの収入をもたらしているといわれる

日本も世界も困っている 北朝鮮の動き

朝鮮半島は北朝鮮と韓国に分断されたまま、今も「休戦」状態。和解の兆しがみえてきましたが本当に実現するのでしょうか。

朝鮮半島の現代史

もともとはひとつにまとまっていた朝鮮半島が、南北に分断されたのは第二次世界大戦後のこと。ここから、北朝鮮の歩みは始まります。

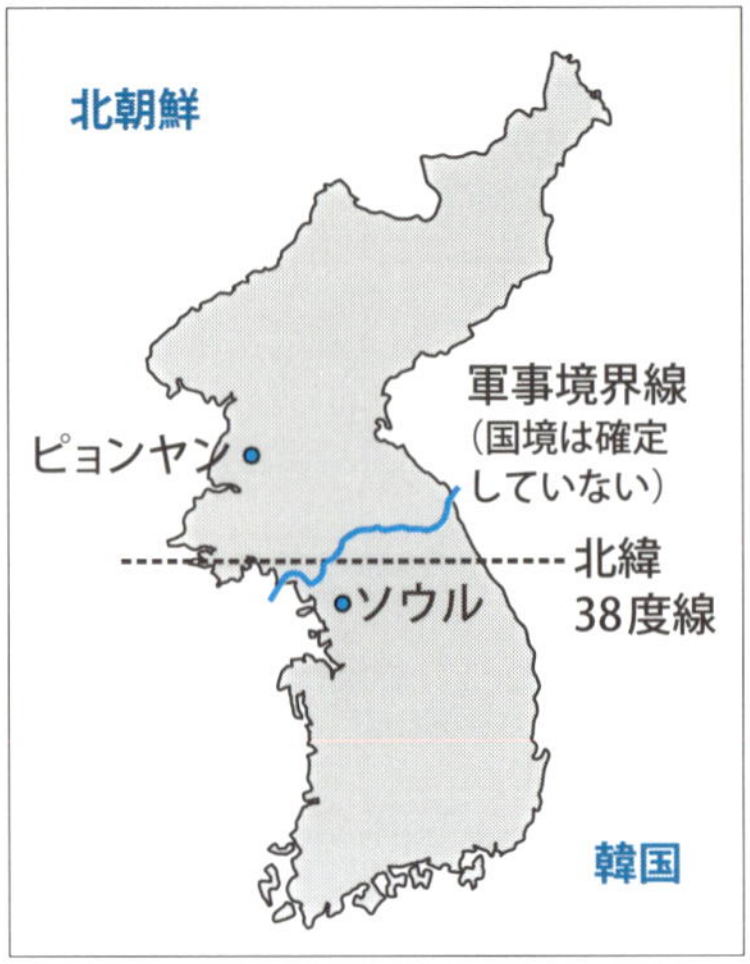

「北緯 38 度線」が境界に

戦後、朝鮮半島の北半分はソ連、南半分はアメリカ軍の占領下に。1948 年には朝鮮民主主義人民共和国（北朝鮮）と、大韓民国（韓国）の独立が宣言される

↓

朝鮮戦争（1950 ～ 1953 年）

南北統一を目指して、北朝鮮軍が韓国に侵攻《しんこう》。北は中国とソ連、南は米国ほか数ヵ国の支援を受けて戦争になった

1953 年に「朝鮮戦争休戦協定」が調印され、休戦状態に入ったまま分断が固定

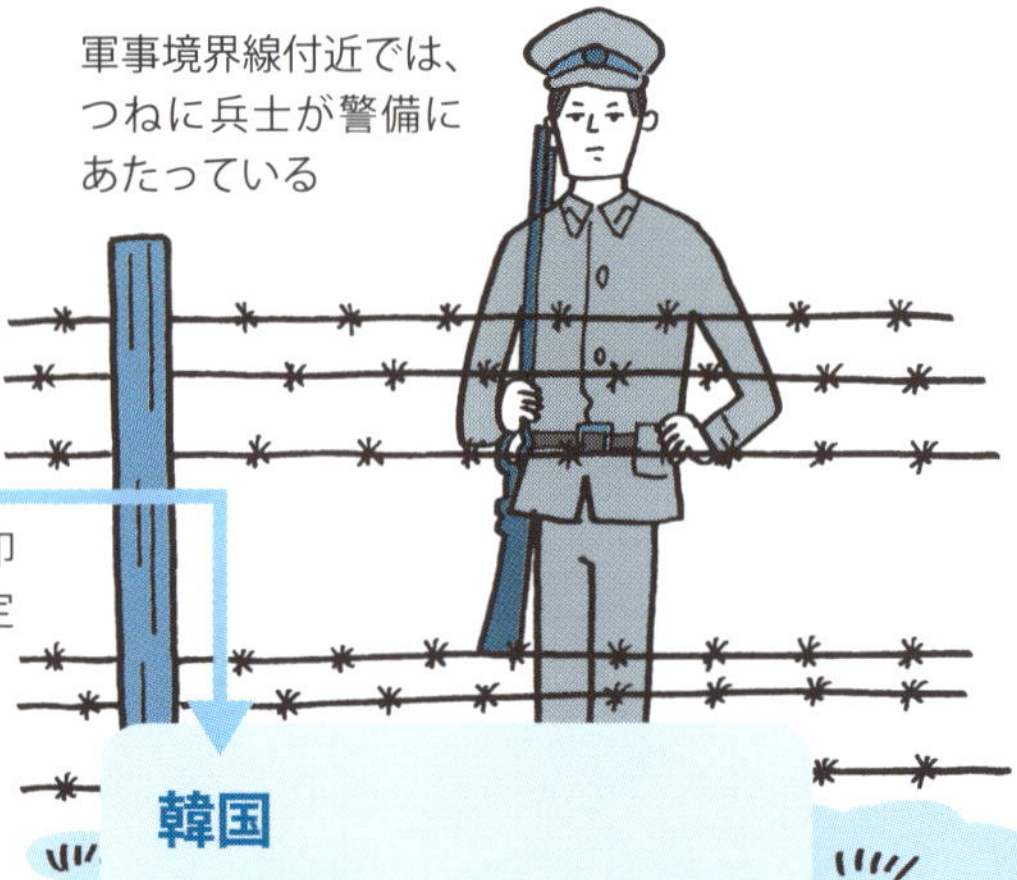

軍事境界線付近では、つねに兵士が警備にあたっている

北朝鮮

独裁制の社会主義国家に。他の社会主義国との貿易をもとに国家経済を運営

ロシア　中国

韓国

資本主義国家として経済発展

アメリカなど

日本人を拉致

当時 13 歳だった横田めぐみさんはじめ、日本人が北朝鮮に拉致《らち》（強引に連れ去られる）された。解決が急がれる問題

北朝鮮と韓国は国交がなく、日本人なら韓国に入れる。日本語を学ばせ、日本人になりすましたスパイを韓国に潜入させるため？

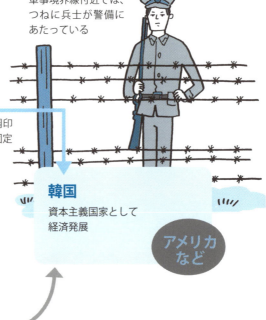

いつのまにか核保有国に

秘密裏に進んでいた北朝鮮の核開発。「今度戦いになったら負ける」というおびえから、核武装が始まったと考えられています。

6ヵ国協議

核開発中止を求め、アメリカ、日本、韓国、北朝鮮、中国、ロシアの6ヵ国による外交交渉が開かれている

中国、ロシアは北朝鮮寄り

ソ連に頼み、IAEA、NPT（→P173）への加盟を条件に建設が認められた

表向き

経済発展のために原子力発電所を建てたいのです。もちろん平和利用だけですよ

本音

使用済み核燃料から取り出したプルトニウムで核兵器をつくるぞ！　査《さ》察《さつ》なんて断ればいいや

発覚

IAEAの査察で、プルトニウムを精製していた痕跡《こんせき》がみつかる。言いがかりだとIAEAを脱退する一方で、核兵器開発はしないと宣言

表向き

核兵器の開発はやめるけど、原発はほしいし、火力発電所や重油も必要だなあ

本音

ウラン型爆弾なら原発を動かさなくてもできるもんね。核兵器開発はやめないぞ

発覚

ウランを濃縮するための遠心分離機《えんしんぶんりき》を、パキスタンからひそかに購入していたことがわかり、再び非難の的に

開き直り

核兵器もってますが、なにか⁉

米朝首脳会談

2018年に韓国と北朝鮮との南北首脳会談、続いて米朝首脳会談が実現した

約束したこと

- アメリカは北朝鮮の体制（金正恩《キムジョンウン》体制）を認める
- 北朝鮮は朝鮮半島の非核化に向けて取り組む

北朝鮮の歩み寄りは本物なのか

北朝鮮の対外的な姿勢は「戦争になったらたいへんだぞ」と相手に迫り、破綻寸前のところで少し妥協してみせるもの。ひそかに核兵器の開発も進めていました。

二〇一八年に米朝首脳会談が実現し、「核兵器をつくらない」と約束しました。しかし、これまで何度か同じ約束をしては反故《ほご》にしてきた北朝鮮。今度もアテにならないと、日本は警戒しています。

「日米安保条約」が日米関係の基本にある

世界情勢は変化していても、日本にとってアメリカは特別な存在。両者の関係の根本にあるのが、日米安全保障条約です。

在日米軍施設・区域のある都道府県

日本国内には、米軍の通信所などの施設や、基地（キャンプ）、演習場、飛行場など、米軍が使用する区域が点在しています。

全体面積に占める割合

- 70%以上
- 5%～10%未満
- 1%～5%未満
- 1%未満

※白地の府県には施設・区域は置かれていない

全体面積の７割以上が沖縄県に集中している

米軍専用の空域(横田空域)

首都圏の空は米軍の管轄。羽田発着の飛行機は大きく旋回しているのが実情

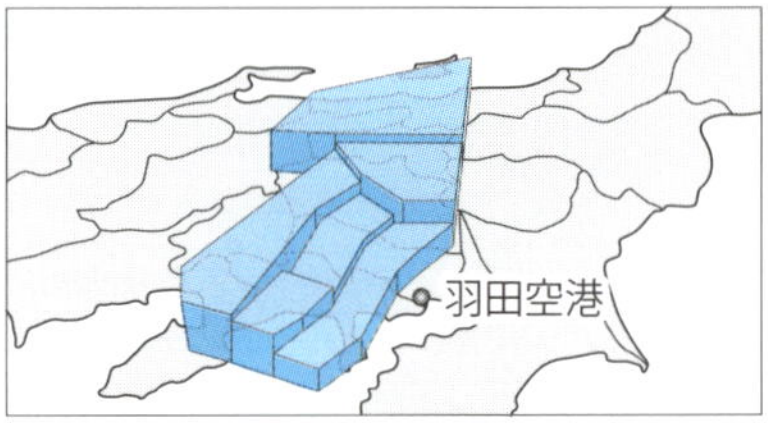

防衛省・令和２年３月

基地問題の背景にも新日米安保条約がある

敗戦後、一九五一年に締結《ていけつ》された「サンフランシスコ講和条約」によって日本は独立国となりました。占領を解かれ、独立したのですから、よその国の軍隊は、通常なら撤退《てったい》となります。しかし、さまざまな事情からアメリカは日本に軍を置くことを希望し、日本もメリットがあると判断。そこで、独立国にはなったけれど、よその国であるアメリカが軍隊を置くことは認めましょう、と日米安保条約が結ばれました。

条約締結から半世紀以上たった今も、条約は更新され続けています。沖縄の基地問題の背景にも、安保条約があるのです。

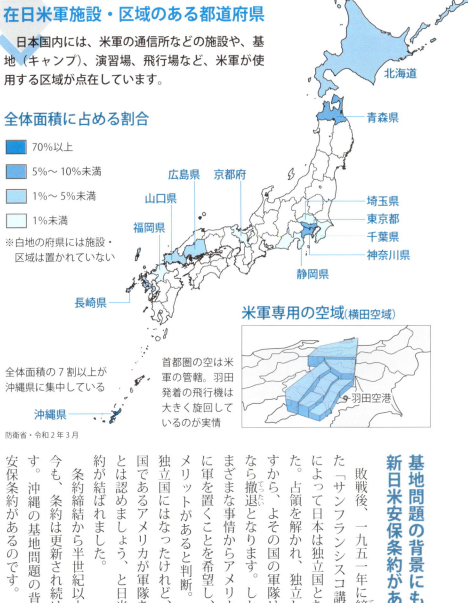

安保条約の歩み

「日本国とアメリカ合衆国との間の相互協力及び安全保障条約」。これが日米安保条約の正式名称です。日米安保条約に基づく両国の関係は日米同盟ともいわれますが、その内容は、少しずつ変わってきています。

旧

旧日米安保条約の締結（1951 年）「社会主義化させないよ」

旧条約のポイント

- 「日本の安全を守る」とは明記していない
- 日本で内乱が起きたら、アメリカ軍が介入して鎮圧《ちんあつ》することも

冷戦の時期。アメリカは、中国やソ連に近い日本に軍隊を置いておきたかった

新

新日米安保条約に改定（1960 年）「いっしょに守っていこう」

新条約のポイント

- 日本が攻撃されたら、日米がいっしょに守る
- 「日本の内乱にアメリカ軍が介入」は削除

アメリカと対等な立場を目指す内容だったが、「アメリカの戦争に日本を巻き込むな」と反対する声も強かった

条約改定の際に起こった大規模な反対運動は「安保闘争」と呼ばれている

自動更新に

新安保条約から 10 年目の更新時に大規模な反対運動が起きた。混乱をおそれた政府は、それ以降は日米どちらかが「破棄する」と言わないかぎり自動更新することにした

安全保障関連法は「憲法違反」「戦争法だ」と SEALDs《シールズ》＊を中心に反対が叫ばれた

「アメリカを支援しよう」

日米安保条約はそのままにして、日本はアメリカを助けていこうということになった

日米安全保障共同宣言（1996 年）

アジア太平洋地域の安全を守るために活動するアメリカを日本は支援していく

周辺事態法（1999 年）

日本周辺で起きた紛争にアメリカ軍が介入した場合、日本は戦場から離れた場所で、アメリカを支援する

テロ対策特別措置法（2001 ～ 07 年）

アメリカ同時多発テロ（→ P171）をきっかけに始まった、アメリカの「テロとの戦い」を支援するための期限つきの法律

日米安全保障関連法（2015 年）

憲法の解釈を変えて集団的自衛権を認めた。米軍などへの支援、国連の要請を受けて他国軍を助けに行く任務も

＊自由と民主主義のための学生緊急行動。2015 年に学生らが設立。翌年に解散

借金してでも外国を援助するのは日本の将来のため

多額の借金をかかえる日本ですが、他国の援助は続けています。慈善事業というわけではなく、日本にもメリットはあります。

日本が援助を続ける3つの理由

開発途上国に対する政府の経済援助をODA（政府開発援助）といいます。財政状況が厳しいなか、日本がODAを続けるのには理由があります。

主要援助国の ODA 実績の推移

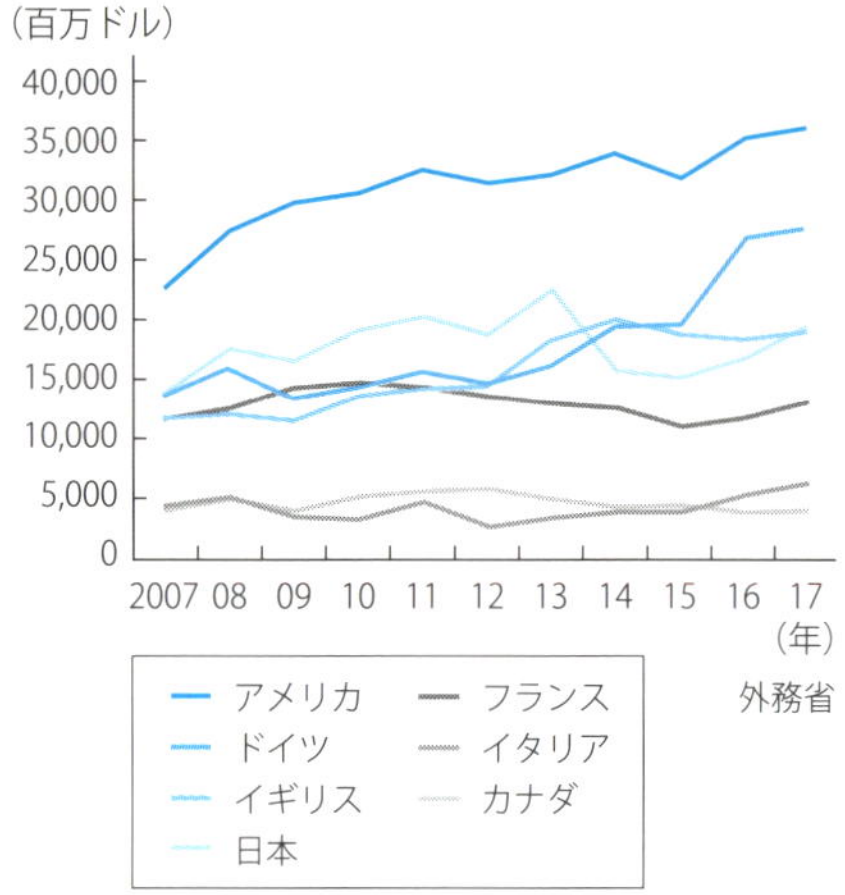

外務省

恩返し

第二次世界大戦後、アメリカから受けた援助は、食料、医薬品、石炭、工業機械など現在の金額にして約12兆円。東海道新幹線や東名高速道路などは世界銀行から借りた3200億円、今なら約6兆円相当のお金でつくられた。経済発展した日本は恩返しをしたい

お詫び

第二次世界大戦中に占領したアジアの国々への罪滅ぼしの意味もある。「日本も困っているでしょうから、賠償金はいりませんよ」といってくれた国々に対する援助を始めた

まず戦後賠償を放棄したのは、ラオス、カンボジア、マレーシア、シンガポール。のちに中国も「請求しない」と明言した

将来への備え

日本のODAは、アジア経済の発展に大きく貢献してきた。一方、経済発展を遂げたアジア諸国が日本の重要なマーケットになり、日本にもメリットがあった。近年、アジア援助は一段落。アフリカ、中東への援助が増えている。豊かな資源をもつ地域への先行投資といった側面もある

援助している国々が豊かになれば、日本製品のマーケットも広がる

「バラマキ」ではないんです

「お金を渡すだけ」ではない日本の援助のしかた

戦後、まだお金がなかった時代の日本は、アジアの国々に技術者を派遣し、現地の人とともに、道路や鉄道など社会の基盤となるインフラを整備していきました。相手国の経済発展を促し、双方の関係も深まるよい方法でした。

時代は移り援助先は変わっても、たんに「お金を渡す」だけではない、相手国の自立を促す援助のしかたが大切なのは同じです。

援助のしかたはいろいろ

ODAの方法は、国どうしの直接的なやりとりのほかに、国際機関に資金提供する方法もあります。「お金をあげる」という方法以外は、低金利で貸しています。

ODA（政府開発援助）

- **二国間援助（直接的な援助）**
  - **無償資金協力**
    開発に必要な資金を提供し、返済は求めない
  - **有償資金協力**
    開発に必要な資金を低金利で貸す。貸付先の国の経済状況により、具体的な金利や返済期間を決める
  - **技術協力**
    専門家を派遣し、さまざまな技術を伝えることで、発展を促す
- **国際機関への出資（間接的な援助）**

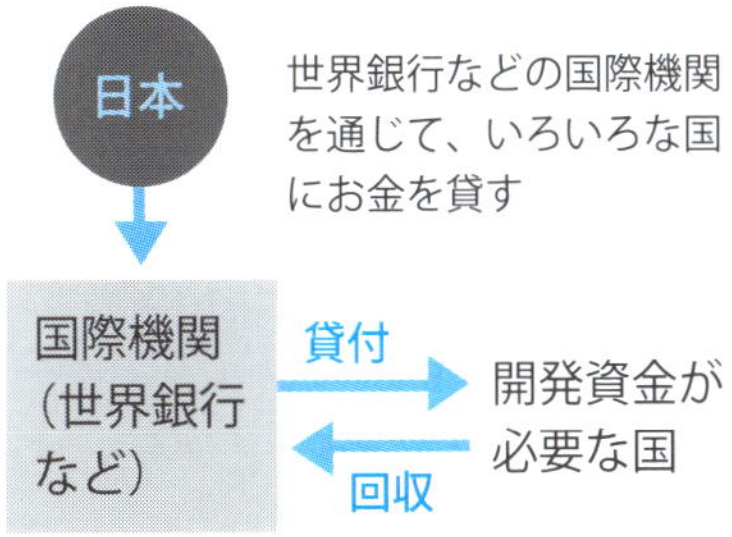

「世界の民主化」は一直線には進まない

独裁制をとる国では、民主化を求めてデモや暴動が起こることも。一方、民主制の国でも独裁型の指導者が支持される傾向が。

独裁国家のなりたち

特定の個人や、特定の党が国家権力を独占している国。それが独裁国家です。

革命・クーデター

民衆の支持

独裁政府の誕生

- 現政府を倒した軍部、党などが政権を独占する
- 民主的な選挙で選ばれた代表者が、制度を変えてしまい、独裁的な政治を始める

戦前のナチス・ドイツは民主的な選挙で選ばれた独裁政権だった

「立派な独裁者」なら国民に利益あり

独裁者が非常に優秀で、私欲に走らず、国民のことを第一に考えた政治をおこなっていけるのであれば、国民にも利益がある

一般的には国民の不満がたまっていく

政権を交代するシステムがないため、独裁者・独裁政府に有利なしくみがつくられがち。賄賂《わいろ》なども横行し、一般の国民には不利な状況が続く

いい質問ですね

社会主義国に独裁が多いのはなぜ？

社会主義を実現するには、利益をまとめて管理し、平等に配分する機関が必要です。「平等」といいながら、管理者には大きな権力が集中します。管理する者と管理される者が二極化し、管理者による独裁という構図が生まれやすいのです。

世界には独裁制をとる国も多い

世界には今も独裁制をとる国が数多くあります。多数の国民の意思より、一部の権力者の意向を尊重するのが独裁制の本質です。

多数決を原則とする民主制にも

民主化への道は困難がつきもの

独裁政権では、国民の声を政治に反映するしくみがありません。国民が民主主義の実現を求める場合には、反政府運動になり、現政府と鋭く対立することになります。

アメリカをはじめとする民主国家

民主主義を理想とし、実現してきた国は、民主制を求める動きを肯定。応援する

対立

独裁国家

アフリカ、中東、アジアに多い。大統領や王族、軍部による独裁のほか、社会主義国家では一党独裁のかたちをとる

応援

民主化運動

国民が現政権に抗議。反政府運動を展開する

対立

現政府を倒すことと民主化はイコールではない

反政府デモを鎮圧《ちんあつ》しようとする政府側の治安部隊とぶつかり、大規模な暴動が発生することもある

独裁政府を倒す

独裁者が逃げたり、殺害されたりして、現政府が反政府に政権を託す

民主主義へ

民主的な選挙、政治体制を整えて、再び独裁が起こりにくいようにする

独裁型のリーダーが登場

「民主的に」独裁型のリーダーが選ばれる国が増えている

過激な思想勢力が伸びる

独裁政権下では押さえつけられてきた少数の過激派の意見が目立つようになり、国民全体が引きずられていくことがある

新たな独裁体制の始まり？

欠陥はあります。けれど、独裁制で起こりやすい権力者の暴走を防ぐにはよい制度です。

ただし、選挙制度があれば民主制かというと、そういうわけでもありません。政府が認めた立候補者しか出られず、国民がそれを信任するしかない選挙なら、独裁制のもとでもおこなわれています。

宗教の違いだけではない テロを生む原因

テロ行為は、宗教だけが原因で起きるわけではありません。世界の多くの人々は、宗教をよりどころとしています。

世界的な宗教のあらまし

多くの日本人には理解しにくい感覚かもしれませんが、世界的にみれば、なんらかの宗教を信じるのは当たり前。ものの見方、考え方をつくる基礎になっています。

一神教のグループが世界人口の半数以上

キリスト教とイスラム教は、ともにユダヤ教を源流とする一神教《いっしんきょう》。この世は「神」という絶対的な存在が創造したものと考える点で、違いはありません。

世界の主な宗教人口の割合

データは昭文社『なるほど知図帳世界 2018』による

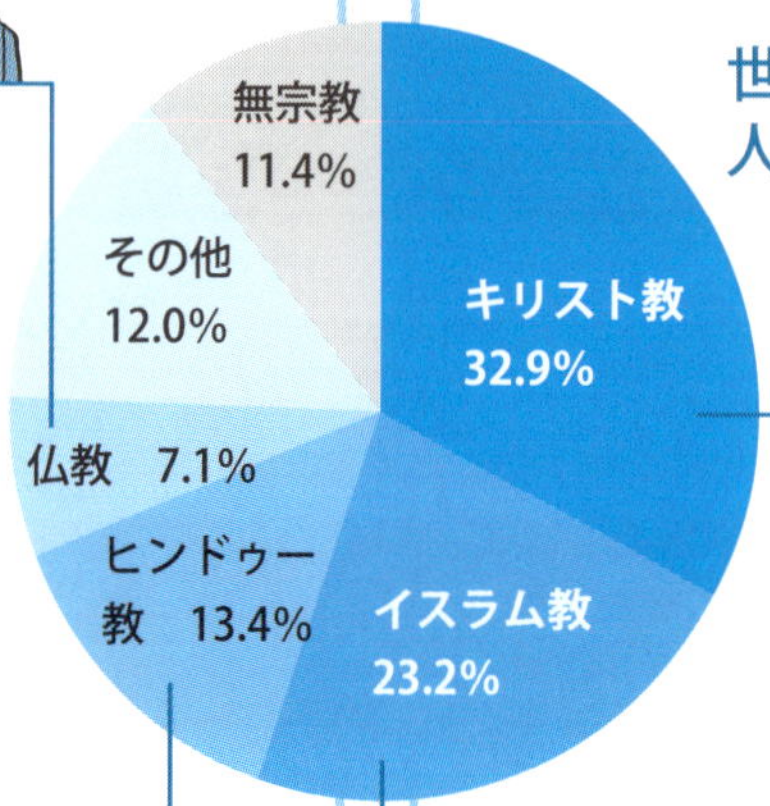

仏教

悟《さと》りを開き、この世の苦しみから抜け出したブッダの教えをもとに、さまざまな宗派に分かれ、発展していった。悟りを開いた存在が「仏」。「神」は仏を守る存在として信仰の対象になることもある

ヒンドゥー教

インドの人々の暮らしのなかに溶け込んだ民間信仰のようなもの。信仰の対象となる神々は多数。統一的な教義や思想はない

キリスト教

「ユダヤ民族だけが救われる」という思想から発展し、「神の前では平等である」としたイエス・キリストの教えを信じる宗教。アメリカ、ヨーロッパ社会をかたちづくってきた中心的な考え

イスラム教

イスラム教の立場からみると、キリスト教の教えは不完全なもの。「最後にして最大の預言者」といわれるムハンマドが聞いた神の言葉をまとめた『コーラン』こそが、いちばん大切なものだとする。唯一の神を、イスラム教ではアッラーと呼ぶ。アッラーの言いつけを守り、アッラーにすべてを任せることが、イスラム教徒としての正しいあり方

多神教はさまざまなスタイル

仏教とヒンドゥー教も、源流は同じ。ともにインドの古代宗教であるバラモン教が土台です。民族性を排した仏教は世界宗教のひとつとされています。

自爆テロが生まれる構図

自分の体に爆薬をつけ、敵対する相手がいるところで自分の体ごと爆破させる。自爆テロの背景にあるのは、宗教的な要因だけではありません。

第一次世界大戦
↓
国境線
↓
民族分断

ヨーロッパの大国によって民族や文化に関係なく国境線が引かれた

宗教＋民族＋土地の問題

石油などの資源、アメリカやロシアのバックアップなども関係している

「ジハード」を利用

「聖戦」と訳されるが本来は「イスラム教徒であるための努力」という言葉。ジハードで倒れた者は天国に行けるという。テロリストは、この教えを利用して、イスラムの敵を倒せと若者に教え込む

現状への不満

イスラム社会では、少数の大富豪と多数の貧しい人々が分断。貧しい若者は夢を描きにくい

極端なイスラム原理主義

「理想の社会をつくろう」というイスラム原理主義を「武力を使っても実現させる」という勢力がイスラム過激派

自爆テロ

反米感情の高まり

アメリカがリードしてきた資本主義社会が経済格差の元凶だとして、反感を抱く人も。反米テロ組織のアルカイダが一定の支持を集める

↓

アメリカ同時多発テロ

2001年9月11日、アルカイダのメンバーが旅客機をハイジャックしてアメリカのビルに突入。多くの死傷者を出した。以来、各地でテロが増加

ＩＳ《アイエス》の横暴

ＩＳはイスラム過激派の武装組織。世界での自爆テロ、誘拐、暗殺などの横暴に各国が掃討作戦を進めて、勢力は衰退

反ＩＳでまとまっていた勢力がバラバラになり戦闘を再開

「テロとの戦い」の成果は不十分なまま

自爆テロなどの過激な行動から「イスラム教は怖い」と感じている人もいるでしょう。しかし、宗教心だけでテロ行為が生じるわけではありません。背景には民族の分断、格差の広がり、先進国の思惑など、多くの要因があります。

アメリカ主導で始まった「テロとの戦い」は、アルカイダの首謀者であったウサマ・ビンラディンの殺害、ＩＳの力を削《そ》ぐことには成功したものの、アフガニスタンを支配するテロ組織を壊滅させる目的は不十分なままです。

核兵器削減の動きは一部に過ぎない

二〇一七年のノーベル平和賞にICAN《アイキャン》（核兵器廃絶国際キャンペーン）が選ばれましたが、核兵器の開発は止まりません。

いち早く核武装した五大国

アメリカの核兵器の開発成功を皮切りに、「核の脅威」ともいわれる時代が始まりました。核を保有する5ヵ国は国連の安全保障理事会の常任理事国（→ P174）。核をもつことは力の象徴でもありました。

アメリカ
開発した核兵器を、広島、長崎で実際に用いた

ソ連（ロシア）
アメリカに続いて開発に成功

中国
路線の違いからソ連に対抗。核兵器をもつようになった

イギリス
ソ連からの攻撃に備えて配備

フランス
イギリスに対抗して開発。ドイツ向けでもあった

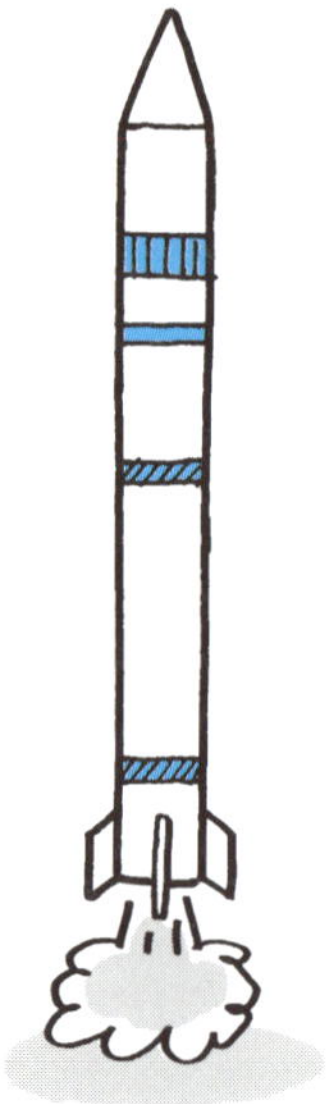

核弾頭《かくだんとう》をつけたロケット型の大陸間弾道ミサイルは、発射すれば十数分で相手国に到達する

「核兵器のない世界」の実現は難しい

「核兵器があるから平和が保たれる」という核抑止論を根拠に、地球上のすべての生き物を滅ぼすほどの核兵器がつくられてきました。核保有国を宣言している国以外でも、イランのように、こっそり核開発を進めているのではないかと疑惑をもたれている国もあります。

アメリカのオバマ前大統領は「核兵器のない世界」を提唱しましたが、実現はほど遠いのが現状。

核抑止論
核兵器を所有して「そっちが先に核で攻撃したら、こっちも攻撃するぞ」という意思と能力を示せば、相手の先制攻撃が抑制されるという考え方

スムーズにいかない削減への取り組み

米ソを中心に核開発が過熱する一方で、「このままでは危ない」という危機感も生まれ、削減に向けた取り組みも始まりました。

加盟せず核開発する国も

中国と対立していたインド、インドと敵対するパキスタンは、未加盟のまま核開発を続けている。イスラエルも未加盟で核兵器を保有しているとみられる。北朝鮮は加盟したものの、核兵器をもっていることがわかり、脱退を表明した

核兵器開発競争の激化

核保有国は核実験を繰り返した。大陸間弾道ミサイルや、海中から核ミサイルを発射できる原子力潜水艦の開発など、核兵器を運搬するための道具の開発も進んだ

核拡散防止条約（NPT）

すでに核兵器をもつ5ヵ国以外は、核兵器を開発したり、保有したりしないようにしよう、という約束。現在は約190ヵ国が締結している

米ソ間で軍縮に取り組むことになり、ソ連崩壊・ロシア誕生で進展が期待された

逆に、ロシア、中国で核兵器開発が進んでいるとアメリカが非難し、再開発を開始

IAEAがチェック

IAEA（国際原子力機関）は、核物質から核兵器をつくらないように見張りをする機関。IAEAに加盟した国は、定期的に自国の核施設の査察《ささつ》を受ける義務がある

調査団が原子力発電所、使用済み核燃料の再処理施設などをチェック

核燃料との関係

天然のウラン

核分裂しやすい「ウラン235」の比率を高める

低濃縮ウラン＝核燃料

核燃料として再使用

高濃縮ウラン＝ウラン型原爆の原料

使用済み燃料を再処理してプルトニウムを分離

プルトニウム型原爆の原料

核に頼らない、平和維持のしくみが必要とされています。

いい質問ですね

原発で使う核燃料から核兵器はつくれるの？

原料は同じなので、転用は可能です。ただし、広島で使われたウラン型原爆は、高濃縮ウランをつくるための濃縮装置が必要ですし、長崎で使われたプルトニウム型原爆は、確実に爆発させるための構造設計が難しく、簡単にはいきません。

ますます重要になる国際組織の役割

グローバル化が進むにつれ、各国が協力して解決すべき問題も増加。世界の国々が参加する国連の役割も増大しています。

国際連合の主な組織と働き

国際連合は、193ヵ国が加盟する国際機構。ニューヨークにある国連本部のほか、さまざまな機関があります。

国連総会の席順は、毎回、事務総長がくじで決めている

国連本部の主要機関（太枠）

信託統治理事会
ほとんどの地域が独立を果たしたため、現在はほぼ役割を終了

事務局
事務局の長が国連事務総長

安全保障理事会
国際的な平和や安全を維持する責任をもつ。15の理事国で構成され、理事会としての決定には、常任理事国すべてを含む9ヵ国以上の賛成が必要。常任理事国は拒否権をもち、1国でも反対したら決定できない

総会
加盟国すべてが参加する会議。毎年9月に開催され、加盟国は1国につき1票の議決権をもつ。補助機関として、人権理事会、各種の委員会が置かれている

国際司法裁判所
国どうしの争いごとの解決をはかる

経済社会理事会
世界の人々がよりよい生活を送れるように、多くの専門機関とつながって活動する

関連機関
世界貿易機関（WTO）
国際原子力機関（IAEA）

計画と基金
国連貿易開発会議（UNCTAD）／国連児童基金（UNICEF）／国連人口基金（UNFPA）／国連難民高等弁務官事務所（UNHCR）／世界食糧計画（WFP）など

その他
各種研究所や国連大学（UNU）など

主な専門機関
国際労働機関（ILO）／国連食糧農業機関（FAO）／国連教育科学文化機関（UNESCO）／世界保健機関（WHO）／国際復興開発銀行（世界銀行）（IBRD）／国際通貨基金（IMF）など

（2021年4月）

国どうしが協力して よりよい世界を目指す

二度の世界大戦の反省から、武力ではなく話し合いによって国際的な問題の解決にあたれるようにと創設されたのが国際連合（国連＝United Nations）です。もともとUnited Nationsといえば第二次世界大戦で戦勝国となった連合国のこと。その名のとおり、連合国を中心にした五一カ国で発足しました。その後、徐々に加盟国が増え、現在では地球上の独立国のほぼすべてが参加しています。

平和・安全の維持は国連の重要な仕事ですが、アメリカ・中国・ロシア・フランス・イギリスのうち一国でも「イヤ」というような活動はできません。大国の意向を無視すると、かえって対立が深まるという懸念から、五カ国に「拒否権」が与えられているのです。

近年は、地球環境や資源、食料の問題など、人々の生活にかかわる問題への取り組みもさかんです。

軍事行動をとることも

平和を脅かす行動をとる国に対しては、安全保障理事会の決定により、制裁措置をとって改善を促す。貿易・金融などの経済関係をストップさせる経済措置のほか、国際紛争に対しては、国連平和維持活動（PKO）もおこなう

関連機関

武装　平和維持軍（PKF）：
戦闘の防止、治安の回復・維持をはかる

非武装　停戦監視団：
停戦が破られないように監視する

選挙監視団：
公正な選挙がおこなわれるように監視する

PKFは加盟国が自発的に派遣する要員によって構成される。武力行使をしなければならない場面もある

いい質問ですね

NGOは国連と関係あるの？

NGOは非政府組織のこと。有名なのは赤十字国際委員会や国境なき医師団、アムネスティ・インターナショナルなど。利益を目的としない、政府とは無関係な民間組織で、国境を越えて連帯し、各国で活動を展開しています。

国連の機関ではありませんが、国連の経済社会理事会とは協力関係にあります。協議資格を与えられ、国連の専門機関などの会議に加わることもあります。

東京の渋谷にある国連大学は、日本に本部が置かれている唯一の国連機関。国連のマークには北極を中心にした世界地図が描かれている

索引

あ

か

さ

監修者プロフィール

池上　彰（いけがみ・あきら）

ジャーナリスト。1950年長野県生まれ。慶應義塾大学卒業後、ＮＨＫ入局。社会部記者、科学・文化部記者をへて報道局記者主幹。1994年からテレビ番組『週刊こどもニュース』のお父さん役を11年務める。わかりやすい解説が幅広い年代に好評。2005年退局。フリージャーナリストとして書籍、雑誌、テレビで活躍。名城大学教授、東京工業大学特命教授、東京大学客員教授、愛知学院大学、立教大学、信州大学、日本大学などでも講義を担当。『池上彰の 未来を拓く君たちへ』（日本経済新聞出版社）、『もっと深く知りたい！ ニュース池上塾』（祥伝社）、『わかりやすく〈伝える〉技術』（講談社現代新書）など著書多数。

新版《しんぱん》　政治《せいじ》と経済《けいざい》のしくみがわかる
おとな事典《じてん》

2019年２月19日　第１刷発行
2022年１月７日　第５刷発行

監修	池上　彰（いけがみ・あきら）
発行者	鈴木章一
発行所	株式会社 講談社
	東京都文京区音羽2-12-21
	郵便番号　112-8001
	電話番号　編集　03-5395-3560
	販売　03-5395-4415
	業務　03-5395-3615
印刷所	凸版印刷株式会社
製本所	株式会社若林製本工場

N.D.C.300　179p　21cm

ISBN978-4-06-514667-5

編集協力	柳井亜紀 ふみぐら社（弓手一平） オフィス201（新保寛子）
カバーデザイン	桐畑恭子（next door design）
カバーイラスト	竹田匡志
本文デザイン	南雲デザイン
本文イラスト	伊藤和人
４コママンガ	坂木浩子
地図作成	谷裕子

■ 参考文献

池上彰『会社のこと よくわからないまま社会人になった人へ』（海竜社）

池上彰『政治のこと よくわからないまま社会人になってしまった人へ』（海竜社）

池上彰（監修）『池上彰の学べるニュース１～３』（海竜社）

池上彰『池上彰の親子で新聞を読む！』（毎日新聞社）

池上彰『知らないと恥をかく世界の大問題９』（角川新書）

池上彰『大人も子どももわかるイスラム世界の「大疑問」』（講談社＋α新書）

池上彰『先送りできない日本』（角川新書）

池上彰『イラスト図解 社会人として必要な経済と政治のことが５時間でざっと学べる』（KADOKAWA）

池上彰『池上彰の世界を知る学校』（朝日新書）

池上彰『一気にわかる！ 池上彰の世界情勢2018 国際紛争、一触即発編』（毎日新聞出版）

新中学校『公民 改訂版』（清水書院）

中学生の社会科『地理』（日本文教出版）

インターナショナルワークス編『どこで？ なぜ？ 一目でわかる 世界紛争地図』（幻冬舎）

石井宏和編著『個人と会社 税金のすべてがわかる本』（成美堂出版）

KODANSHA